云南工业发展研究系列丛书

云南产业发展创新动力研究

赵鑫铖　梁双陆　蒋兴明　著

北　京

冶 金 工 业 出 版 社

2019

内 容 提 要

本书从云南产业增长创新动力评估和产业创新能力指标评价两个方面，对创新驱动云南产业发展的现状进行分析；结合产业发展理论、创新经济学和产业发展的最新态势等相关理论，提出了创新驱动产业发展理论框架，对云南省培育新产业的基础性条件进行分析和研判；从技术创新、产品创新、市场创新、业态创新等四个维度分析创新驱动云南产业发展的机理，在此基础上提出相关政策建议。

本书可供经济地理学、工业地理学、产业经济学、区域经济与区域发展等领域的研究人员、管理人员和决策人员使用，也可供高等院校相关专业师生参考。

图书在版编目（CIP）数据

云南产业发展创新动力研究/赵鑫铖，梁双陆，蒋兴明著 .
—北京：冶金工业出版社，2019.2
（云南工业发展研究系列丛书）
ISBN 978-7-5024-8060-8

Ⅰ.①云…　Ⅱ.①赵…　②梁…　③蒋…　Ⅲ.①产业发展
—研究—云南　Ⅳ.①F127.74

中国版本图书馆 CIP 数据核字（2019）第 033629 号

出 版 人　谭学余
地　　　址　北京市东城区嵩祝院北巷 39 号　邮编　100009　电话　(010)64027926
网　　　址　www.cnmip.com.cn　电子信箱　yjcbs@cnmip.com.cn
责任编辑　赵亚敏　美术编辑　彭子赫　版式设计　孙跃红
责任校对　郑 娟　责任印制　牛晓波
ISBN 978-7-5024-8060-8
冶金工业出版社出版发行；各地新华书店经销；三河市双峰印刷装订有限公司印刷
2019 年 2 月第 1 版，2019 年 2 月第 1 次印刷
169mm×239mm；12.5 印张；243 千字；188 页
59.00 元

冶金工业出版社　投稿电话　(010)64027932　投稿信箱　tougao@cnmip.com.cn
冶金工业出版社营销中心　电话　(010)64044283　传真　(010)64027893
冶金工业出版社天猫旗舰店　yjgycbs.tmall.com
（本书如有印装质量问题，本社营销中心负责退换）

前　言

2015年6月，中共中央、国务院印发《国家创新驱动发展战略纲要》，明确提出将创新驱动发展作为国家优先战略。推动科技创新成为综合国力的战略支撑，实现创新驱动发展，必然使产业实现创新驱动发展。

在创新驱动已成为国家战略的背景下，要启动云南经济的增长，必须重视云南产业发展问题。产业发展涉及地区经济发展方式和产业结构优化升级等重大战略性规划，云南产业发展由要素驱动转化为创新驱动，正在成为产业发展方式转变及实现产业转型升级的关键。产业的创新发展能力和水平制约着地区经济的增长速度和质量，影响着地区产业升级和产业结构调整方向，研究云南产业的创新驱动影响因素，对合理引导云南产业健康快速发展和提升产业发展能力，具有重要价值。本书在对创新驱动云南产业发展的现状和创新驱动产业发展理论进行分析的基础上，探讨如何将产品创新、技术创新、市场创新和业态创新与产业发展相融合，在产业领域实施创新驱动发展战略。

本书是在作者承担的云南省科技计划项目"经济新常态下云南产业发展新动力（2015RD008）"的基础上修改完善的，是全体课题组成员集体智慧的结晶。另外，本书受到了云南大学一流大学建设区域合作理论创新高地项目（C176240103）和云南大学一流大学建设

"'一带一路'建设与西部开放格局优化研究"创新团队的资助。本书由赵鑫铖审定、梁双陆审稿、蒋兴明统稿。蒋兴明、何旭波撰写了第3、4章，梁双陆、尤狄、张梅撰写了第2、5章，赵鑫铖撰写了第1、7、8章，刘志坚撰写了第6章。李超、杨帅、高广飞、熊亚军等参与了本书部分章节的文献、资料和数据的整理工作。文淑惠、刘春学、赵果庆、梁玉浩、郭长海、赵泽宽等专家对本书提出了很好的建设性意见。

由于作者水平所限，书中不妥之处，请广大读者批评指正。

作　者

2018 年 11 月

目　录

图　目　录

表 目 录

内 容 摘 要

我国经济进入新常态后，经济增长的动力发生了转换。从产业层面看，云南产业发展的创新动力是否也在这个过程中发生了转换，产业发展的创新动力是什么？通过对云南产业发展的创新动力进行评估，并在此基础上进行分析，本书认为，创新是产业发展的新兴动力，只有创新才能推动产业的可持续发展；从理论和实践两个层面分析如何通过创新驱动实现云南传统产业的转型升级和新兴产业的培育，进而做大做强云南的产业，最终实现云南经济发展的创新驱动具有重要的理论意义和现实意义。

首先，对云南产业发展创新动力及创新能力现状进行了评估。评估结果表明：第一，2002～2012 年 10 年间云南产业增长源泉体现出阶段性：2002～2007 年，产业创新提升的贡献高于规模扩大贡献 17.04 个百分点；2007～2012 年，云南产业规模扩大对云南经济增长的贡献达到了 97.7%，产业创新提升对经济增长的贡献仅为 2.3%，产业创新提升对经济增长的贡献与 2002～2007 年相比有较大幅度的下降。第二，云南产业增长的创新动力在 2007 年发生了转换：产业增长由规模扩大和效率提升并重向以规模扩大为主进行转变，创新驱动对产业发展的影响与上一阶段相比有较大程度的下滑。第三，采用新产品产值率、研发经费投入强度、新产品销售收入占主营业务收入的比重、R&D 项目数、有效发明专利数等指标重点分析云南省 36 个具体工业行业的产业创新能力，结果表明：2011 年云南省 36 个工业行业中新产品产值率高于全国平均水平的行业有 9 个，接近全国平均水平的行业有 8 个，低于全国平均水平的行业有 19 个，说明云南产业创新能力整体上低于全国平均水平。

其次，结合产业发展理论、创新经济学和产业发展的最新态势等相关理论，提出了创新驱动产业发展理论框架。无论是熊彼特（Schumpeter）的四类创新还是习近平总书记提出的七类创新❶，均涵盖了从微观的产品、企业角度，到中观的产业、市场角度，再到宏观的业态、制度角度等层次递进的、囊括主要经济活

---

❶ 2015 年 5 月 27 日在浙江召开的华东 7 省市党委主要负责同志座谈会上，习近平总书记进一步强调综合国力竞争说到底是创新的竞争，要深入实施创新驱动发展战略，推动科技创新、产业创新、企业创新、市场创新、产品创新、业态创新、管理创新等，加快形成以创新为主要引领和支撑的经济体系和发展模式。

动的创新。本书认为：不论是产品创新、技术创新、市场创新还是制度创新，均会使创新成功的企业或产业占有更多的市场份额，获得更多的利润。此外，创新存在巨大的风险，并非所有的创新都能实现并获得成功。从产品创新、技术创新、市场创新和制度创新等的共性来看，无论是微观领域还是宏观领域，创新最终将体现为经济效率的提升。一方面，创新会改善资源错配程度，促进企业专业化水平的提高，进而提升企业的生产率水平；另一方面，创新会加剧高生产率企业和低生产率企业之间的分化，促进产业结构的转型升级。

第三，对创新驱动产业发展的趋势进行研判。通过回顾历史上的重大创新，及其与产业发展的关系，进一步廓清创新驱动对产业发展的作用，同时探讨引领新一轮经济增长的可能产业领域，并对云南省培育新产业的基础性条件进行分析和研判。研究表明，中科院（2009）提出的十六个科技发展领域以及我国提出的战略新兴产业等均体现了科技革命的基本特征，即扩张创新可能性边界、降低能源成本以及提升网络联系等。因此，有理由认为，未来新兴科技深度融合传统产业和催生新兴产业的关键领域也将具备上述特征。考虑到当前人类社会的信息化和自动化还在扩展和深化，信息产业和新能源产业将是未来各种前沿产业的基础，同时也是新兴科技深度融合传统产业和催生新兴产业的关键领域。

第四，研究了如何通过产品创新推动云南产业发展。无论是传统产业的改造、升级，还是新产业的培育、成长，都反映为传统产品的升级换代和新产品在市场上的扩展。在全球新一轮科技革命和产业变革孕育的发展背景下，通过产品创新推动云南产业发展的关键，在于使企业产品能够不断适应人们的消费转换升级，形成市场竞争力。本书主要分析了以下问题：（1）从理论层面探讨了产品创新的内涵、产品创新与产业转型升级的关系，在此基础上提出了产品创新推动产业转型升级的实现路径；（2）研究了如何通过产品创新促进云南新兴产业的培育；（3）运用案例分析方法探讨了云南产品创新与产业转型升级和新产业培育的现状；（4）给出了以产品创新推动云南产业发展的对策建议。

第五，探讨了技术创新与云南产业发展之间的关系。技术创新作为产业发展最主要的投入要素，对产业发展尤为重要。从对云南省技术创新能力发展的现状出发，云南的技术创新能力在全国处于较为落后的地位；在此基础上，从技术创新的载体角度提出了提升技术创新能力的路径；应通过以高新技术产业化发展为主线，推动云南的技术创新；最后提出了通过技术创新推动云南产业发展的对策建议。

最后，研究如何通过市场创新、业态创新推动云南产业发展。由于市场创新和业态创新的相关研究缺乏统计数据的支持，主要采用了理论推演和案例分析的方法进行阐述。在阐明市场创新和业态创新与云南产业发展的关系和案例后，从推动市场创新和业态创新两个角度提出了实现云南产业增长动力的又一次转换（从以规模扩大为主向以创新驱动为主转变）的对策建议。

1 云南产业增长创新动力现状评估

产业是经济增长的基础，只有国民经济各产业发展壮大了，经济才能持续健康稳定增长。产业弱是云南经济发展相对滞后的重要原因。云南省国民经济和社会发展"十三五"规划纲要中提出了"加快实现发展动力转换"的要求，实际上对产业的发展来说也是一样，实现产业发展动力的转换是推进云南产业转型升级和发展壮大的必要途径。若要实现产业发展动力的转换，首要的前提是对现阶段云南产业发展动力有足够的认识，在此基础上，才能谈及发展动力转换的具体问题，如在现有的动力结构下向什么方向转变及怎么转才能更有利于产业的发展，如何培育产业发展的创新动力等问题。本章在梳理现有关于产业发展动力理论与实证研究相关文献的基础上，利用经济数据及投入产出表等资料，从产业层面探讨产业增长的源泉，进而为云南产业发展动力转换及向什么方向转换提供必要的理论基础。

1.1 产业发展动力相关文献评述

1.1.1 产业发展动力源泉的理论分析

从驱动方式上看，产业发展和经济增长的驱动方式都可归纳为两种类型：要素驱动型和创新驱动型。另外，也有学者（周振华，2003）将不同产业间进行融合，从而带动原有产业实现转型升级和催生新产业当作产业发展的新动力。

要素驱动型发展模式是指产业发展通过增加资本、劳动、资源等要素投入，实现产业规模扩张的发展模式。国内外学者的研究表明，这种发展模式具有简单、粗放、高能耗、高污染、低效率等特点，是一种不可持续发展的模式。Suvi Pakarinen（2010）阐述了要素驱动型产业发展模式的特点、条件和发展阶段，并指出在产业发展的初期通过规模急剧扩张来满足市场需求是符合经济规律的。Pietro F. Peretto（1999）、Eric C Wang（2000）等针对具体产业发展的研究表明，产业经过初期规模扩张以满足市场需求阶段，随着市场需求的稳定和产业发展条件的成熟，单纯依赖规模扩张对产业长期发展非常不利，应转向技术创新和产业创新来实现产业转型升级。就目前我国产业发展的状况来看，产业发展模式依然是以要素驱动型的传统模式为主，创新驱动仍然没有成为我国产业发展的主要驱动力。我国自 1993 年提出开始实施可持续发展战略以来，国内学者就一直主张产业发展应摒弃规模扩张的粗放发展模式，但受工业化和对经济快速发展诉求的影响，产业发展模式由要素驱动向创新驱动转变并不明显。金碚等（2004）对大多数产业发展的特征进行分析的基础上，将产业发展划分为幼稚期、成熟期和强壮期三个阶段，并指出经过前两个阶段的发展，大多数产业的技术已趋于成熟但在价值实现上仍然处于价值链低端，整体来看我国大多数产业仍属于要素驱动型。金培（2012）结合国际竞争格局进一步指出中国各产业的发展大体上都会经历四个阶段：生产能力国际再配置、生产设备和技能国际再配置、研发创新能力国际再配置、品牌优势国际再配置，目前中国的绝大多数产业尚处于上述第一、第二个发展阶段。即使是纺织服装等中国最具国际竞争力的产业都没有达到和完成第三个阶段。谢雄标（2009）的研究也表明，由于规模扩张能够最快地看到产业发展的经济效益，我国区域产业发展模式的首选模式依然是要素驱动型。

创新驱动型产业发展模式是指在产业发展过程中坚持需求导向和产业化方向，在产业发展质量和结构上有所提升，是一种内涵式的发展，不属于简单的规模型扩张，具有优化效果和科技进步。创新驱动的产业发展从内容上主要包括技术创新和管理创新，从形式上主要由规模型企业通过创新成果的应用转化实现企业效益并带动区域产业发展。在目前的全球产业发展格局下，创新驱动产业发展是适应新的科技革命和产业变革的迫切要求。徐康宁（2006）、张放军（2011）、尹润锋（2012）等国内学者对我国钢铁、纺织、能源、化工和机械等具体产业发展模式进行分析，这些产业虽仍以要素驱动型发展模式为主，但已在不断调整要素驱动的内容，逐渐呈现出向创新驱动过渡的迹象。张辉（2004，2006）通过对全球价值链的研究指出，产业发展在宏观层面存在生产者驱动和购买者驱动两种模式，生产者驱动的价值链动力是产业资本，采购者驱动的价值链动力是商业资本，由于驱动力的根源不同，导致了不同产业在发展过程中采用的创新驱动路径的不同，生产者驱动的产业类型较注重研发技术创新，采购者驱动的产业类型较注重管理服务创新，这等于从宏观层面对产业创新驱动发展进行了划分。Arash. Azadegan，Keith E. Maskus（2011）则通过对具体产业发展过程的研究，指出技术创新和管理创新对产业发展的影响。刘志彪（2015）在对全球价值链分析的基础上，提出从全球价值链转向全球创新链将成为新常态下中国产业发展的新动力，具体包括两方面的战略转换：一是要依托于传统制造业的转型升级和高技术产业的发展，推进以现代服务业开放化发展为核心的经济全球化；二是要在全球价值链的基础上，通过扩大内需战略的实施，逐步转向嵌入全球创新链，实现要素驱动和投资驱动向创新驱动轨道的发展。刘战豫（2014）通过构建结构方程方法对产业创新发展的影响因素进行分析，研究发现产业创新发展驱动的关键影响因素主要包括管理水平、技术环境、经济环境和政策环境，其中管理水平和技术环境因素可以直接作用于产业创新，而经济环境和政策环境因素则需要通过产业发展选择的方式，来间接推动产业创新。

产业融合推动产业发展。事实上，产业融合可作为培育新产业的一种可行的模式，但产业融合并不适用于所有形态的产业。Greenstei & Tarun（1997）认为从产品视角可以将产业融合分为替代型融合和互补型融合；从价值链视角产业融合则可分为采购融合、生产融合和分销融合。产业融合最初发生在电信、广播电视和出版业部门，之后伴随着新科技的快速发展和企业跨行业、跨地区的兼并重组，产业的边界逐渐趋于模糊，全新的融合型产业体系逐步形成。周振华（2003）认为产业融合是对传统产业体系的根本性改变，将成为一种新的产业革命，具体来说产业融合导致了许多新产品与新服务的出现；开辟了新市场，使更多的新参与者进入；增强了竞争性和新市场结构的塑造。于刃刚等（2004）认为产业融合可分为部分融合与全面融合。即：由于技术创新、政府放松管制等因素使不同产业之间的传统边界模糊、甚至消失，形成一个新产业，若原产业还存在，则称为部分融合；若原产业不再存在，则称为全面融合。

马晓强（2008）认为，产业发展动力是指各种能够激发、引起和驱使某种产业萌芽、发展和壮大的力量要素及其合成，产业发展是多重动力共同作用的结果（见图 1-1）。对于产业发展动力来讲，本质层面就是从产业资本，尤其是从资本逐利本质的视角来认识产业发展动力；而从运行层次来认识产业发展，则可以从诸如技术推动、市场需求拉动、管理促进等角度来进行。

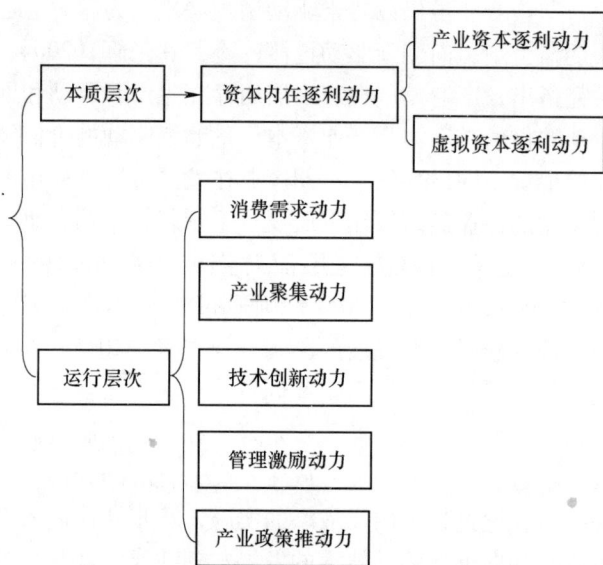

图 1-1　产业发展的多圈层、多级层动力体系

资料来源：马晓强，《产业发展动力论：基于虚拟资本与产业互动的视角》，
中国经济出版社，2008 年 9 月。

1.1.2 产业发展动力的实证研究

产业发展动力的实证研究与经济增长动力研究类似，也区分为需求动力和供给动力：需求动力主要包括消费、投资和出口，而供给动力则包括要素投入与技术创新等对产业增长的贡献。

产业发展需求动力的研究主要观点是，对产业发展来说，不管是内需还是外需，都是产业发展的重要推动力。黄玖立和黄俊立（2008）实证研究了市场规模与中国省区产业增长的关系，结果表明国外需求依赖型产业在国外市场规模较大的省区增长较快；较大的本地和区域市场促进了国内市场依赖型产业的增长，但与本地市场相比，来自其他省区的需求作用并不显著。文东伟（2013）分析了FDI、出口开放对中国省区产业增长的影响，研究结论表明 FDI 与出口开放显著促进省区产业增长。吴敏（2015）利用区域间投入产出表分析了最终需求和结构性因素对省区产业增长的影响，最终需求对各产业增长贡献最大，而技术的影响在产业间变动最大，其次是最终需求和增加值率。杨贵中（2010）运用我国历年投入产出表分析了需求因素对我国产业增长的影响，得出了"资本形成和出口对产业的拉动作用增强、消费对产业的拉动作用减弱、第二产业对三次产业的带动作用大、市场因素是影响三次产业增长的关键因素、三次产业中间需求率升高，最终需求率降低"等结论。

产业发展供给动力方面。贺京同和杨矗立（2016）将产业增长源泉划分为产业素质提升（技术进步和效率提升）和产业生产规模扩大两个方面，利用投入产出表分析了中美各自的产业增长源泉，并从两国产业素质提升（技术进步和效率提升）和产业生产规模扩大现实数据提出了我国产业转型升级的方向。姜涛（2007）利用投入产出和结构分解技术将产业增长动力分解为技术进步、最终需求变动以及二者的交叉影响，实证研究结果表明：最终需求对中国各个产业以及经济总体的增长起着支配性的主导作用；技术进步对各产业增长的贡献有正有负，对于经济总体增长的作用十分微弱。杨智峰等（2014）将产业增长动力分解为消费增长、投资增长、出口扩张和进口替代等四个方面，研究结论显示，2002～2007 年为产业结构优化升级时期，其推动因素为重工业的技术进步。

1.2 云南产业发展创新动力评估

从供给方来看，产业发展所需条件与总体经济增长基本类似，需要劳动、物质资本、人力资本和技术等要素投入，但由于从产业层面看，核算各产业劳动投入、资本投入和技术进步等数据由于产业间经济技术联系的复杂性和数据资料匮乏，因此本章通过投入产出模型和 SDA 分解方法只从产业规模扩张和产业创新（包括技术进步和效率提升等）两方面来评估产业发展的动力。

1.2.1 基于产业增长供给动力的模型分析

在经济增长领域，增长核算一直是研究经济增长供给方动力的标准方法。而在产业增长供给动力研究方面，由于产业层面资本存量、劳动力等数据难以获得，采用类似经济增长核算的产业增长核算方法显得不可行。自里昂惕夫（1936）提出投入产出模型分析方法以来，国内外学者（Syrquin & Chenery，1989）就将投入产出方法运用于产业增长与发展研究。本章借鉴贺京同和杨蠡立（2016）的模型，将投入产出技术和 SDA 技术运用于云南产业增长供给动力的研究，将产业增长分解为生产规模扩大、素质提升（反映技术进步和产业效率）。

依据投入产出表的结构出发，从横向进行分析可得第 i 产业对第 j 产业的投入，定义直接分配系数为：

$$h_{ij} = \frac{x_{ij}}{x_i}(i, j = 1, 2, \cdots, n) \tag{1-1}$$

其中，x_{ij} 表示第 i 产业投入到第 j 产业的产品数量；x_i 表示第 i 产业的总产出；h_{ij} 表示第 i 产业单位产出中第 j 产业的投入数量，因此也称为产出系数。n 个产业间的直接分配系数的矩阵形式为：

$$H = \begin{pmatrix} h_{11} & h_{12} & \cdots & h_{1n} \\ h_{21} & h_{22} & \cdots & h_{2n} \\ \vdots & \vdots & & \vdots \\ h_{n1} & h_{n2} & \cdots & h_{nn} \end{pmatrix}$$

将直接分配系数代入投入产出模型，可得：

$$\sum_{i=1}^{n} h_{ij}x_i + v_j = x_j(j = 1, 2, \cdots, n) \tag{1-2}$$

用矩阵形式表示式（1-2），有：

$$H'X + V = X \tag{1-3}$$

将式（1-3）同时减去 $H'X$，得：

$$(I - H')X = V \tag{1-4}$$

根据 H 矩阵的定义，$(I - H')^{-1}$ 存在，因此有：

$$(I - H')^{-1}V = X \tag{1-5}$$

式（1-5）被称为产出系数模型，$\sum_{i=1}^{n} h_{ij}$ 是中间投入系数的总和，因此

$1 - \sum_{i=1}^{n} h_{ij}$ 反映了第 j 产业的增加值率。从产业层面看，由于增加值率是衡量产业

投入产出效率的综合指标，$\sum_{i=1}^{n} h_{ij}$ 的变化可以从总体上反映一个产业经济效率的变化，从而 h_{ij} 的在产业间分布的变化就可以说明 j 产业生产中所需投入品需求的变动，这在本章中被用来衡量经济技术的变动，因此 H 被称为经济技术指标。

本章在着重研究云南产业发展动力的基础上，阐明云南产业升级过程中技术、效率和结构等因素对产业发展的贡献，因此对 H 变动的分解成为问题的关键。为此，引入 SDA 分解方法来分析 H 的变动。假定 X_1、X_2、V_1、V_2 分别表示经济状态 1、2 的总产出和增加值，从而两个经济状态间的产出系数变动可以写为：

$$V_2 - V_1 = (I - H_2')X_2 - (I - H_1')X_1 \tag{1-6}$$

运用 SDA 方法，有：

$$\begin{aligned} V_2 - V_1 &= \Delta V = (I - H_1')(X_1 + \Delta X) - [(I - H_2') - \Delta(I - H')]X_1 \\ &= \Delta(I - H')X_1 + (I - H_1')\Delta X \end{aligned} \tag{1-7}$$

由于结构分解的具有不唯一性，本章借鉴贺京同和杨蕊立（2016）的做法，采用平均的方式解决 SDA 结构分解的不唯一性，因此有：

$$V_2 - V_1 = \frac{1}{2}\Delta(I - H')(X_1 + X_2) + \frac{1}{2}[(I - H_1') + (I - H_2')]\Delta X \tag{1-8}$$

其中，X 为各产业的总产出矩阵，SDA 结构分解结果式（1-8）中，$\frac{1}{2}\Delta(I - H')(X_1 + X_2)$ 表明在两种经济状态下由于技术、效率和结构差异导致的增加值差异，称为产业创新提升导致的增加值差异；$\frac{1}{2}[(I - H_1') + (I - H_2')]\Delta X$ 表明由于总产出规模差异导致的增加值差异，称为规模扩大导致的增加值差异。若在式（1-8）两边同时乘以由增加值倒数组成的对角矩阵 R，就可得到技术与效率变动和规模变动对增加值变动的影响程度：

$$R(V_2 - V_1) = R\left\{\frac{1}{2}\Delta(I - H')(X_1 + X_2) + \frac{1}{2}[(I - H_1') + (I - H_2')]\Delta X\right\} \tag{1-9}$$

其中，R 为对角矩阵，$r_{ij} = \frac{1}{v_{ij}}(i = j)$。

1.2.2 数据来源及处理

本章所需数据为投入产出表，考虑到本项目研究的云南产业发展新动力，采用云南 2002、2007 和 2012 年 3 张投入产出表。2002 年前虽也有投入产出表，但数据相对陈旧，且若考虑 1987~2012 年间所有投入产出表则由于统计口径变化等因素使产业比较显得较为勉强。对于各年度间投入产出表的价格调整问题，需要编制可比价投入产出表，但可比价投入产出表的编制是一个巨大的工程，不是一个课题能够完成的。本章做了简单处理，即投入产出表中中间投入部分用工业生产者购进价格指数统一折算为 2002 年不变价，而最终使用部分用 GDP 平减指数统一折算为 2002 年不变价。此外，由于各年度间投入产出表统计口径的差异，本章将 42 部门通过部门合并转变为 34 部门投入产出表。

1.2.3　云南产业增长源泉分析

1.2.3.1　2002~2007 年云南产业增长源泉

根据式（1-8）及 2002、2007 年两张投入产出表即可得到 2002~2007 年的云南产业增长源泉测算结果（见表 1-1）。从表 1-1 可知，2002~2007 年，产业规模扩大和产业创新提升对经济增长的贡献分别为 41.48% 和 58.52%，产业创新提升的贡献高于规模扩大贡献 17.04 个百分点；这一时期技术进步和效率提升对云南产业发展作用较为明显。

表 1-1　2002~2007 年间云南产业增长源泉测算结果　　　　　（亿元）

产　业	规模扩大	素质提升	规模扩大贡献/%	素质提升贡献/%
第一产业	64.78	51.12	55.89	44.11
第二产业	309.27	203.31	60.34	39.66
第三产业	106.52	423.64	20.09	79.91
合　计	480.56	678.07	41.48	58.52

从产业层面来看，第一产业技术、效率的提升对第一产业增长的贡献为 44.11%，低于素质提升对整体经济的贡献 14.41 个百分点，相对于工业和服务业来说第一产业占比较小，劳动人口较多，素质提升贡献几乎达到 50%，说明 2002 年以来云南第一产业建设方面取得了不小的进步；第二产业技术、效率提升对本产业增长的贡献为 39.66%，是三次产业中最低的，由于第二产业是云南的支柱产业，第二产业创新提升的缓慢也导致了整体产业创新提升的滞后；第三产业技术、效率提升对本产业增长的贡献高达 79.91%，是三次产业中素质提升最高的产业。

具体到行业层面来看（见表 1-2），第二产业中的煤炭开采和洗选业、石油和天然气开采业、金属矿采选业、非金属矿及其他矿采选业、纺织业、纺织服装鞋帽皮革羽绒及其制品业、木材加工及家具制造业、石油加工、炼焦及核燃料加工业、非金属矿物制品业、金属冶炼及压延加工业、金属制品业、工艺品及其他制造业、废品废料、电力、热力的生产和供应业、燃气生产和供应业、水的生产和供应业等 16 个产业的增长主要以规模扩大为主，素质提升贡献较小或为负值。

这 16 个产业中较多的产业都属于资源型产业，也是云南的传统优势产业，如煤炭开采和洗选业、石油和天然气开采业、金属矿采选业、非金属矿及其他矿采选业等，这说明在 2002～2007 年云南传统产业转型升级的效果不明显。第三产业中的住宿和餐饮业、信息传输、计算机服务和软件业、金融业、房地产业、租赁和商务服务业等 5 个产业的增长主要以规模扩大为主，素质提升贡献较小或为负值。值得注意的是 2002～2007 年云南交通运输、仓储和邮政、批发和零售业等 2 个产业创新提升贡献对产业增长的贡献较大，说明云南在交通基础设施建设等方面取得了一定的成绩。

表 1-2 　 2002～2007 年间云南行业增长源泉测算结果 　 （亿元）

行　业	规模扩大	素质提升	规模扩大贡献 /%	素质提升贡献 /%
农林牧渔业	64.78	51.12	55.89	44.11
煤炭开采和洗选业	21.14	4.26	83.22	16.78
石油和天然气开采业	-0.15	0.13	543.71	-443.71
金属矿采选业	16.93	0.64	96.36	3.64
非金属矿及其他矿采选业	-30.05	26.55	857.15	-757.15
食品制造及烟草加工业	-23.15	85.21	-37.30	137.30
纺织业	-4.72	4.70	17597.62	-17497.62
纺织服装鞋帽皮革羽绒及其制品业	-5.42	4.15	426.98	-326.98
木材加工及家具制造业	-14.35	13.41	1519.77	-1419.77
造纸印刷及文教体育用品制造业	-3.92	4.90	-398.07	498.07
石油加工、炼焦及核燃料加工业	55.18	-39.16	344.60	-244.60
化学工业	3.62	35.85	9.17	90.83
非金属矿物制品业	-93.48	81.37	771.49	-671.49
金属冶炼及压延加工业	517.27	-271.51	210.47	-110.47
金属制品业	-69.19	65.52	1886.13	-1786.13
通用、专用设备制造业	-23.80	34.76	-217.14	317.14
交通运输设备制造业	2.30	9.39	19.69	80.31
电气机械及器材制造业	-5.66	11.49	-97.00	197.00
通信设备、计算机及其他电子设备制造业	-1.92	2.67	-255.71	355.71
仪器仪表及文化办公用机械制造业	-0.70	2.03	-51.97	151.97
工艺品及其他制造业	-3.36	2.81	610.65	-510.65
废品废料	-6.58	0.00	100.00	0.00
电力、热力的生产和供应业	95.63	-64.26	304.85	-204.85

行　业	规模扩大	素质提升	规模扩大贡献/%	素质提升贡献/%
燃气生产和供应业	1.93	-0.66	152.27	-52.27
水的生产和供应业	-8.07	7.53	1481.19	-1381.19
建筑业	-110.20	181.54	-154.45	254.45
批发和零售业	-41.31	120.61	-52.10	152.10
交通运输、仓储和邮政	-246.17	298.50	-470.41	570.41
住宿和餐饮业	20.77	-11.32	219.91	-119.91
信息传输、计算机服务和软件业	50.29	-13.23	135.69	-35.69
金融业	73.23	-36.65	200.16	-100.16
房地产业	44.88	8.31	84.37	15.63
租赁和商务服务业	120.29	-79.11	292.12	-192.12
其他服务业	84.54	136.52	38.24	61.76

1.2.3.2　2007~2012 年云南产业增长源泉分析

根据式（1-8）及 2007、2012 年两张投入产出表即可得到 2007~2012 年的云南产业增长源泉测算结果（见表 1-3）。从表 1-3 可知，2007~2012 年，云南产业规模扩大对云南经济增长的贡献达到了 97.7%，产业创新提升对经济增长的贡献仅为 2.3%，产业创新提升贡献对经济增长的贡献较 2002~2007 年有较大幅度的下降。因此，从数据测算结果来看，在金融危机后，由于保增长的压力较大，各产业往往通过规模扩大而不是素质提升的方式来实现产业的增长。从产业层面看，第一产业技术、效率的提升对第一产业增长的贡献为 2.93%，高于素质提升对整体经济的贡献 0.66 个百分点；第二产业技术、效率提升对本产业增长的贡献为 7.86%，是三次产业中最高的，第三产业技术、效率提升对本产业增长的贡献为 -3.34%，是三次产业中素质提升贡献唯一为负的产业。

表 1-3　2007~2012 年间云南产业增长源泉测算结果　　　　（亿元）

产业	规模扩大	素质提升	规模扩大贡献/%	素质提升贡献/%
第一产业	379.03	11.46	97.07	2.93
第二产业	1092.62	93.25	92.14	7.86
第三产业	1271.31	-41.12	103.34	-3.34
合计	2742.96	63.59	97.73	2.27

具体到行业层面来看（见表 1-4），2007~2012 年第二产业中的纺织业、石油加工、炼焦及核燃料加工业、金属冶炼及压延加工业、交通运输设备制造业、电气机械及器材制造业、通信设备、计算机及其他电子设备制造业、仪器仪表及

文化办公用机械制造业、电力、热力的生产和供应业等8个行业增长主要以素质提升为主，与上一时期相比减少了一个产业。第三产业中的交通运输、仓储和邮政1个素质创新提升贡献大于规模扩大贡献，这一事实导致了2007~2012年间素质提升贡献对云南第三产业增长为负值。

表1-4　2007~2012年间云南行业增长源泉测算结果　　　　（亿元）

行　业	规模扩大	素质提升	规模扩大贡献/%	素质提升贡献/%
农林牧渔业	379.03	11.46	97.07	2.93
煤炭开采和洗选业	177.70	−63.28	155.30	−55.30
石油和天然气开采业	0.00	0.00	0.00	0.00
金属矿采选业	57.69	−5.30	110.12	−10.12
非金属矿及其他矿采选业	55.83	−28.55	204.62	−104.62
食品制造及烟草加工业	254.70	−20.38	108.70	−8.70
纺织业	0.35	1.48	19.07	80.93
纺织服装鞋帽皮革羽绒及其制品业	4.45	−2.47	224.39	−124.39
木材加工及家具制造业	23.21	−10.32	180.14	−80.14
造纸印刷及文教体育用品制造业	15.67	5.33	74.63	25.37
石油加工、炼焦及核燃料加工业	−15.74	46.01	−52.01	152.01
化学工业	60.23	54.42	52.53	47.47
非金属矿物制品业	75.50	−10.94	116.95	−16.95
金属冶炼及压延加工业	−379.05	434.04	−689.25	789.25
金属制品业	30.07	−18.96	270.72	−170.72
通用、专用设备制造业	−24.61	22.67	1274.26	−1174.26
交通运输设备制造业	−2.13	10.27	−26.10	126.10
电气机械及器材制造业	−13.02	14.83	−717.72	817.72
通信设备、计算机及其他电子设备制造业	−0.40	0.94	−74.87	174.87
仪器仪表及文化办公用机械制造业	−1.66	1.96	−567.72	667.72
工艺品及其他制造业	−4.58	4.50	5394.66	−5294.66
废品废料	−2.03	−0.45	81.92	18.08
电力、热力的生产和供应业	27.89	52.21	34.82	65.18
燃气生产和供应业	3.70	−0.07	101.91	−1.91
水的生产和供应业	12.13	−5.43	181.12	−81.12
建筑业	736.73	−389.25	212.02	−112.02
批发和零售业	341.18	−19.28	105.99	−5.99

行　业	规模扩大	素质提升	规模扩大贡献/%	素质提升贡献/%
交通运输、仓储和邮政	9.70	64.59	13.06	86.94
住宿和餐饮业	179.36	−51.28	140.04	−40.04
信息传输、计算机服务和软件业	48.86	−14.71	143.06	−43.06
金融业	217.04	−13.36	106.56	−6.56
房地产业	20.30	−12.26	252.41	−152.41
租赁和商务服务业	107.26	−50.72	189.70	−89.70
其他服务业	347.62	55.90	86.15	13.85

1.2.3.3　总结

投入产出模型的分析结果表明，2002~2012 年 10 年间云南产业增长源泉由于金融危机等体现出阶段性：2002~2007 年，产业素质提升的贡献高于规模扩大贡献 17.04 个百分点；2007~2012 年，云南产业规模扩大对云南经济增长的贡献达到了 97.7%，产业素质提升对经济增长的贡献仅为 2.3%，产业创新提升贡献对经济增长的贡献较 2002~2007 年有较大幅度的下降。

1.3　云南产业增长动力转换的原因分析

2007 年以来，云南产业发展的素质提升贡献相对于 2002~2007 年较低，下面就这一问题的原因进行讨论。

1.3.1　经济周期因素导致增长动力发生转换

经济所处周期阶段的判断对于宏观经济政策的制定和实施效果都具有重要意义。通过对 GDP、第一产业增加值、第二产业增加值、第三产业增加值、最终消费额、资本形成总额等关键宏观经济变量进行 HP 滤波分析，得到这 6 大变量的周期成分（各变量偏离其趋势的百分比）来判定现阶段云南所处经济周期阶段，并预测十三五时期云南所处的经济周期。图 1-2~图 1-6 给出了改革开放以来各变量偏离其趋势的百分比，并将云南与全国进行比较。得出的结论是，金融危机后在全国各关键宏观经济变量周期性回落的大环境下，云南各关键宏观经济变量周期性却逆势上行，经济在 2013 年或已到达峰值，这从金融危机后云南和全国的平均经济增长率分别为 12.6% 和 8.86% 就可以反映出来。但可以预测在外需疲软、内需不振及全国经济进入新常态的背景下，到“十二五”末期（2014、2015 年）云南经济将由上行转变为回落，而“十三五”时期经济将向其趋势水平回归。

国内生产总值作为最重要的宏观经济变量，其周期变化也是判断经济周期的主要变量。改革开放以来，云南经济周期与全国基本保持同步，全国经济位于波

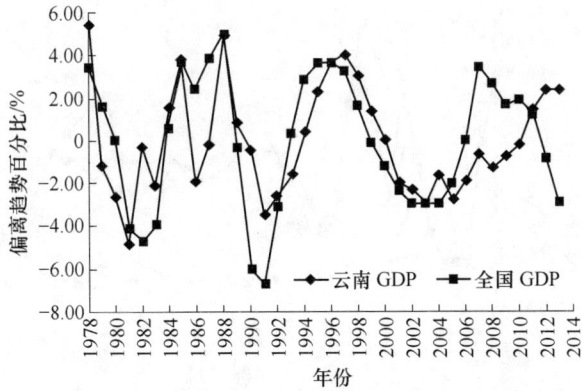

图 1-2 云南与全国 GDP 偏离趋势百分比

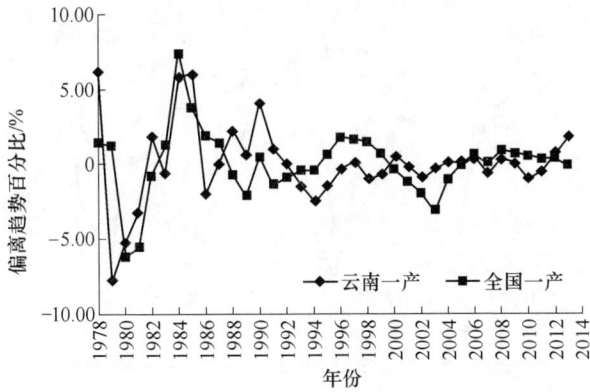

图 1-3 云南与全国一产偏离趋势百分比

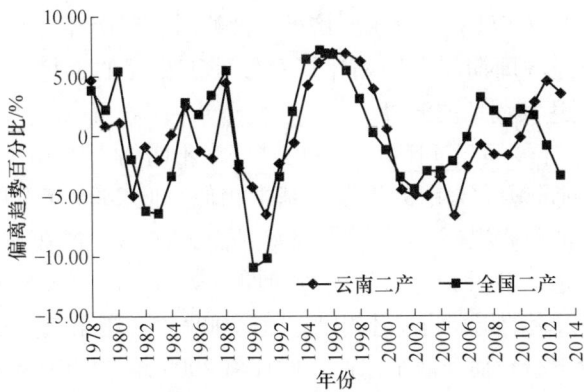

图 1-4 云南与全国二产偏离趋势百分比

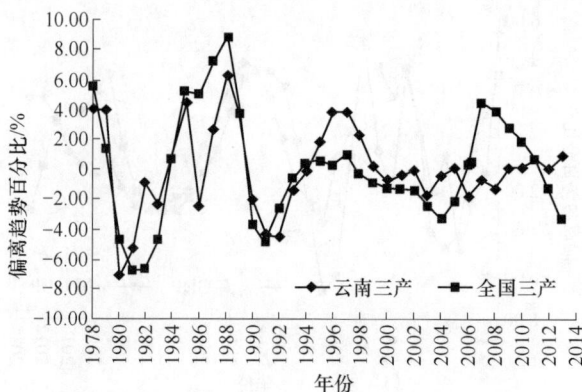

图 1-5 云南与全国三产偏离趋势百分比

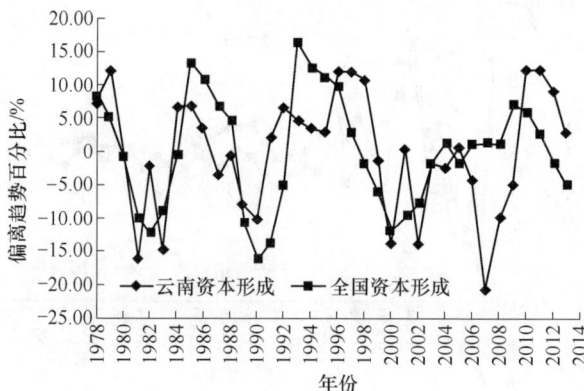

图 1-6 云南与全国资本形成偏离趋势百分比

谷时，云南经济也位于波谷；全国经济处于波峰时，云南经济也处于波峰。但金融危机后，云南经济周期与全国相比，刚好处于相反的走势。具体来看，2007年，全国 GDP 到达其周期的波峰，其后经济逐步回落；而云南 GDP 除 2008 年小幅回落外，继续上行，是否到达其周期的波峰尚不明朗。从第一产业增加值周期来看，金融危机前全国和云南的周期也基本相似。但 2008 年全国第一产业增加值到达其周期的波峰，其后经济逐步回落；而云南第一产业增加值 2008 年到2010 年有小幅回落，其后又进入了上行周期。从第二产业增加值周期来看，金融危机前全国和云南的周期也基本相似。但 2008 年全国第二产业增加值小幅回落，2010 年继续下行；而云南第二产业增加值 2008 年到 2010 年有小幅回落，其后又进入了上行周期。从第三产业增加值周期来看，金融危机前全国和云南的周期也基本相似。2007 年，全国第三产业增加值到达其周期的波峰，其后经济逐步回落；而云南第三产业增加值除 2008 年以来在波动中上行。

从资本形成总额周期来看，2008 年全国资本形成总额在 4 万亿等刺激政策下上行，到 2009 年到达一个峰值，2010～2013 年开始回落；而云南资本形成总额在 2007 年到达一个波谷，2008～2010 年开始上行，2011～2013 年开始回落。

综上所述，金融危机后在全国各关键宏观经济变量周期性回落的大环境下，云南各关键宏观经济变量周期性却逆势上行，特别是以资本形成总额为代表的投资变量一路上行，到 2014 年云南资本形成率已高达 91.2%。自 2007 年以来，通过投资扩大推动经济增长的模式，直接导致了规模扩大对经济增长的贡献达到 97%。

1.3.2 增长核算层面反映出要素投入贡献大，全要素生产率贡献较小

经济增长的要素投入一般来说包括最基本的物质资本、劳动力，也包括人力资本、社会资本、制度、结构调整、技术进步等多种其他要素。在具体的定量分析中，由于其他要素的度量相对比较困难，因此在进行经济增长分析时，我们笼统地将除劳动力和物质资本投入外的所有要素称为全要素，其对经济增长的贡献由全要素生产率来衡量。

1.3.2.1 要素投入量的结构变动趋势

1978～2012 年云南劳动力和物质资本投入的结构变动特征表现为：首先，从资本投入和劳动投入的变化特征来看，1978～2012 年云南资本积累的增长速度远高于劳动力投入的增长速度。具体来看，1978 年资本存量为 95.05 亿元（1978 年不变价），到 2012 年增长到 3211.31 亿元，是 1978 年的 33.8 倍；而劳动力投入 1978 年为 1313.4 万人，2012 年增加到 2881.90 万人，是 1978 年的 2.2 倍。图 1-7 给出了 1978～2012 年云南的资本劳动比（1978 年不变价，单位：元/人），可以看出云南的人均资本存量的变化经历了三个阶段：第一阶段（1978～1990年），这一时期云南的人均资本存量基本维持在 800 元/人上下波动；第二阶段（1991～2000 年），这一时期云南人均资本存量增长速度开始上升；第三阶段

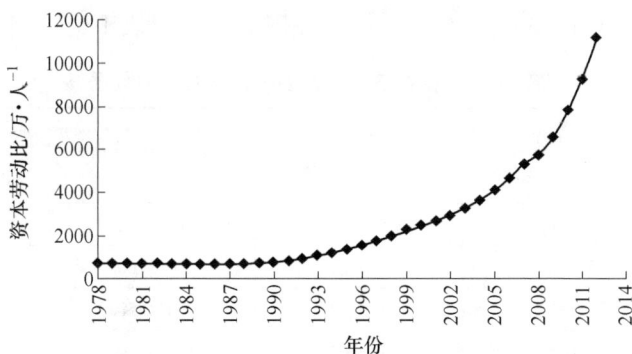

图 1-7 1978～2012 年云南的资本劳动比

（2000~2012 年），这一时期云南人均资本存量增长速度急剧上升。

从资本和劳动投入的增长率来看，1978~2012 年云南资本投入年平均增长率与经济增长率基本持平，分别为 10.91% 和 9.9%，而劳动投入年均增长率为 2.34%。云南要素投入的变化也体现出阶段特征（见表 1-5）：第一个阶段（1978~1990 年），资本增长率与劳动增长率大体持平，经济增长主要依靠的是要素投入效率的提高；第二阶段（1991~2000 年），资本投入增长率急剧上升到 15.13%，而劳动投入增长率由于计划生育政策效果显现而降低为 1.6%，经济增长的投资驱动特征开始显现；第三阶段（2000~2012 年），资本投入依然维持高增长 15.97%，劳动力投入增长率小幅上升为 1.98%。进入第三阶段后，经济增长的资本驱动特性进一步凸显，资本投入的效率也由于持续的投资有所下降，如何提高资本和劳动的利用效率进而实现经济增长方式由要素投入驱动向创新驱动转变是云南经济面临的最为严峻的问题。

表 1-5   云南不同时期要素投入量的平均增长率   （%）

时　间	经济增长率	资本增长率	劳动增长率
1978~2012	9.9	10.91	2.34
1978~1990	9.74	3.42	3.23
1991~2000	9.94	15.13	1.60
2000~2012	11.22	15.97	1.98

1.3.2.2   整体经济增长源泉分析

在关于经济增长因素分析的实证研究中，生产函数的形式一般采用柯布—道格拉斯形式，即：

$$Y(t) = F(K(t), A(t)L(t)) = K(t)^{\alpha} H(t)^{\beta} [A(t)L(t)]^{1-\alpha-\beta}, \ 0 < \alpha, \ \beta < 1$$

$$(1-10)$$

要对式（1-10）进行回归分析，进而分析各要素对经济增长的贡献，首先需要获得 $Y(t)$，$K(t)$，$A(t)$，$L(t)$，$H(t)$ 相应的数据见表 1-6。

表 1-6   云南经济产出及各投入要素相关数据

年份	实际 GDP（1978 年不变价）	资本存量（1978 年不变价）	就业人数/万人	人力资本
1991	224.66	162.00	1989.50	88.79
1992	249.15	190.61	2032.60	97.07
1993	276.82	225.22	2071.50	105.84
1994	310.59	260.63	2108.70	115.51
1995	346.93	296.29	2149.00	123.37

续表 1-6

年份	实际 GDP（1978 年不变价）	资本存量（1978 年不变价）	就业人数/万人	人力资本
1996	385.44	337.48	2186.20	133.22
1997	422.83	390.28	2223.50	143.24
1998	457.08	458.29	2240.50	153.69
1999	490.45	523.04	2244.00	165.72
2000	527.23	575.75	2295.40	179.55
2001	563.08	629.06	2322.50	196.96
2002	613.76	690.40	2341.30	217.11
2003	667.78	773.29	2353.30	238.49
2004	743.24	873.23	2401.40	262.60
2005	809.39	1006.63	2461.30	289.47
2006	903.28	1172.88	2517.60	323.28
2007	1013.48	1366.35	2573.80	365.13
2008	1120.91	1516.56	2638.37	418.49
2009	1256.55	1759.61	2684.80	490.48
2010	1411.11	2159.67	2765.90	573.91
2011	1604.43	2648.84	2857.24	677.92
2012	1813.00	3211.31	2881.90	812.78

取 GDP 作为产出，依据《云南统计年鉴 2013》可以得到 1991~2012 年间历年的 GDP 以及增长指数，根据名义 GDP 和增长指数计算以 1978 年不变价格表示的实际 GDP 序列。采用《云南统计年鉴 2013》中云南省就业人员的数量代表劳动力投入，得到就业人员规模；关于云南省资本存量的核算，1991~2012 年的数据（1952 年不变价格）来源于对单豪杰（2008 年）关于省际资本存量的数据的整理并换算为 1978 年不变价格；对于 2010~2012 年资本存量的数据，采用永续盘存法并按 1978 年不变价格计算。本文中采用科教文卫的支出来衡量人力资本，其处理方法类似于处理物质资本的投资。以往在衡量人力资本存量时大多把受教育年限作为一个衡量人力资本的指标，但是受教育年限在各种统计年鉴上只有个别年份有数据，而且只用受教育情况衡量人力资本也不全面，用科教文卫的投入代表人力资本的投资，不只是以教育要素来替代，而是全面考虑了其他人力资本要素，这更符合实际。

在我们的模型中，除了式（1-10）中考虑到的各种要素投入外，还需要考虑促使云南经济持续增长的其他因素 $oth(t)=e^{rt}$，将 $oth(t)=e^{rt}$ 加入式（1-10）。并对式（1-10）两边求对数，得：

$$\ln Y = rt + \alpha\ln K + \beta\ln L + \gamma\ln H \quad\quad (1\text{-}11)$$

运用表 1-6 的数据对式（1-11）进行估计，所得结果如下：

$$\ln Y = 0.023563t + 0.413014\ln K + 0.334429\ln L + 0.106235\ln H \quad (1\text{-}12)$$
$$(2.901) \quad\quad (5.267) \quad\quad (11.277) \quad\quad (2.141)$$
$$R^2 = 0.9994, \ D.W = 1.607$$

从方程的估计结果来看，模型拟合效果好且各投入要素的系数显著。结合增长核算理论与式（1-12），可计算各投入要素对经济增长的贡献见表 1-7。

表 1-7　1991~2012 年各因素对云南经济增长的贡献

各因素	年均增长/%	产出弹性	各因素对经济增长贡献率/%	各因素对经济增长拉动作用/%
GDP	10.5	—	—	—
物质资本	15.3	0.413	60.4	6.3
劳动	1.8	0.334	5.7	0.6
人力资本	11.1	0.106	11.3	1.2
其他	—	0.024	22.6	2.4

首先，1991 年以来云南经济增长主要动力来源于要素投入的增加，要素投入的贡献率为 77.4%，但资本的贡献相对来说远大于劳动对经济增长的贡献。具体来看，1991~2012 年资本投入对云南经济的贡献率达到了 60.4%，平均每年拉动 6.3% 的经济增长，而劳动投入对经济增长的贡献率只有 5.7%，平均每年拉动 0.6% 的经济增长。这一分析结果与国内许多学者对云南经济增长源泉分析的结论一致（郑容，吴婷婷，2010；姜海林，申登明，2013）。资本对经济增长的贡献远大于劳动，从我们的分析来看，原因有三：其一，资本的产出弹性大于劳动的产出弹性，资本产出弹性为 0.413，而劳动的产出弹性为 0.334；其二，资本的实际增长率远大于劳动增长率，1991~2012 年云南实际资本的平均增长率高达 15.3%，而劳动的年平均增长率只有 1.8%；其三，将人力资本要素从劳动中列出来，也在一定程度上影响了劳动的贡献率。从各要素对云南经济增长的影响来看，本章的结论基本与经济增长的现实相符合。云南是一个典型的城乡二元经济结构，有大量的农村剩余劳动力，劳动力对经济增长的边际贡献一般来说较低；而资本要素在云南则相对稀缺，资本对经济增长的边际贡献与劳动力相比要大很多，可以说自 90 年代以来，云南经济增长是不断加速的资本积累所推动的。

进入改革开放第二阶段以来，云南资本积累加速非常明显，1991~2013 年云南资本形成率平均为 51.2%（值得注意的是，2008 年金融危机爆发后，为维持云南经济的高速增长，云南的资本形成率最高的时候达到了 91.2%），而 1978~1990 年的资本形成率只有 33.2%，后一阶段比前一阶段提高了 18 个百分点，因此资本投入的增加是云南经济持续快速增长的保证。但长期巨额的资本投入，也在一定程度上导致了资本效率的下降。

1.3.3　2007年以来云南创新能力相对下降

根据由中国科技发展战略研究小组编著的《中国区域创新能力报告》，报告将区域创新能力分为知识创造、知识获取、企业创新、创新环境和创新绩效五个方面，并构建相应的指标体系进行测算。表1-8给出了2008~2013年以来云南创新能力综合指标及五个主要指标的取值及在全国的排名。由表1-8可知，2007年后云南创新能力排名最高的是2009年（排名全国22位），排名最低的是2012年（排名全国28位），总体来看创新能力排名逐年下降。从反映产业发展的两大二级指标企业创新和创新绩效来看，其基本趋势也是排名逐年下降。这也在一定程度上反映2007~2012年云南产业发展的创新能力不足，导致产业增长中素质提升贡献较小。

表1-8　云南创新能力指标取值及全国排名

年份	综合值		知识创造		知识获取		企业创新		创新环境		创新绩效	
	排名	指标值	排名	指标值	排名	指标值	排名	指标值	排名	指标值	排名	指标值
2008	23	21.69 (31.30)	17	20.31 (56.59)	16	19.25 (44.53)	25	23.43 (37.18)	27	18.21 (34.40)	26	26.73 (44.07)
2009	22	24.32 (31.31)	21	17.74 (63.88)	24	17.09 (48.06)	26	25.32 (44.84)	19	24.74 (23.51)	22	32.87 (39.74)
2010	25	20.74 (31.53)	21	18.03 (61.93)	24	17.09 (46.73)	21	21.86 (40.99)	30	20.22 (34.88)	27	24.75 (32.20)
2011	26	21.78 (33.71)	24	18.32 (56.05)	16	24.50 (40.01)	29	14.54 (53.07)	20	27.25 (24.61)	27	24.54 (45.11)
2012	28	19.37 (34.47)	22	16.29 (53.74)	19	20.77 (41.55)	28	17.12 (46.25)	26	18.41 (24.87)	28	24.64 (41.42)
2013	27	21.32 (36.26)	23	17.55 (52.13)	21	20.77 (41.49)	26	19.86 (52.13)	25	22.34 (27.46)	28	25.13 (39.45)

注：指标值栏中加括号的数值是与该项排名第一的省份指标值分差。

资料来源：《中国区域创新能力报告》（2008~2013）。

1.4　结论及启示

从本章研究的结论可以看出，2002年以来云南产业发展经历了两个重要的阶段：第一阶段（2002~2007年），也就是金融危机前云南产业由于全国经济处于上行期，保增长和稳增长的压力不大，产业发展更多地通过效率改善、技术创新等方式来实现，因此在2002~2007年间产业创新提升对云南产业发展的贡献大于 50%；第二阶段（2008~至今），金融危机后特别是 2012~2014 年，全国经济进入新常态，经济增速下滑，稳增长的压力逐步加大，不论是在全国层面还是云南省层面，投资成为稳增长的主要手段，虽然其间也推出了很多提质增效的措施，但效果往往不是特别明显，最终使得产业创新提升对云南经济增长的贡献低于 5%。

　　根据发达国家及地区产业发展经验，从规模扩大和创新提升对产业发展的重要性来看，产业创新提升对产业持续健康发展的重要性远大于规模扩张。在本章中产业创新是一个宽泛的概念，是除了规模扩张外的所有因素。本课题后续研究拟将产业创新明确化，依据熊彼特的创新理论将产业创新划分为技术创新、产品创新、市场创新、制度创新等四个层面，系统研究云南产业发展的创新动力，进而在"十三五"及未来一段时间实现云南产业的新发展。

2 云南产业创新发展能力评价

产业创新是具有时代背景的一个重大研究领域，是创新组织模式的一种调整和转变，其突出特点在于产业链贯通的联合创新。本章以建设创新型云南行动计划的实施为背景，分析云南省的产业创新能力，采用新产品产值率、研发经费投入强度、新产品销售收入占主营业务收入的比重、R&D 项目数、有效发明专利数等指标重点分析云南省 36 个具体工业行业的产业创新能力。结果表明：2011年云南省 36 个工业行业中新产品产值率高于全国平均水平的行业有 9 个，仅占全部工业行业的 1/4，比重较小，且同年这些行业的研发经费投入强度、新产品销售收入占主营业务收入的比重都高于全国平均水平；2011 年新产品产值率接近全国平均水平的行业有 8 个，占工业行业的比重不到 1/4，这些行业的研发经费投入强度、新产品销售收入占主营业务收入的比重普遍与全国平均水平基本相当，这些行业是云南省产业创新突破的关键和重点；2011 年新产品产值率低于全国平均水平的行业有 19 个，占全省工业行业的比重较大，为 1/2，这些行业的研发经费投入强度、新产品销售收入占主营业务收入的比重普遍低于全国平均水平，个别行业在研发经费投入强度上高于全国平均水平，但创新发展水平较低，这说明云南省部分行业的科技效率比较低。同时进一步分析各个行业的研发经费投入强度、新产品销售收入占主营业务收入的比重及科技产出情况，为促进产业创新发展提供决策依据。进一步地分析云南省产业创新存在的问题，并针对相应的不足，结合建设创新型云南行动计划的实施提出相应的对策建议。

2.1 云南工业行业的创新发展评价

当前，云南省的改革发展进入了新阶段，面临着新的形势和任务。全省科技工作的紧迫感、责任感更加强烈，创新在科技工作中的重要作用已提上了议程。实施创新驱动发展战略，充分发挥科技第一生产力对经济社会发展的支撑引领作用，是加快建设创新型云南、推进云南科学发展、和谐发展及跨越发展、谱写中国梦云南篇的伟大实践中的重要举措。

2008 年，围绕我国 2020 年建成创新型国家目标，省委、省政府结合实际启动实施了建设创新型云南行动计划，通过组织实施重点产业创新、重点行业和企业重大技术改造、节能减排科技创新、农业科技创新、创新型企业培育、创新平台建设、高层次科技人才培引、公民科学素质提升等八大工程，各项目标任务超额完成，成效显著，亮点频现，争取国家科技经费、国家级高新技术企业数、高新技术产业开发区技工贸总收入、重大新产品开发、获国家科技奖等五个方面实现突破，高新技术企业销售收入、新产品产值、专利授权量、创新平台建设数量、高层次人才培养、财政科技投入等六个方面实现倍增，钛带卷产业化生产技术、低温低电压铝电解技术、大型枢纽机场行李处理系统等七个方面的技术研发填补国内空白，研发了一批事关工业、农业和社会发展的核心关键技术，上百项技术处于国内先进水平。基于前期的创新型云南行动计划成效显著，2013 年云南省启动实施新一轮建设创新型云南行动计划（2013~2017 年），新一轮建设以六大工程（重大科技专项工程、重大新产品开发工程、重大科技成果转化工程、重大科技基础设施与创新创业环境建设工程、科技创新平台建设提升工程、高层次科技创新创业人才培引工程）为重点，充分发挥科技对经济社会发展的强大支撑引领作用。

在建设创新型云南行动计划中，产业创新显得尤为重要，产业创新能力的强弱能从一定程度上很好的反映创新型云南建设的基本情况。一个区域的创新效率和效果都是通过这个区域内产业的一些基本特征表现出来的，产业的创新效果事实上也是一个特定区域下的创新产业的效果，提高产业创新能力已经成为促进产业发展及增强产业竞争力的经济发展战略。因此，分析云南产业创新现状，为提升云南创新发展能力及促进创新型云南行动计划的实施具有重要意义。本章根据现有的 2011、2012 年统计数据及指标，将采用新产品产值率、新产品销售收入与主营业务收入的比值、R&D 经费投入强度、专利（主要是有效发明专利数）、R&D 项目数等指标重点反映工业行业的产业创新现状及发展能力。

云南要实现经济的跨越发展，重点在产业，关键在工业，落脚在企业。就云南的产业创新而言，分析工业创新发展现状，对提升云南省产业创新发展能力具有重要的指导意义。对工业行业的分析，主要根据现有 2011 年即 2012 年的统计数据和指标分析具体 36 个工业行业的创新发展能力，采用的主要分析指标有新产品产值率（新产品产值/工业总产值）、新产品销售收入占主营业务收入的比重、R&D 经费投入强度（R&D 经费支出/主营业务收入之比）、专利（主要是有效发明专利数）、R&D 项目数等。为更好地分析具体 36 个工业行业，根据 2011 年云南省工业行业的新产品产值率与全国平均水平的关系将工业行业主要分为 3 类：新产品产值率高于全国平均水平的行业，新产品产值率接近全国平均水平的行业，新产品产值率低于全国平均水平的行业。

2.1.1 新产品产值率高于全国平均水平的行业

在 36 个工业行业中，2011 年新产品产值率高于全国平均水平的行业有 9 个，仅占全省工业行业的 1/4，比重较小，初步看出云南省的工业行业中创新能力不强。但从新产品产值率、新产品销售收入及研发经费的投入强度等来看，与全国相比以上 9 个行业都具有一定的优势，并且在云南省的工业行业中其科技产出上都有显著的成效，长远来看以上行业是我省工业行业产业创新发展中比较有潜力的行业。

从图 2-1 可以看出，2011 年云南省以上行业的新产品产值率都高于全国的平均水平，在个别行业差距还很明显，如铁路、船舶、航空航天运输设备业、计算机、通信和其他电子设备制造业、仪器仪表制造业等，仅以 2011 年的新产品产值率不足以说明以上行业的创新能力强，为此进一步分析它们研发经费投入强度、新产品销售收入占主营业务收入的比重情况。

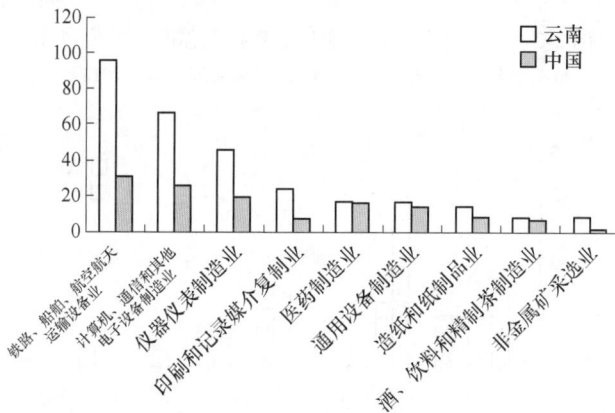

图 2-1　2011 年新产品产值率高于全国平均水平的行业（单位:%）
数据来源:《中国统计年鉴 2012》《云南统计年鉴 2012》。

从图 2-2 可以看出，2011 年以上 9 个行业的研发经费投入强度都高于全国平均水平，与前面新产品产值率的分析相对应，可以看出云南省在这些行业中的研发经费投入强度大，比较重视这些行业创新发展能力的提升。从图 2-3 可以看出 2012 年，这 9 个行业的研发经费投入强度有所变化，比较明显的是铁路、船舶、航空航天运输设备制造业和仪器仪表制造业。相应地，这些行业的新产品产值率业也有所变化，见附表 2-1。因国家统计数据不全，没法算出 2012 年国家各行业的新产品产值率进行对比分析。

从图 2-4 可以看出，2011 年这 9 个行业的新产品销售收入占主营业务收入的比重都高于全国平均水平，与新产品产值率相对应，而 2012 年新产品收入占主营业务收入比重有所变化（见图 2-5），通过比较可以发现研发经费投入强度、新产品产值率及新产品销售收入占主营业务的比重这三者的变化基本一致，一般可以认为，研发经费的投入强度可以从一定程度上决定行业的新产品产值率及新产品销售收入占主营业务收入的比重。具体各行业的情况如下。

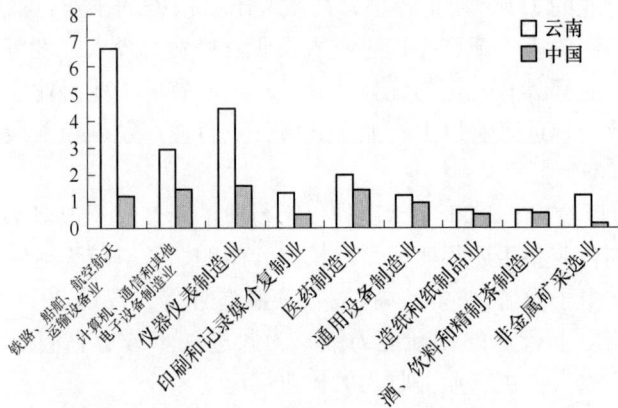

图 2-2　2011 年各行业的研发经费投入强度（单位：%）

数据来源：《中国统计年鉴 2012》《云南统计年鉴 2012》。

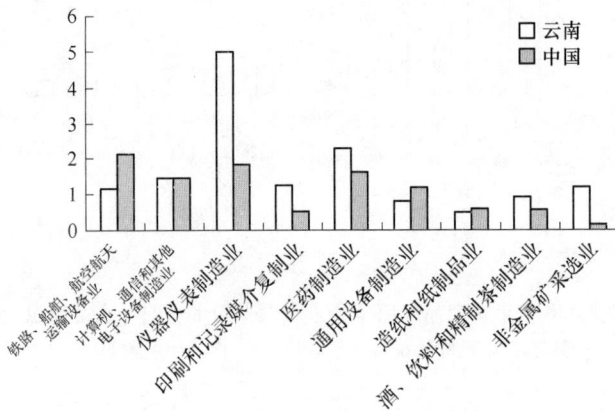

图 2-3　2012 年各行业的研发经费投入强度（单位：%）

数据来源：《中国统计年鉴 2013》《云南统计年鉴 2013》。

2.1.1.1　铁路、船舶、航空航天运输设备制造业

该行业的创新能力在我省工业行业中比较突出。从新产品销售收入占主营业务收入的比重来看，2011 年云南省该行业的新产品的销售收入占主营业务收入的比重约是全国的 3 倍左右（见图 2-4），但 2012 年大幅下降，略低于全国的平均水平（见图 2-5）；从研发投入强度来看，2011 年该行业的研发投入强度高于全国的平均水平（见图 2-2），2012 年也呈下降的趋势，且略低于全国的平均水平（见图 2-3）。从科技产出来看，该行业 2011 年的 R&D 项目为 76 项，在全省 36 个工业行业中排名第 5 位，而 2012 年下降为 10 项，在全省 37 个工业行业中排名第 23 位（见附表 2-4），就有效发明专利数来看，2011 年该行业的有效发明

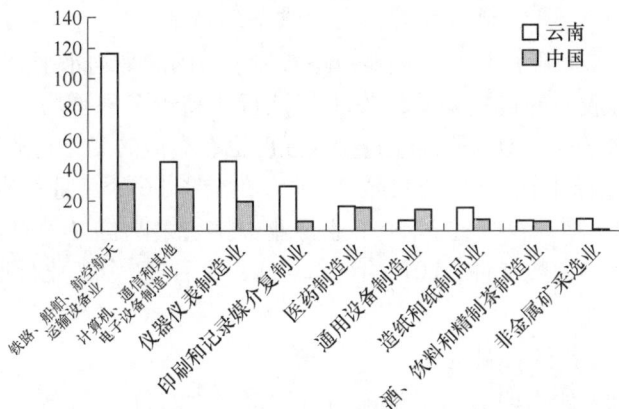

图 2-4　2011 年各行业的新产品销售收入占主营业务收入的比重（单位:%）

数据来源:《中国统计年鉴 2012》《云南统计年鉴 2012》。

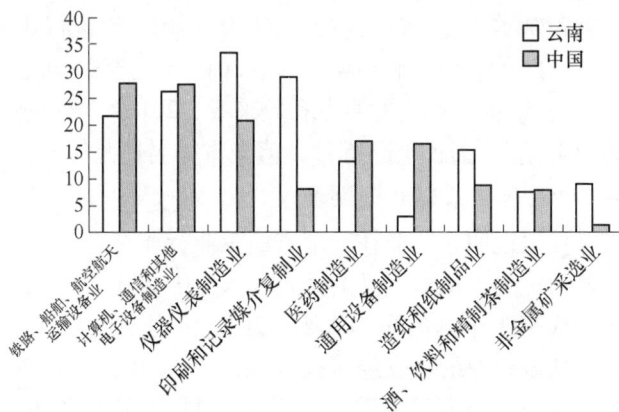

图 2-5　2012 年各行业的新产品销售收入占主营业务收入的比重（单位:%）

数据来源:《中国统计年鉴 2013》《云南统计年鉴 2013》。

专利数 68 件，在全省 36 个工业行业中排名第 5 位，而 2012 年下降为 5 件，全省 37 个工业行业中排名第 25 位（见附表 2-5）。总的来看，该行业 2011 年的相关统计指标水平都高于全国的平均水平但 2012 年又略低于全国的平均水平，可见我省该行业的创新发展没有形成稳定的趋势。建设创新型云南行动计划的实施，推动了相应装备制造业创新能力提升。例如 2008 年以来装备制造业共开发新产品 150 项，新工艺 120 余项，解决核心关键技术 80 余项，获专利授权 110 余件，制定标准 140 余项；产品（技术）实现销售收入 82 亿元，利润 7.6 亿元，税收 6.8 亿元。大型铁路养护机械、高速铁路开关、乘用车柴油机、铁路牵引变压器等技术居国内领先水平。

2.1.1.2 计算机、通信和其他电子设备制造业

平均来看，该行业的创新发展能力略微强于全国的平均水平。从新产品销售收入占主营业务收入的比重来看，2011 年该行业高于全国平均水平，2012 年略低于全国平均水平；类似的研发经费投入强度也有类似的变化趋势。从科技产出来看，2011 年该行业有 R&D 项目数 22 项，在全省 36 个工业行业中排名第 21 位，2012 年有 51 项，在全省 37 个工业行业中排名第 9 位（见附表 2-4）；2011 年拥有有效发明专利数 0 件，2012 年有 24 件，全省 37 个工业行业中排名第 13 位（见附表 2-5）。

2.1.1.3 仪器仪表制造业

该行业的创新能力明显高于全国的平均水平。2011 年从新产品销售收入占主营业务收入的比重来看，2011 年远高于全国的平均水平，2012 年有所下降，但仍高于全国的平均水平。从研发经费投入强度来看，2011 年该行业的研发投入强度为高于全国的平均水平，2012 年研发的投入强度有所增强，但与全国平均水平之间的差距基本不变。从科技产出来看，2011 年该行业的 R&D 项目数为 24 项，全省 36 个工业行业中排名第 19 位，2012 年增至 25 项，全省 37 个工业行业中排名第 17 位，就拥有有效发明专利数来看，2011 年该行业有 27 件，全省排名第 9 位，2012 年有所增加增至 46 件，但全省排名还是第 9 位。

2.1.1.4 印刷和记录媒介复制业

综合各指标数据说明该行业在云南省的工业行业中有一定的创新能力，且与全国相比有明显的优势。从新产品的销售收入占主营业务收入的比重来看，2011 年该行业的比重远高于全国的平均水平，2012 年也如此，但与全国平均水平的差距有所缩小。从该行业的研发经费投入强度看，2011 年与 2012 年都高于全国的平均水平。从科技产出方面来看，该行业 2011 年有 R&D 项目数 48 项，全省 36 个工业行业中排名第 11 位，2012 年有 39 项，全省工业行业中排名第 12 位，拥有有效发明专利数 2011 年 26 件，全省排名第 10 位，2012 年有 54 件，全省工业行业中排名第 7 位。

2.1.1.5 医药制造业

医药制造业在云南省的工业行业中创新能力较强，科技成果显著。从新产品销售收入占主营业务收入的比重来看，2011 年略高于全国的平均水平，2012 年该比重低于全国的平均水平；从研发经费投入强度来看，该行业 2011 年和 2012 年的研发投入强度均高于全国，但差距不是很明显。就科技产出来看，2011 年该行业有 R&D 项目数 310 项，全省工业行业中排名第 1 位，2012 年有 298 项，全省排名第 2 位，2011 年该行业拥有有效发明专利数 294 件，全省排名第 1 位，2012 年拥有 452 件，居全省之首。目前云南省沃森生物成为国内第一家同时拥有两个细菌结合疫苗上市销售的疫苗企业。昆明医学生物所成为国内最大的脊髓灰

质炎和甲型肝炎系列疫苗研制生产单位❶。三七、灯盏花、石斛等中药材实现规模化种植，在全国市场占有率达到80%以上。

2.1.1.6 通用设备制造业

该行业的科技产出在全省比较显著，但与全国相比创新优势有明显减弱的趋势。从新产品的销售收入占主营业务收入的比重来看，2011年低于全国平均水平，且2012年差距明显变大；从研发经费投入强度来看，2011年通用设备制造业的研发投入强度略高于全国的平均水平，而2012年研发投入强度低于全国的平均水平1.248%。从科技产出来看，2011年该行业的R&D项目数为63项，全省排名第6位，2012年为57项，全省排名第7位，2011年有效发明专利数16件，全省工业行业总排名第14位，2012年有20件，全省排名第14位。

2.1.1.7 造纸和纸制品业

该行业的创新能力略微强于全国平均水平。从新产品的销售收入占主营业务收入的比重来看，2011年与2012年均高于全国的平均水平；从研发经费投入强度来看，2011年该行业的研发经费投入强度略高于全国的平均水平，但2012年低于全国的平均水平；从科技产出来看，该行业2011年有R&D项目数40项，全省工业行业中排名第12位，2012年有22项，全省排名第21位，2011年拥有有效发明专利数15件，全省工业行业中排名第15位，2012年拥有有效发明专利数10件，全省排名第23位。

2.1.1.8 酒、饮料和精制茶制造业

该行业的创新能力与全国平均水平相比优势不明显。从新产品销售收入占主营业务收入的比重来看，2011年高于全国平均水平，但2012年略低于全国的平均水平；从研发经费投入强度来看，2011年与2012年该行业的研发经费投入强度均高于全国的平均水平；从科技产出来看，2011年酒、饮料和精制茶制造业的R&D项目数为25项，全省工业行业中排名第17位，2012年有33项，全省的工业行业中排名第14位；就有效发明专利数来看，2011年该行业有19件，全省工业行业中排名第13位，2012年有16件，在全省工业行业中排名第16位。

2.1.1.9 非金属矿采选业

该行业的创新能力与全国相比优势明显。从新产品销售收入占主营业务收入的比重来看，为2011年高于全国的平均水平且差距明显，2012差距进一步拉大；从研发经费投入强度来看，2011年与2012年该行业的研发经费投入强度均高于全国的平均水平；就科技产出来看，2011年该行业有R&D项目数48项，在全省工业行业中排名第10位，2012年有35项，在全省排名第13位；就有效发明专利数来看，2011年非金属矿采选业有5件，全省工业中排名第19位，2012年该

---

❶ http://www.most.gov.cn/dfkj/yn/zxdt/201303/t20130306_99995.htm。

行业的有效发明专利数 10 件，全省工业行业中排名第 22 位。目前，云南省磷等非金属矿的采选及加工技术水平全国一流，部分达到国际先进水平。

2.1.2 新产品产值率接近全国平均水平的行业

在云南省 36 个工业行业中，如图 2-6 所示，比较来看有 8 个行业的创新发展能力比较接近全国的平均水平，但这也正说明这些行业的创新发展水平有待提高，并且采取相应的保障和激励措施这些行业很可能在创新发展上取得突破。

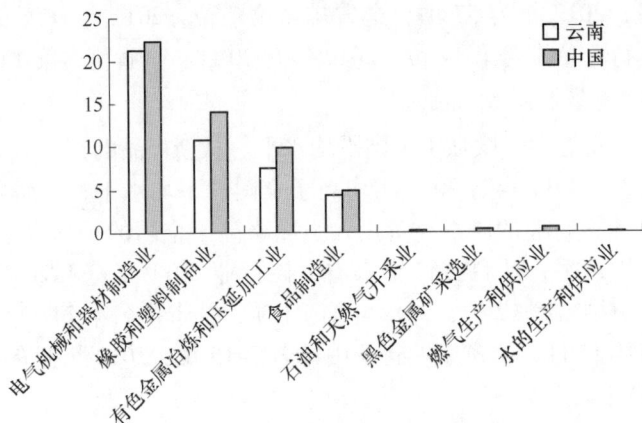

图 2-6 2011 年云南新产品产值率接近全国平均水平的行业（单位:%）

数据来源:《中国统计年鉴 2012》《云南统计年鉴 2012》。

从以上 8 个行业 2011 年的新产品产值率可以看出，这 8 个行业的新产品产值率比较接近全国平均水平，两者之间的差距比较小，所以从整体来看，云南省这些行业的创新能力一般，还不具备相应的创新优势。

从图 2-7、图 2-8 可以看出，2011 年及 2012 年这些工业行业的研发经费投入强度除了石油和天然气开采业及水的生产和供应业外，与全国平均水平基本相当。相比来看，云南省的有色金属冶炼和压延加工业的研发经费强度高于全国，但其新产品的产值上却低于全国平均水平，这表明该行业的科技投入的效率比较低。

从图 2-9 可以看出，2011 年这些行业的新产品销售收入占主营业务收入的比重变化与新产品产值率的变化基本类似，且该比重与全国的平均水平差距不明显。而从图 2-10 来看，2012 年电气机械和器材制造业、橡胶和塑料制品业表现出明显低于全国平均水平的趋势，食品制造业的新产品销售收入占主营业务收入的比重却明显高于全国平均水平，这可能与经济发展现状及行业的发展情况有关，就现有的统计数据来看，这些行业的创新能力并没有明显的强于全国。各行业的具体分析如下。

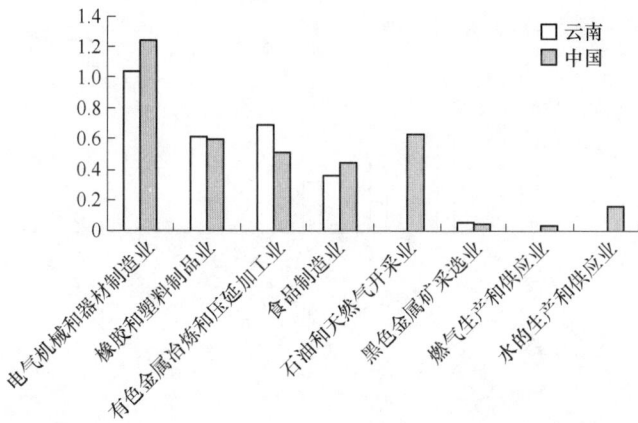

图 2-7 2011 年各行业的研发经费投入强度（单位:%）

数据来源:《中国统计年鉴 2012》《云南统计年鉴 2012》。

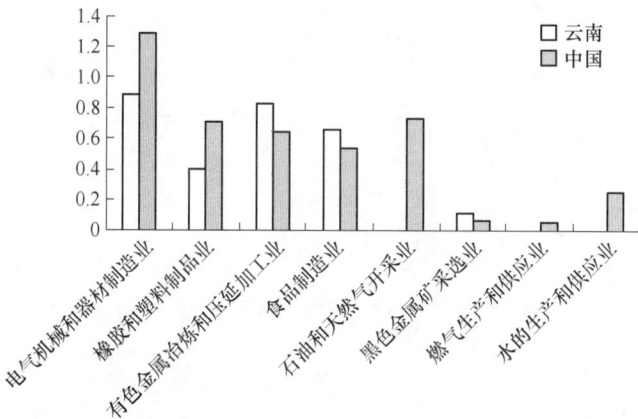

图 2-8 2012 年各行业的研发经费投入强度（单位:%）

数据来源:《中国统计年鉴 2013》《云南统计年鉴 2013》。

2.1.2.1 电气机械和器材制造业

总体来看该行业创新发展能力在我省工业行业中比较突出，但与全国相比却没有明显的优势。从新产品销售收入占主营业务收入之比来看，2011 年该行业略低于全国平均水平，2012 年也低于全国平均水平且差距明显拉大；从研发经费的投入强度来看，2011 年和 2012 年该行业的研发经费投入强度均低于全国的平均水平；从科技产出来看，2011 年该行业有 R&D 项目数 56 项，在全省工业行业中排名第 8 位，2012 年有 67 项，在全省工业行业中排名第 5 位，就有效发明专利数来看，2011 年该行业有 104 件，全省工业行业中排名第 4 位，2012 年有 38 件，全省工业行业中排名第 11 位。目前，云南省的光电探测器、光学望远镜、

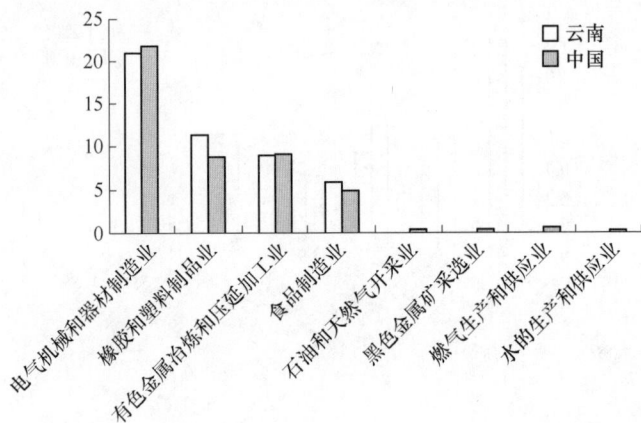

图 2-9 2011 年各行业的新产品销售收入占主营业务收入的比重（单位:%）
数据来源:《中国统计年鉴 2012》《云南统计年鉴 2012》。

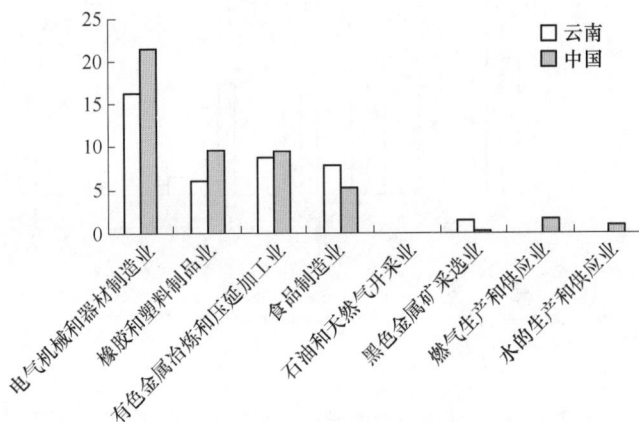

图 2-10 2012 年各行业的新产品销售收入占主营业务收入的比重（单位:%）
数据来源:《中国统计年鉴 2013》《云南统计年鉴 2013》。

红外热成像系统、自动化物流系统、太阳能电池技术国内领先。高分辨率 OLED 微型显示器生产工艺技术国际领先，PR 系列高级存折打印设备技术为国际先进技术。

2.1.2.2 橡胶和塑料制品业

该行业的创新能力略弱于全国。从新产品销售收入占主营业务收入的比重来看，2011 年该行业高于全国的平均水平，但 2012 年低于全国的平均水平；从研发经费投入强度来看，2011 年该行业的研发经费投入强度略高于全国的平均水平，但 2012 年则低于全国的平均水平；从科技产出来看，2011 年该行业有 R&D 项目数 27 项，在全省工业行业中排名第 16 位，2012 年有 14 项，全省工业行业中排名第 21 位；就有效发明专利数来看，2011 年该行业有 5 件，在全省工业行业中排名第 20 位，2012 年有 14 件，全省排名第 19 位。

2.1.2.3　有色金属冶炼和压延加工业

该行业的创新发展能力与全国基本相当，差距不是很明显从新产品销售收入与主营业务收入的比值来看，2011 年该行业的比值略低于全国的平均水平，2012 年明显低于全国的平均水平，从研发经费投入强度来看，2011 年与 2012 年该行业的研发经费投入强度均高于全国的平均水平；就科技产出来看，2011 年该行业拥有 R&D 项目数 266 项，全省工业行业中排名第 2 位，2012 年 323 项，全省工业行业中排名第 1 位，从有效发明专利来看，2011 年该行业拥有 281 件，全省排名第一位，2012 年有 364 件全省排名第 2 位。该行业在研发投入与新产品上与全国相比没有明显的优势，但该行业在云南省的工业行业中其科技成果比较显著。目前云南省有色金属新材料产业创新能力得到了提升。2008 年以来，该产业开发新产品 39 项、新工艺 68 项，解决关键核心技术 57 项；获发明专利授权 17 件，产品（技术）实现销售收入 84 亿元，利润 7.6 亿元，税收 4.5 亿元。有色金属及稀贵金属采、选、冶技术和产业规模进入全国先进行列。铜矿难采难处理资源综合利用工程化研究及产业化总体技术处于国内领先水平。云南锡业集团公司建成世界最大的锡材加工中心及锡化工中心，近 40% 的锡转化为深加工产品。云南铜业集团公司开发的"专用铜银、铜锡合金导线"产品已成功应用于国内多条电气化铁路 3000 多公里，实现了高速铁路用高性能铜合金导线产品的国产化。并且昆钢建成全国最大钛板带材生产线，新立公司建成目前亚洲最大的高钛渣冶炼密闭直流电弧炉生产线。

2.1.2.4　食品制造业

相比来看，该行业的创新发展水平与全国基本相当，且有明显增强的趋势。从新产品销售收入占主营业务收入的比重来看，2011 年该行业高于全国的平均水平，2012 年也高于全国的平均水平且差距明显拉大；从研发经费投入强度来看，2011 年该行业的研发经费投入强度略低于全国的平均水平，但 2012 年却高于全国的平均水平；从科技产出来看，2011 年该行业有 R&D 项目数 23 项，全省排名第 21 位，2012 年有 26 项，全省排名第 16 位。从有效发明专利数来看，2011 年该行业有 29 件，全省工业行业中排名第 8 位，2012 年有 59 件，全省工业行业中排名第 6 位。

2.1.2.5　石油和天然气开采业

该行业在全国的创新发展水平也比较低，相比来看，云南的各项指标为零，但与全国在该行业上的创新发展差距并不是十分明显。可以看出，从全国来看该行业的研发经费投入强度与新产品销售收入占主营业务收入的比重都较小，而且云南该行业在这两方面都为 0。

2.1.2.6 黑色金属矿采选业

云南省该行业的创新发展能力有明显增强的趋势。从新产品销售收入与主营业务收入的比值来看，2011年该行业低于全国平均水平且为0，但2012年云南省明显高于全国平均水平；从研发经费投入强度来看，2011年该行业的研发经费投入强度略高于全国平均水平，2012年明显高于全国平均水平；从科技产出来看，2011年该行业有3项，2012年有8项，全省的工业行业中排名偏后，就有效发明专利数来看，2011年该行业有7件，2012年有14件。

2.1.2.7 燃气生产和供应业

从全国来看，该行业的创新发展能力还比较弱。从新产品销售收入占主营业务收入的比重来看，目前我省在该行业上都为0，并且也没有相应的研发经费投入，就该行业而言，全国的创新发展水平不高，相应的云南省该行业的科技产出水平极低。目前云南形成了"云南褐煤高效转化与资源化利用工程技术开发示范"等一批具有国际国内先进水平的节能减排技术和产品，并得到广泛推广应用。全省单位GDP能耗从2009年的1.30吨标准煤/万元，下降为2011年的1.09吨标准煤/万元。云铝低温低电压铝电解新技术每吨铝电耗比全国平均水平节电约1000kW·h，达到世界先进水平。富氧顶吹炼铅工艺综合能耗比行业先进水平低41.7%，达到国际领先水平。云南节能减排工作步入全国先进行列，企业资源利用水平显著提高，绿色经济已成为云南经济的发展方向。

2.1.2.8 水的生产和供应业

该行业的全国平均水平不高，云南省在该行业上的创新发展能力还比较弱，各项指标都为0。从图2-10来看，全国该行业的新产品销售收入占主营业务收入的比重较低，研发经费的投入强度也较低，云南省在该行业的发展上没有较大的差距，但很明显云南省该行业的创新发展水平极低，相应地也没有科技产出，从统计数据来看该行业的创新发展能力和科技投入严重不足。

2.1.3 新产品产值率低于全国平均水平的行业

在全省36个工业行业中，2011年新产品产值率低于全国平均水平的行业有19个（见图2-11），高于工业行业的1/2，比重较大。从相关的科技指标来看这些行业的创新发展水平与全国平均水平存在明显的差距，整体来看这些行业的科技创新发展能力较弱，可以看出这些行业是云南省产业创新发展的重点和难点，也是提升云南省工业行业产业创新发展能力的关键所在。此外，以上行业虽然是云南省工业行业中创新能力不足的行业，但部分行业具有一些在全国相对领先的技术或设备，所以在采取措施提升其创新能力时，应尽可能重视发挥这些行业的优势。

从图2-11可以明显看出，这19个工业行业的新产品产值率明显低于全国平

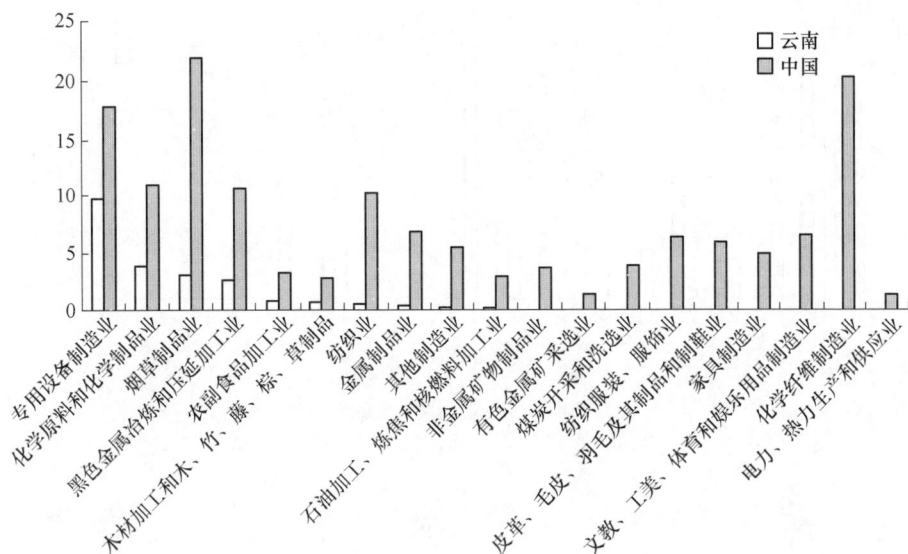

图 2-11 2011 年云南新产品产值率低于全国平均水平的行业（单位:%）

数据来源:《中国统计年鉴 2012》《云南统计年鉴 2012》。

均水平，并且差距还比较大。这说明，云南省的这些工业行业的创新能力不足。这些行业中比较典型的是专用设备制造业、化学原料和化学制品业、烟草制品业、黑色金属冶炼和压延加工业、纺织业、金属制品业、其他制造业、纺织服装、服饰业、皮革、毛皮、羽毛及其制品和制鞋业、文教、工美、体育和娱乐用品制造业、化学纤维制造业等行业与全国相比创新发展具有较大的差距。接下来从研发经费投入强度、新产品销售收入占主营业务收入的比重进一步分析这些行业的创新发展情况。

从图 2-12 和图 2-13 可以看出，这 19 个行业多数的研发经费投入强度也明显低于全国平均水平，只有个别行业的研发经费投入强度高于全国平均水平，2011年研发经费投入强度高于全国平均水平的行业有专用设备制造业、烟草制品业、其他制造业、有色金属矿采选业，而 2012 年专用设备制造业的研发经费投入强度减弱，仅剩余其他三个行业。总体来看，在这些创新能力不足的行业中，云南省的研发经费强度低于全国平均水平，这可能是导致这些行业创新能力弱的重要原因，但也有个别行业，研发经费投入高于全国平均水平，但科技创新水平也低于全国，这说明在这些行业科技投入效率较低。

图 2-14 和图 2-15 从新产品销售收入占主营业务收入的比重来分析这些创新能力弱的行业，2011 年和 2012 年这 19 个行业的新产品销售收入占全国的比重都低于全国的平均水平，而且差距还比较明显，其中差距最明显的是化学纤维制造业，化学纤维制造业在全国的创新发展水平较高，而云南省该行业的创新发展水

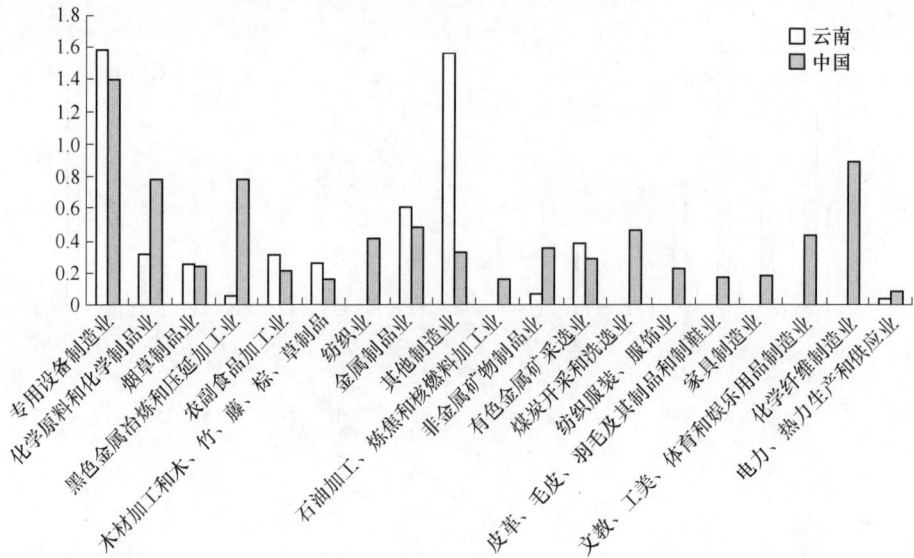

图 2-12　2011 年各行业的研发经费投入强度（单位:%）

数据来源:《中国统计年鉴 2012》《云南统计年鉴 2012》。

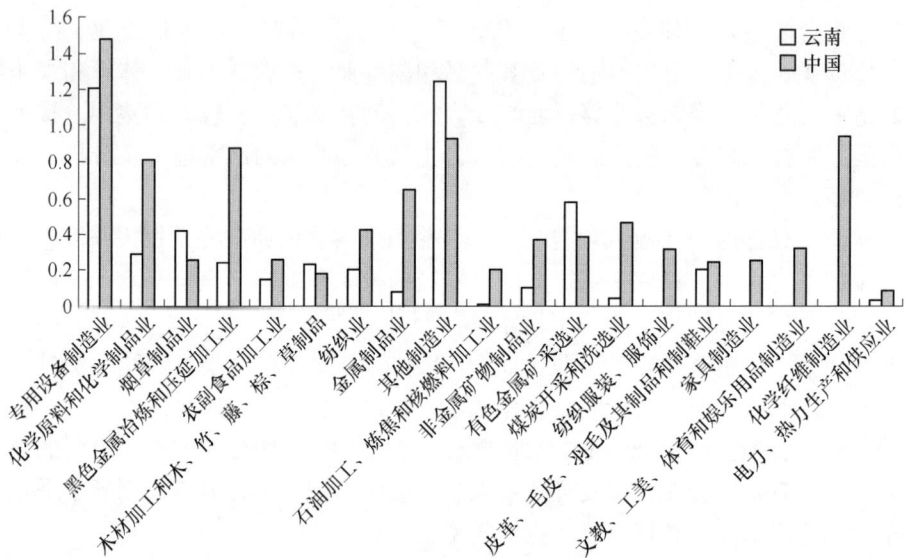

图 2-13　2012 年各行业的研发经费投入强度（单位:%）

数据来源:《中国统计年鉴 2013》《云南统计年鉴 2013》。

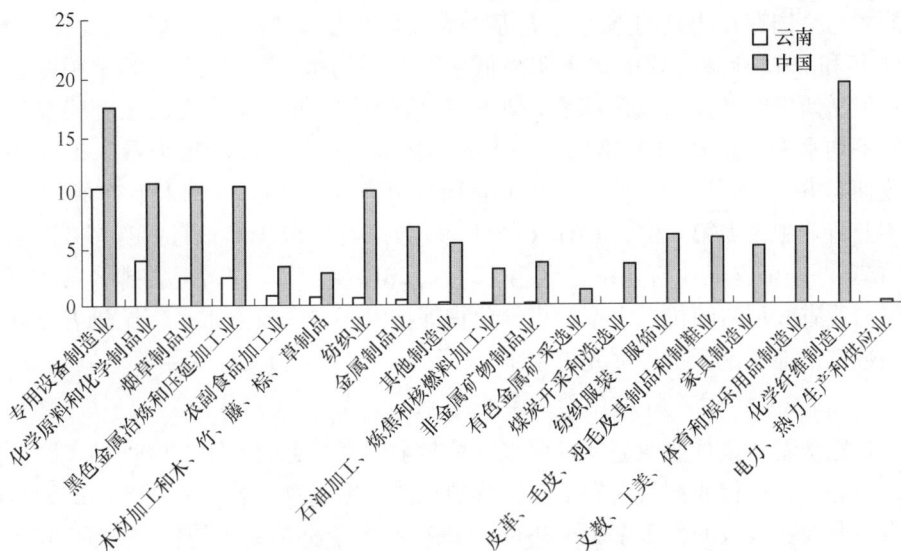

图 2-14　2011 年各行业的新产品销售收入占主营业务收入的比重（单位:%）

数据来源:《中国统计年鉴 2012》《云南统计年鉴 2012》。

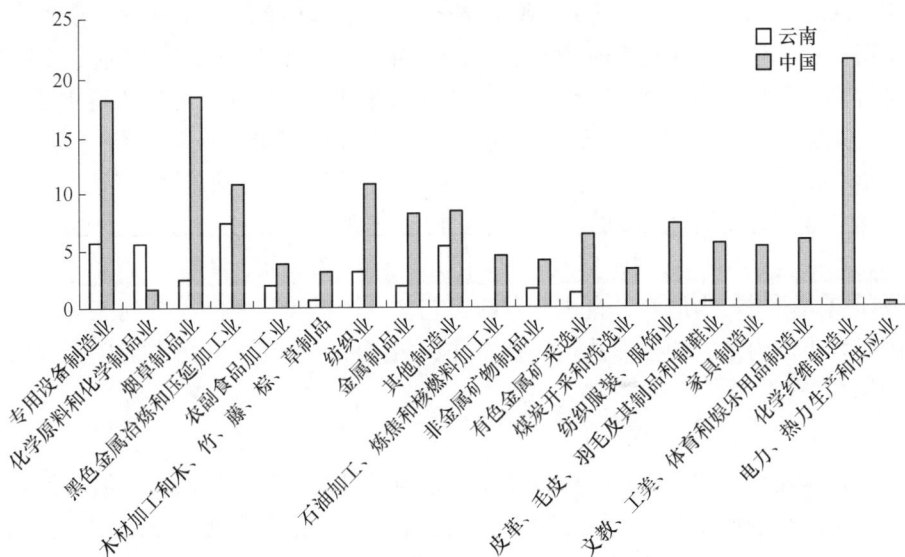

图 2-15　2012 年各行业的新产品销售收入占主营业务收入的比重（单位:%）

数据来源:《中国统计年鉴 2013》《云南统计年鉴 2013》。

平极低。总体来看，以上这些行业与全国相比具有较大的差距，创新能力严重不足。各行业的具体分析如下。

2.1.3.1　专用设备制造业

该行业在全省的工业行业中研发经费投入强度较大且科技产出显著，但其创新能力与全国存在明显的差距。从新产品销售收入占主营业务收入的比值来看，2011 年和 2012 年该行业的比重明显低于全国平均水平且 2012 年的差距明显增大；但从研发经费投入强度来看，2011 年该行业的研发经费投入强度略高于全国的平均水平，而 2012 年略低于全国的平均水平；从科技产出来看，2011 年该行业拥有 R&D 项目数 63 项，全省工业行业中排名第 7 位，2012 年有 65 项，全省工业行业中排名第 6 位，就有效发明专利数来看，2011 年该行业有有效发明专利数 20 件，全省工业行业中排名第 12 位，2012 年有 19 件，全省排名第 15 位。但目前我省大型清筛机、大型粉煤气化炉等技术居国内领先水平。昆机五轴联动大型数控落地铣镗床达国际先进水平。

2.1.3.2 化学原料和化学制品制造业

相比来看，该行业的创新发展水平虽与全国有一定的差距，但这种差距有缩小的趋势，且该行业在云南省工业行业中科技产出成效显著。从新产品的销售收入占主营业务收入的比重来看，2011 年该行业低于全国的平均水平，而 2012 年却高于全国的平均水平；就研发经费投入强度来看，2011 年与 2012 年该行业的研发经费投入强度均低于全国的平均水平；就科技产出来看，2011 年该行业有 R&D 项目数 109 项，全省工业行业中排名第 3 位，2012 年有 169 项，全省排名也是第 3 位。就有效发明专利数来看，2011 年该行业有有效发明专利数 134 件，全省排名第 3 位，2012 年有 163 件，全省排名第 3 位。目前云南省的磷化工、煤化工产业创新能力得到了提升。煤化工产业目前已初步形成了"煤、选、化、电、冶"等一体化产业链，完成了由农业化工向能源化工的转型升级。2008 年以来该产业共开发新产品 30 余项，开发新工艺 30 余项，解决关键核心技术 40 余项；产品（技术）实现销售收入 21 亿元，利润 2 亿元，税收 3.7 亿元。云天化集团以黄磷尾气为原料，自主开发新工艺，生产甲酸、甲醇等系列产品。磷化集团研发出国内最大的柱浮选选矿技术并成功应用，提高了云南省磷矿资源的开发利用水平。

2.1.3.3 烟草制品业

该行业在云南省工业行业中创新能力较强且科技产出成果显著，但就创新能力上与全国存在明显的差距。从新产品销售收入占主营业务收入的比重来看，2011 年和 2012 年该行业的比重均低于全国平均水平；从研发经费的投入强度来看，2011 年和 2012 年该行业的研发经费投入强度比较低但均高于全国的平均水平；从科技产出来看，2011 年该行业有 R&D 项目 99 项，全省排名第 4 位，2012 年 161 项，全省排名第 4 位，从有效发明专利数来看，2011 年该行业有 66 件，全省排名第 6 位，2012 年 60 件，全省排名第 5 位。该行业在新产品销售收入及研发经费投入上与全国存在很大的差距，但就云南的工业行业而言，其科技产出上却属于领先行业。目前云南省烟草柔性制丝设备技术居国内领先水平。

2.1.3.4 黑色金属冶炼和压延加工业

该行业的创新发展水平与全国相比存在明显的差距。从新产品的销售收入占主营业务收入的比重来看，2011年和2012年该行业的比重均低于全国平均水平；从研发经费投入强度来看，2011年和2012年该行业的研发经费投入强度均低于全国的平均水平；从科技产出来看，2011年该行业有R&D项目数28项，在全省工业行业中排名第15位，2012年有46项，全省工业行业中排名第10位，就有效发明专利数来看，2011年该行业有25件，全省工业行业中排名第11位，2012年有54件，全省工业行业中排名第8位。

2.1.3.5 农副食品加工业

相比来看，该行业的创新发展水平与全国差距不明显。从新产品销售收入占主营业务收入的比重来看，2011年与2012年该行业均低于全国的平均水平；从研发经费投入强度来看，2011年该行业的研发经费投入强度高于全国平均水平，但2012年则低于全国平均水平；就科技产出来看，2011年该行业有R&D项目数28项，全省工业行业中排名第14位，2012年有23项，全省排名第18位，就有效发明专利数来看，2011年该行业有46项，全省排名第7位，2012年有35项，全省排名第12位。

2.1.3.6 木材加工和木、竹、藤、棕、草制品业

整体来看，该行业在全国的创新发展程度不高，但云南省还是明显落后于全国的平均水平。从新产品的销售收入占主营业务收入的比重来看，2011年与2012年该行业的比重均低于全国平均水平；从研发经费投入强度来看，2011年与2012年该行业的研发经费投入强度均高于全国平均水平；从科技产出来看，2011年该行业有R&D项目数8项，全省工业行业中排名第24位，2012年有5项，全省工业行业中排名第28位，就拥有有效发明专利数来看，2011年与2012年该行业没有有效发明专利。

2.1.3.7 纺织业

从各指标来看，该行业的创新能力明显弱于全国。从新产品销售收入占主营业务收入的比重来看，2011年、2012年该行业的比重均远低于全国的平均水平；从研发经费投入强度来看，2011年该行业的研发经费投入强度为0，低于全国平均水平，2012年略微上升但同样低于全国平均水平；就科技产出来看，2011年该行业没有R&D项目数，2012年有3项，全省工业行业中排名第29位。就有效发明专利数来看，2011年该行业有7件，全省工业行业中排名第18位，2012年有11件，全省工业行业中排名第21位。

2.1.3.8 金属制品业

现有的统计数据表明，该行业的创新能力与全国差距明显。从新产品销售收

入占主营业务收入的比重来看，2011 年、2012 年该行业的比重均低于全国平均水平；从研发经费投入强度来看，2011 年该行业的研发经费投入强度高于全国平均水平，而 2012 年低于全国的平均水平；从科技产出来看，2011 年该行业的 R&D 项目数有 10 项，全省工业行业中排名第 23 位，2012 年有 11 项，全省排名第 22 位，就有效发明专利数来看，2011 年该行业有 11 件，全省工业行业中排名第 16 位，2012 年有 1 件，属于工业行业中有效发明专利数比较少的行业。

2.1.3.9　其他制造业

该行业的研发经费投入强度明显高于全国平均水平，但就创新发展来看却远远落后于全国，可见该行业的科技效率比较低。从新产品销售收入占主营业务收入的比重来看，2011 年、2012 年该行业的比重均低于全国平均水平；就研发经费投入强度来看，2011 年、2012 年该行业的研发经费投入强度均高于全国平均水平；就科技产出来看，该行业 2011 年有 R&D 项目数 12 项，全省工业行业中排名第 22 位，2012 年有 9 项，全省排名第 24 位。从有效发明专利数来看，2011 年该行业有 1 件，在全省工业行业中排名靠后，2012 年有 2 件，全省工业行业中排名倒数。

2.1.3.10　石油加工、炼焦和核燃料加工业

该行业在全省工业行业中创新能力弱，且与全国存在明显的差距。从新产品销售收入占主营业务收入的比重来看，2011 年、2012 年该行业的比重均低于全国平均水平；从研发经费投入强度来看，2011 年、2012 年该行业的研发经费投入强度均低于全国平均水平；就科技产出来看，2011 年该行业有 R&D 项目数 3 项，在全省有 R&D 项目的行业中排名倒数，2012 年有 R&D 项目数 3 项，在全省排名也是倒数，就有效发明专利数来看，该行业 2011 年无有效发明专利，2012 年有效发明专利数 3 件，在全省工业行业中排名倒数。目前，云南省煤加工转化技术进一步提升，炼焦及综合利用跨入全国先进行列。云南煤化集团拥有自主知识产权的碎煤熔渣加压气化技术、大型煤焦化联合生产技术，浆态床制甲醇技术、粉煤气化技术居世界领先水平。

2.1.3.11　非金属矿物制品业

该行业的创新能力弱，与全国相比存在一定的差距，但目前有增强的趋势。从新产品销售收入占主营业务收入的比重来看，2011 年、2012 年该行业的比重均低于全国平均水平；从研发经费投入强度来看，2011 年、2012 年的非金属矿物制品业的研发经费投入强度均低于全国平均水平；从科技产出来看，2011 年该行业有 R&D 项目数 24 项，全省工业行业中排名第 18 位，2012 年有 19 项，在全省排名第 21 位，从有效发明专利数来看，该行业 2011 年的有效发明专利数 4 件，在全省工业行业中排名靠后，2012 年有 12 件，在全省工业行业中排名第 20 位。

2.1.3.12 有色金属矿采选业

该行业的研发经费强度高于全国平均水平，但创新发展水平却明显低于全国，这说明我省在该行业上的科技效率低。从新产品销售收入占主营业务收入的比重来看，2011 年、2012 年该行业的比重均低于全国平均水平；从研发经费投入强度来看，2011 年、2012 年该行业的研发经费投入强度均高于全国平均水平；从科技产出来看，2011 年该行业有 R&D 项目数 31 项，全省工业中排名第 13 位，2012 年有 42 项，全省工业行业中排名第 11 位，从拥有有效发明专利数来看，2011 年该行业有 2 件，2012 年有 7 件。

2.1.3.13 煤炭开采和洗选业

该行业在全省工业行业中创新发展水平极低；可以看出，2011 年与 2012 年，煤炭开采和洗选业的研发经费投入强度及新产品销售收入占主营业务收入的比重均明显低于全国的平均水平，而且差距较大，从科技产出来看，2011 年该行业有 R&D 项目数 7 项，2012 年有 8 项，全省工业行业中排名第 25 位，从有效发明专利数来看，2011 年和 2012 年该行业都没有发明有效专利。

2.1.3.14 纺织服装、服饰业

该行业在创新能力上比较落后，各项指标都为零。从新产品销售收入占主营业务收入的比重看，全国平均水平较高，但 2011 年、2012 年云南省该行业的新产品销售收入占主营业务收入的比重均为零，与全国存在明显的差距；从研发经费投入强度来看，虽然全国的研发经费投入强度不高，但云南省该行业的研发经费投入均为零；从全省工业行业的科技产出来看，该行业也比较落后。

2.1.3.15 皮革、毛皮、羽毛及其制品和制鞋业

该行业在全省工业行业中创新能力比较弱。从新产品销售收入占主营业务收入的比重来看，2011 年该行业的新产品销售收入占主营业务收入的比重为 0，明显低于全国的平均水平，2012 年该行业的新产品销售收入占主营业务收入的比重有所上升，但还是低于全国平均水平；从研发经费投入强度来看，也有类似的情形；从科技产出来看，2012 年该行业有 R&D 项目数 5 项。

2.1.3.16 家具制造业

相比来看，该行业创新能力弱且与全国差距明显，云南省家具制造业的创新发展在工业行业中处于比较落后的位置。2011 年、2012 年云南省该行业的新产品销售收入占主营业务收入的比重及研发经费的投入强度均明显低于全国的平均水平，且云南省目前在这方面的创新发展指标均为 0。

2.1.3.17 文教、工美、体育和娱乐用品制造业

该行业的创新发展能力与全国相比差距比较明显，且创新能力弱。从新产品销售收入占主营业务收入的比重及研发经费的投入强度来看，该行业都明显低于

全国平均水平，且相关的科技指标均为 0，该行业的科技投入严重不足，相应的也没有科技产出。

2.1.3.18 化学纤维制造业

总体来看该行业的创新发展能力比较弱，且相应的科技投入也比较低。从研发经费的投入强度来看，云南省对该行业的研发经费投入强度均为 0，虽然全国对该行业的研发经费投入强度也比较低，但云南省该行业的研发经费投入轻度明显低于全国平均水平；从新产品销售收入占主营业务收入的比重来看，该行业也远远低于全国平均水平。

2.1.3.19 电力、热力生产和供应业

与全国相比，该行业创新能力弱，但在全省工业行业中的 R&D 项目数来看，该行业成效显著。从研发经费投入强度来看，2011 年、2012 年云南省该行业的研发经费投入强度均低于全国平均水平；该行业无新产品，所以该行业的新产品销售收入占主营业务收入的比重为 0，明显低于全国平均水平；从科技产出来看 2011 年该行业有 R&D 项目数 56 项，全省工业行业中排名第 9 位，2012 年有 57 项，全省排名第 8 位。就有效发明专利数来看，2011 年有 5 件，2012 年有 16 件。总体来看该行业的创新发展水平严重不足。目前，云南省新能源占全省发电装机容量的比重从 2008 年的 0.42% 上升到 2011 年的 1.56%。至 2012 年，全省共实施了余热余压利用、燃煤工业锅炉节能改造、电机系统节能改造、煤层气（瓦斯）发电、绿色照明、能量系统优化等 6 大类科技节能示范项目 640 项、节能减排科技创新项目 75 项，节能 631 万吨标准煤。

2.2 云南产业创新存在的主要问题

自建设创新型云南行动计划的实施以来，云南省的产业创新呈现新的发展态势，但产业创新上还存在如下问题。

2.2.1 创新优势行业占比小且发展不平衡

通过上面对具体 36 个工业行业的创新能力进行分析得出，工业行业创新能力强的行业比较少，仅占工业行业的 1/4，创新能力一般的行业比重不到 1/4，剩余 1/2 以上的工业行业都属于创新能力不足的行业，而且这些行业中各方面的发展程度都远低于全国平均水平。上面的分析明显可以看出，无论是从新产品产值率、研发经费投入强度还是从新产品销售收入占主营业务收入的比重看，各行业与全国的差距大小不一，创新发展程度不同。导致这种差异性的原因是多方面的，但是这种对行业之间科技投入、重视程度的不同，容易造成云南省工业行业创新的协调发展，长远来看不利于提升云南省的产业创新能力。

2.2.2 企业自主创新尚未成为技术创新的主体

长期以来，云南省企业自主创新未能成为技术创新的主体，主要有以下几个方面的原因。一是企业自主创新的技术创新动力不足。大多数企业依赖资源与规模扩张发展的惯性模式没有从根本上得到改变，企业研发机构及人才严重不足。企业自主创新缺乏制度和机制上的保证；国家及省制定的一系列促进企业技术创新的优惠政策落实难度较大，政策的激励作用没有发挥出来，影响了企业自主创新的积极性。二是以企业需求为主的产学研紧密结合的技术创新体系尚未形成。由于我省经济发展模式以资源依赖型为主，企业对技术创新的需求不足，对自主创新缺乏紧迫感。高等学校及科研院所则偏重于研究工作的学术价值，以论文发表及成果获奖作为科技人员评价的主要标准，缺乏一种使广大科技人员与生产第一线紧密联系起来的机制，致使产学研相结合存在短期化、临时性的特点，没有建立一种长期稳定及制度化的利益共同体，导致自主创新活动中的产学研脱节，成果与市场需求相差甚远，无法满足企业的技术需求，多数企业缺乏具有自主知识产权的核心技术，在国际分工中处于产业链低端，产品附加值低，市场竞争能力弱。三是企业自主创新投入不足。目前，在创新指标尚未成为政府或企业政绩和绩效考核基本内容的阶段，需要大量资金投入和长时间科技攻关的技术开发活动并没有得到足够重视，以政府资金投入为引导、企业投入为主体、全社会投入的自主创新投融资体系尚未形成，造成我省企业创新投入低，创新能力得不到有效积累，核心竞争力难以形成，并严重制约了企业技术创新能力的提升。由表2-1 可以看出云南省开展 R&D 活动的企业数较少，且增长速度远低于全国，相比2011 年，2012 年云南省有 R&D 的企业的增长率为 6.67%，而全国为 25.98%，可见云南省企业的自主创新要成为创新主体需要相关政策、企业创新意识、基础设施等方面的措施来保障。

表 2-1 有 R&D 企业数 （个）

年份	2007	2008	2009	2010	2011	2012
云南	143	380	212	204	285	304
中国	8954	10027	12434	12889	37467	47204

2.2.3 规模以上工业企业创新投入较低且投入比例结构性失衡

由于产业结构的制约及创新意识不足，目前云南省的大多数企业缺乏开展自主创新长远发展的战略眼光，提高企业创新投入难度较大；中小企业则因实力不强，资金来源渠道不畅，融资困难，开展创新活动步履艰难。2012 年，全省规模以上工业企业科技活动经费投入、研究开发投入、新产品开发投入分别只占全

国的 1.0%、0.5%、0.5%；规模以上工业企业的有效专利申请数占全国的
0.6%，云南省企业 R&D 经费支出占主营业务收入之比为 0.43%，可见云南省企
业的创新投入上与全国存在一定的差距。从 R&D 经费投入占全国的比重来看，
云南在全国排名第 24 位，且与发达省份差距明显（见图 2-16）；从新产品的开发
经费投入占全国的比重来看，云南排名第 25 位，处于比较落后的水平（见图
2-17）。另外，云南省的企业除研发投入不足外。还存在研发投入分配比例结构
性失衡的问题，用于消化吸收再创新的投入比例偏低。2012 年，云南企业技术
获取和改造经费支出 51.34 亿元，而技术引进经费支出和消化吸收经费只有 5.21
亿元、购买国内技术经费支出 5.66 亿元，技术改造经费支出 40.47 亿元。科技
投入比例的结构性失衡从很大程度上说明，云南省的企业技术创新缺乏明确的战
略引导，在技术创新发展路径上存在一定的随意性。

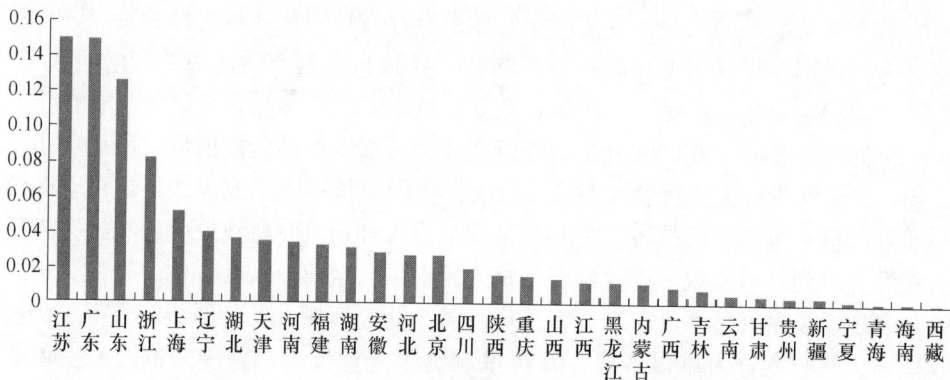

图 2-16　R&D 的经费投入占全国的比重（单位:%）

数据来源:《中国统计年鉴 2013》。

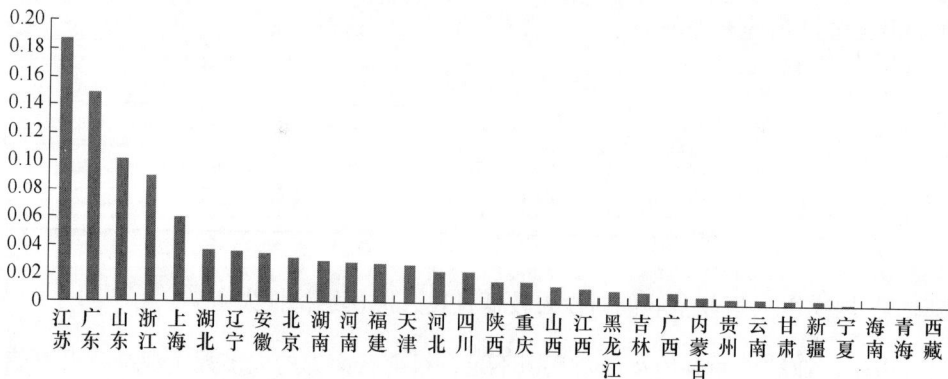

图 2-17　新产品经费投入占全国的比重（单位:%）

数据来源:《中国统计年鉴 2013》《云南统计年鉴 2013》。

2.2.4 研究机构数量不足且人员分布不合理

行业企业的研究机构不足且数量递减，科研工作人员数量分配不合理。目前云南省绝大多数企业尚未建立研发机构，企业的新技术与新产品开发能力薄弱，绝大多数企业只能从事技术含量与附加值低的产品生产，并且目前各行业自然科学独立研究机构规模在不断减少，1985~2012 年，全省自然科学独立研究机构数在不断减少，由 149 个降到了 84 个，下降了 43.6%，加之自然科学独立研究机构科技活动人员分布严重失衡，自然科学的独立研究机构主要集中在农业、工业、卫生、体育及社会福利业及科学研究与综合技术服务业。从 2012 年的数据看，其中农业研究机构占全省的 65.5%，工业占 8.3%，社会福务业占 4.76%，卫生、体育及社会福利业占 9.5%，科学研究与综合技术服务业占 10.7%，其中建筑业与地质普查及勘探业无独立研究机构，可见我省各行业自然科学研究机构分配上存在一定的不合理性（见表 2-2）。各行业自然科学科技人员的分布与研究机构基本对应，也主要集中在农业、工业、卫生、体育及社会福利业及科学研究与综合技术服务业（见表 2-2），其中建筑业与地质普查及勘探业无科技活动人员。这就说明了要使科技人才合理分布到各行业，首先应该建立相应行业的研究机构。就目前来看大量的科技人才流向科研院所、高等学校等单位，加之缺乏对研究机构的分类管理和合理的成果评价体系，忽视了成果的应用和市场化，导致企业科技人才紧缺，人才流失严重，这从很大程度上影响着我国的产业创新能力的提升。目前我省的大多数企业没有技术开发活动，只有少部分企业有专业技术人员，且高层次人才严重不足；规模以上工业企业拥有科技活动人员占全省的比例不高。

表 2-2 2012 年云南省独立研究机构及科技活动人员在各行业的分布

行业	机构数/个	占比/%	科技活动人员数/人	占比/%
全省	84	100.00	6088	100.00
农业	55	65.48	3598	59.10
工业	7	8.33	344	5.65
建筑业	0	0.00	0	0.00
交通运输与邮电通讯业	1	1.19	40	0.66
社会服务业	4	4.76	261	4.29
卫生、体育及社会福利业	8	9.52	444	7.29
科学研究与综合技术服务业	9	10.71	1401	23.01
地质普查及勘探业	0	0.00	0	0.00

数据来源：《云南统计年鉴 2013》。

2.2.5   自主创新基础弱

　　拥有自主知识产权较少，且产品商标注册机制不完善，产品的品牌力与自主创新基础能力建设不足。2008~2012 年，云南省专利申请量占全国总申请量的比重分别为 0.34%、0.35%、0.38%、0.45% 和 0.49%，可见近几年来我省专利申请量在全国所占的比重较小，且差距缩小趋势比较缓慢。自 2008 年我省实施商标战略以来，商标注册数量快速增加，商标使用水平稳步提升，但由于缺乏相应的监管机制使得我省的商标注册上还存在许多不足，主要是商标注册时数较长，部分原产地证明商标虽然申报成功了，但由于使用不合法，没有充分发挥作用，加之行业对商标的价值观念很淡漠，企业对《商标法》和注册商标价值认识不足，缺乏长远的品牌意识。例如"文山三七"证明商标从申请到获得批准，耗费了 2 年多的时间，并且由于资金不足且一些医药行业对商标不了解、对商标法律意识淡薄、商标使用中的自我保护能力差等原因，使得"文山三七"证明商标的宣传还不到位。同时，对使用证明商标的产品质量监管难度大，还存在着商标管理制度不健全等不足之处。此外，云南省产品品牌建设上也存在明显的不足，典型的例子就是云南普洱茶品牌建设。目前，普洱茶还只是产品代名词，在消费者眼里，只有价格之分而没有品牌之别。普洱茶品牌实力不仅与国际茶叶品牌差距巨大，与国内浙江、福建等地茶叶品牌差距也较大，更与产业发展、消费者需求不相适应。此外，虽然近年来云南省的自主创新基础能力建设有所改善，但还存在一些亟待解决的问题，如创新资源配置不尽合理，企业自主创新能力不足、相关政策不配套或执行不力等。

2.3   提升云南产业创新能力的对策建议

2.3.1   加强政策引导和创新激励

　　加强政策引导，激励工业行业创新能力强的产业发挥创新带头作用，全面提升各行业的创新能力。从具体的工业行业的分析来看，云南省工业各行业的创新发展水平差异较大，为促进工业行业创新的全面发展，应加强政策引导，针对各行业的发展现状采取相应的激励措施，充分激发创新能力强的行业的引导作用，强化创新能力弱的行业的创新意识，增强创新的主动性和积极性；同时针对各行业规模及发展现状，适当的增大财政投入上的科技支持，为相关行业引进一些高技能人才，以促进行业各种创新活动的开展，最后结合新一轮创新驱动计划的实施要求，保持云南省创新发展能力强的引领作用，推进创新能力弱的行业向前发展。

2.3.2 实施云南省自主创新五大工程

2.3.2.1 重点产业技术装备工程

重点围绕烟草制品业、装备制造业、生物产业、能源产业、矿产业等五大重点产业，引导并加大技术改造投入，积极支持运用高新技术、先进适用技术、特别是信息技术提升技术装备水平，形成以重大特色装备、知名品牌和骨干企业为支撑，一批专、精、特、新中小企业相配套的装备制造产业格局，把云南打造成我国重要的大型数控机床基地、大型铁路养护设备基地、烟草装备基地和现代物流设备基地，提升重大装备国产化水平与关键性技术自主创新能力，提高企业的装备与工艺水平，为企业技术创新及产业化提供重要的装备支撑。同时围绕战略性新兴产业培育发展，组织实施了生物、新能源、高端装备制造、新能源汽车、新材料、节能环保等6个重大科技专项。

2.3.2.2 企业创新平台建设及优化创新工程

以增强企业创新能力为发展目标，提升现有企业技术中心的能力和水平，鼓励和支持具备条件的大中型工业企业建立技术中心及博士后流动工作站，支持有条件的省级企业技术中心申报国家级企业技术中心，积极推进有条件的州（市）开展州（市）—企业技术中心认定，提升企业自主研发和引进技术的消化吸收再创新能力；鼓励我省冶金、化工、机械、生物医药等优势行业内的企业技术中心建立开放式运作模式，为行业内中小企业或配套企业提供相关技术服务与支持；鼓励中小企业建立技术联盟或共同建立行业性技术创新和服务平台；在中小企业集聚区建设集产品开发、工艺设计、技术咨询为一体的公共技术服务平台；支持建立包括信息和技术网络、交易市场、中介服务等一批社会化、市场化、专业化服务平台，并实现资源共享，同时重视推进重大新产品开发工程实施。

2.3.2.3 产业化基地建设工程

建设具有云南优势和特色的产业化创新基地，并注重推进重大科技成果转化工程的实施。特色的创新基地包括有色金属新材料、煤化工和磷化工、装备制造业、生物质能源、花卉产业、中药现代化产业、文化创意产业、影视产业、新闻出版产业等基地，全面提升重点产业的核心竞争力和综合实力，引导核心企业带动行业相关的上下游及配套企业聚集，培育若干具有代表性的专业化产业创新集群；促进高新技术开发区、经济技术开发区"二次创业"，把其打造成为全省高新技术产业发展的核心基地、区域与城市科技创新的辐射中心。

2.3.2.4 知识产权推进工程

创造自主知识产权是产业自主创新的核心，是社会发展和参与国际竞争的重要手段，是国家及地区核心竞争力的重要体现。为推动我省自主创新，把知识产权的创造活动作为重点产业或企业今后的一项重大战略加予实施。设立专项资金，对产品实施产权申报，特别是对名优产品生产出口企业开拓国际市场，向海外申请商标、专利、版权、地理标志和网络域名注册等提供知识产权战略和保护的专项补助，不断增强企业知识产权创造、保护和应用的能力；建立促进企业技术创新的激励机制，激发科技人员发明创造的积极性，提高企业自主知识产权尤其是专利的拥有量和质量；引导支持重点产业建立知识产权保护联盟，形成具有自主知识产权的核心专利和技术标准；形成一批具有自主知识产权的名牌产品和知名企业，培育和发展一批知识产权优势企业。

2.3.2.5 信息化工程

按照政府引导、企业为主、市场化运作的原则，大力提高重点产业信息化水平，建议由省信息办牵头，制定和完善相关政策及规划，鼓励企业在产品开发、设计、制造及管理过程中采用现代信息技术，运用电子信息技术提高生产过程自动化、控制智能化及管理信息化水平，优化企业物流、信息流、资金流的集成和配置，提高产品质量和生产效率；鼓励和支持企业应用现代信息技术改造传统产业，围绕烟草、化工、能源、矿冶、医药、花卉、文化旅游等行业中的重点企业，组织实施一批具有行业示范作用的企业信息化项目，实现业务流程的重组和改造，全面提升企业的自动化、现代化整体技术水平，提高企业的核心竞争力，促进产业优化升级。

2.3.3 加强政策引导，鼓励和支持企业开展创新活动

2.3.3.1 切实贯彻落实重点产业自主创新相关政策措施

认真贯彻落实《中共中央关于制定国民经济和社会发展第十一个五年规划的建议》、《中共中央国务院关于实施科技规划纲要增强自主创新能力的决定》、《实施〈中长期科学和技术发展规划纲要（2006~2020 年）的若干配套政策〉》及云南省《创新型云南行动计划》、《云南省工业企业技术创新工程实施意见》等国家和云南省关于加强自主创新的相关政策。重点落实财税、金融、人才流动、研发投入、加速设备折旧等方面的优惠扶持政策，制订鼓励引进技术消化吸收再创新和创新引进装备的政策。

2.3.3.2 制订云南省重点产业自主创新发展规划

建议组织尽快制订云南省重点产业自主创新发展规划，确立云南省各重点产业自主创新发展目标，明确企业自主创新技术重点，提出推进企业自主创新实施意见，加快建立以企业为主体、产学研相结合、运转有效的技术创新体系。

2.3.4 加强重点产业技术创新体系建设

为推进云南省产业技术研发平台和企业技术中心建设，建立重点产业技术创新体系，应加快企业技术中心认定工作。修订企业技术中心认定和评价管理办法，进一步建立和完善省认定企业技术中心动态管理、优胜劣汰机制。推进州（市）企业技术中心建设，有条件的州（市）应积极开展州（市）企业技术中心认定，推动州（市）认定企业技术中心在区域技术创新与县域工业经济发展中发挥示范作用。

2.3.5 拓宽科技经费来源，不断增加科技创新投入

2.3.5.1 建立以财政投入为引导、企业和社会投入为主体的多元化自主创新投入体系

保持企业对自主创新投入的稳定增长，引导企业对科技活动经费的投入增长幅度大于销售收入增长幅度，大中型企业科技活动经费投入应不低于当年销售收入的1.5%，建有省级技术中心的企业科技活动经费投入不低于当年销售收入的2.5%，建有国家级技术中心的企业科技活动经费投入不低于当年销售收入的3%。鼓励企业研究开发经费纳入企业年度预算，并实行独立核算或企业内单列科目、分项核算。鼓励企业从引进设备减免税和使用国产设备抵扣所得税中提取一定比例的资金用于消化吸收先进技术和新产品研发。

2.3.5.2 整合资源，发挥政府资金的激励引导作用

支持建设一批技术创新投资公司，对拥有自主知识产权的核心技术和重大共性技术的项目进行重点资金扶持，做大做强产业，培植新兴产业。支持建设一批中小企业科技融资担保公司，建立健全鼓励中小企业技术创新的知识产权信用担保制度和其他信用担保制度，解决中小企业融资难的问题。以政府科技投入为引导，带动全社会投资，降低中小企业的融资成本、合理控制银行管理成本和经营风险，增强政府对中小企业发展的调控能力，促进社会信用体系建设，提高政府资金的配置效率，促进中小企业发展。逐步完善以财政投入为先导、企业投资为基础、金融贷款或风险投资为重点的企业技术创新投融资平台。

2.3.6 大力推进产学研结合，建立企业集成创新机制

建立政府推动，以企业为主体，产学研相结合的集成创新组织。实现产学研合作由单向转向双向。鼓励企业建立工程研究中心、生产力促进中心等技术集成与扩散的示范中心、开发高新技术产品。支持和鼓励科研院所进入大企业、大集团，成为行业和企业集团的技术创新机构。增强大学社会服务功能，构建校内成果转化服务中心，与企业生产实际相结合。促进生产力水平的提高和经济发展；

鼓励高等学校向企业转让技术或利用现有中小企业兴办高新技术企业，探索企业与高校从立项到投产"一条龙"的全面合作，有效缩短"基础研究—应用研究—试验研究—产品试制"和"中试—产品产业化"过程进展。遵循市场机制，由政府引导成立专门的服务机构，提供知识产权转移、技术授权、检测验证、技术预测及市场信息提供等服务。

2.3.7 建立和完善人才支撑体系

鼓励企业培养和引进技术创新带头人，依托重大项目的实施培养创新人才。鼓励企业采取期权、技术入股等多种激励方式选聘教授或研究员担任高级专家，推动企业以博士后工作站建设等多种形式，建立学生创业基地，吸收各类专门人才到企业开展创新活动。以省重点技术创新和技术改造项目的实施为依托，推动企业建立和完善企业技术创新带头人制度。鼓励企业加大高新技术人才与高技能人才培养，探索试行首席工程师制度、首席技师制度以及技术年薪制度。加强高等院校工程性研究人员的培养力度，扩大工程性研究生的规模，鼓励发展从事产业化发展的专家团队，并在其职称晋升评定上给予政策倾斜，为企业创新奠定可持续发展的人才队伍。

2.3.8 优化创新环境，努力营造良好的创新氛围

加大宣传教育，增强创新意识，推动文化与科技融合，为建设创新性型云南行动计划实施营造良好的政策和舆论环境。牢固树立依靠自主创新支撑引领经济社会发展的意识，树立依靠自主创新，转变经济增长方式，克服旧的经济发展模式，实现科学发展的理念，努力营造自主创新的制度体制和政策等环境氛围。努力提高全体公民的科技素质，培养全民创新文化素质，树立创新意识，弘扬科学精神，形成良好的创新环境。切实培育创新精神，鼓励大胆创新、勇于实践、不怕失败的创新勇气。对取得重大创新成果的单位和个人予以重奖，不断激发全社会科技自主创新热情。围绕创新方法、创新理论对企业进行宣传教育，不断增强技术持续创新能力作为创新文化建设的重要目标和内容，通过政府导向、科普宣传，营造创新环境氛围。

附表 2-1 2011、2012 年新产品产值率   （%）

行　业	云南（2011）	中国（2011）	云南（2012）
煤炭开采和洗选业	0	3.892	0
石油和天然气开采业	0	0.282	0
黑色金属矿采选业	0	0.403	1.441
有色金属矿采选业	0.037	1.352	1.171

续附表 2-1

行 业	云南（2011）	中国（2011）	云南（2012）
非金属矿采选业	8.303	1.409	7.915
农副食品加工业	0.918	3.350	1.778
食品制造业	4.487	4.799	6.865
酒、饮料和精制茶制造业	8.450	6.834	8.106
烟草制品业	3.147	22.003	3.747
纺织业	0.613	10.206	4.246
纺织服装、服饰业	0	6.333	0
皮革、毛皮、羽毛及其制品和制鞋业	0	5.909	0.568
木材加工和木、竹、藤、棕、草制品业	0.751	2.894	0.718
家具制造业	0	5.067	0
造纸和纸制品业	14.021	8.389	15.596
印刷和记录媒介复制业	24.760	7.298	28.954
文教、工美、体育和娱乐用品制造业	0	6.526	0
石油加工、炼焦和核燃料加工业	0.241	3.038	0
化学原料和化学制品制造业	3.939	10.838	5.479
医药制造业	17.651	16.677	15.396
化学纤维制造业	0	20.289	0
橡胶和塑料制品业	10.829	14.197	6.248
非金属矿物制品业	0.1291	3.740	1.612
黑色金属冶炼和压延加工业	2.640	10.703	2.000
有色金属冶炼和压延加工业	7.474	9.867	6.924
金属制品业	0.441	6.844	2.300
通用设备制造业	17.080	14.469	2.445
专用设备制造业	9.791	17.658	5.184
铁路、船舶、航空航天运输设备制造	96.827	31.116	24.500
电气机械和器材制造业	21.338	22.380	16.314
计算机、通信和其他电子设备制造业	66.745	26.599	29.175
仪器仪表制造业	46.102	19.810	2.537
其他制造业	0.300	5.377	5.136
电力、热力生产和供应业	0	1.396	0
燃气生产和供应业	0	0.589	0
水的生产和供应业	0	0.193	0

数据来源：《云南统计年鉴 2012》《中国统计年鉴 2012》《云南统计年鉴 2013》。

附表 2-2 **2011、2012 年规模以上工业企业 R&D 经费的投入强度**   （%）

行业类别	2011 年		2012 年	
	云南	中国	云南	中国
煤炭开采和洗选业	0.011	0.462	0.056	0.464
石油和天然气开采业	0	0.638	0	0.739
黑色金属矿采选业	0.056	0.051	0.114	0.07
有色金属矿采选业	0.391	0.283	0.577	0.392
非金属矿采选业	1.261	0.194	1.232	0.183
农副食品加工业	0.304	0.21	0.154	0.26
食品制造业	0.366	0.451	0.668	0.549
酒、饮料和精制茶制造业	0.687	0.589	0.946	0.591
烟草制品业	0.249	0.24	0.423	0.262
纺织业	0	0.421	0.204	0.428
纺织服装、服饰业	0	0.219	0	0.322
皮革、毛皮、羽毛及其制品和制鞋业	0	0.177	0.203	0.244
木材加工和木、竹、藤、棕、草制品业	0.253	0.164	0.23	0.182
家具制造业	0	0.183	0	0.256
造纸和纸制品业	0.719	0.473	0.526	0.606
印刷和记录媒介复制业	1.322	0.502	1.284	0.542
文教、工美、体育和娱乐用品制造业	0	0.437	0	0.332
石油加工、炼焦和核燃料加工业	0.013	0.168	0.012	0.207
化学原料和化学制品制造业	0.324	0.782	0.299	0.817
医药制造业	1.986	1.458	2.297	1.634
化学纤维制造业	0	0.884	0	0.941
橡胶和塑料制品业	0.611	0.602	0.407	0.716
非金属矿物制品业	0.077	0.356	0.108	0.372
黑色金属冶炼和压延加工业	0.065	0.778	0.247	0.877
有色金属冶炼和压延加工业	0.695	0.516	0.836	0.657
金属制品业	0.606	0.485	0.082	0.645
通用设备制造业	1.223	1.013	0.812	1.248
专用设备制造业	1.578	1.403	1.212	1.48
铁路、船舶、航空航天和其他运输设备制造业	6.703	1.244	1.2	2.176
电气机械和器材制造业	1.046	1.244	0.897	1.291
计算机、通信和其他电子设备制造业	2.982	1.483	1.501	1.512

续附表 2-2

行业类别	2011 年		2012 年	
	云南	中国	云南	中国
仪器仪表制造业	4.454	1.618	5.028	1.859
其他制造业	1.555	0.337	1.246	0.928
电力、热力生产和供应业	0.045	0.091	0.0384	0.089
燃气生产和供应业	0	0.038	0	0.06
水的生产及供应业	0	0.157	0	0.255
汽车制造业	—	—	0.274	1.114

数据来源：《云南统计年鉴 2012》《中国统计年鉴 2012》《云南统计年鉴 2013》《中国统计年鉴 2013》。

附表 2-3　2011、2012 年规模以上工业企业新产品销售收入占主营业务收入的比重

（%）

行业类别	2011 年		2012 年	
	云南	中国	云南	中国
煤炭开采和洗选业	0	3.551	0	3.26
石油和天然气开采业	0	0.46	0	0.14
黑色金属矿采选业	0	0.398	1.5	0.411
有色金属矿采选业	0.038	1.358	1.198	6.156
非金属矿采选业	8.294	1.428	9.195	1.243
农副食品加工业	0.953	3.347	1.975	3.843
食品制造业	5.917	4.911	8.056	5.333
酒、饮料和精制茶制造业	7.342	6.653	7.674	7.887
烟草制品业	4.725	22.392	2.392	18.275
纺织业	0.557	10.078	3.111	10.456
纺织服装、服饰业	0	6.111	0	7.327
皮革、毛皮、羽毛及其制品和制鞋业	0	5.806	0.406	5.438
木材加工和木、竹、藤、棕、草制品业	0.724	2.799	0.666	3.147
家具制造业	0	5.153	0	5.13
造纸和纸制品业	15.783	8.624	15.273	9.003
印刷和记录媒介复制业	29.561	7.386	28.887	8.139
文教、工美、体育和娱乐用品制造业	0	6.637	0	5.731
石油加工、炼焦和核燃料加工业	0.254	3.104	0	4.422
化学原料和化学制品制造业	4.082	10.704	5.546	1.62
医药制造业	16.34	15.997	13.302	16.892

续附表 2-3

行业类别	2011 年		2012 年	
	云南	中国	云南	中国
化学纤维制造业	0	19.326	0	21.341
橡胶和塑料制品业	11.383	8.943	6.117	9.685
非金属矿物制品业	0.252	3.696	1.539	4.055
黑色金属冶炼和压延加工业	2.397	10.371	7.435	10.609
有色金属冶炼和压延加工业	9.072	9.25	8.976	9.67
金属制品业	0.499	6.774	1.801	8.148
通用设备制造业	7.654	14.765	2.849	16.5
专用设备制造业	10.343	17.188	5.608	18.039
铁路、船舶、航空航天和其他运输设备制造业	116.504	31.819	21.722	27.709
电气机械和器材制造业	21.135	21.931	16.433	21.628
计算机、通信和其他电子设备制造业	46.113	28.715	26.229	27.647
仪器仪表制造业	45.546	19.527	33.491	20.793
其他制造业	0.156	5.395	5.296	8.36
电力、热力生产和供应业	0	0.382	0	0.374
燃气生产和供应业	0	0.536	0	1.747
水的生产及供应业	0	0.195	0	1.052
汽车制造业	—	—	17.545	28.551

数据来源：《云南统计年鉴 2012》《中国统计年鉴 2012》《云南统计年鉴 2013》《中国统计年鉴 2013》。

附表 2-4 云南省规模以上工业企业的 R&B 项目数 （项）

2011 年		2012 年	
全省	1514	全省	1665
医药制造业	310	有色金属冶炼和压延加工业	323
有色金属冶炼和压延加工业	266	医药制造业	298
化学原料和化学制品制造业	109	化学原料和化学制品制造业	169
烟草制品业	99	烟草制品业	161
铁路、船舶、航空航天运输设备制造业	76	电气机械和器材制造业	67
通用设备制造业	63	专用设备制造业	65
专用设备制造业	63	通用设备制造业	57
电气机械和器材制造业	56	电力、热力生产和供应业	57

续附表 2-4

2011 年		2012 年	
全省	1514	全省	1665
电力、热力生产和供应业	56	计算机、通信和其他电子设备制造业	51
非金属矿采选业	48	黑色金属冶炼和压延加工业	46
印刷和记录媒介复制业	48	有色金属矿采选业	42
造纸和纸制品业	40	印刷和记录媒介复制业	39
有色金属矿采选业	31	非金属矿采选业	35
农副食品加工业	28	酒、饮料和精制茶制造业	33
黑色金属冶炼和压延加工业	28	汽车制造业	31
橡胶和塑料制品业	27	食品制造业	26
酒、饮料和精制茶制造业	25	仪器仪表制造业	25
非金属矿物制品业	24	农副食品加工业	23
仪器仪表制造业	24	造纸和纸制品业	22
食品制造业	23	非金属矿物制品业	19
计算机、通信和其他电子设备制造业	22	橡胶和塑料制品业	14
其他制造业	12	金属制品业	11
金属制品业	10	铁路、船舶、航空航天和其他运输设备制造业	10
木材加工和木、竹、藤、棕、草制品业	8	其他制造业	9
煤炭开采和洗选业	7	煤炭开采和洗选业	8
化学纤维制造业	4	黑色金属矿采选业	8
黑色金属矿采选业	3	皮革、毛皮、羽毛及其制品和制鞋业	5
石油加工、炼焦和核燃料加工业	3	木材加工和木、竹、藤、棕、草制品业	5
水的生产和供应业	1	纺织业	3
石油和天然气开采业		石油加工、炼焦和核燃料加工业	3
纺织业		石油和天然气开采业	
纺织服装、服饰业		纺织服装、服饰业	
皮革、毛皮、羽毛及其制品和制鞋业		家具制造业	
家具制造业		文教、工美、体育和娱乐用品制造业	
文教、工美、体育和娱乐用品制造业		化学纤维制造业	
燃气生产和供应业		燃气生产和供应业	
		水的生产和供应业	

数据来源:《云南统计年鉴 2012》《云南统计年鉴 2013》。

附表 2-5   云南省规模以上工业企业有效发明专利数   （件）

2011 年		2012 年	
全 省	1217	全 省	1644
医药制造业	294	医药制造业	452
有色金属冶炼和压延加工业	281	有色金属冶炼和压延加工业	364
化学原料和化学制品制造业	134	化学原料和化学制品制造业	163
电气机械和器材制造业	104	汽车制造业	96
铁路、船舶、航空航天运输设备制造业	68	烟草制品业	60
烟草制品业	66	食品制造业	59
农副食品加工业	46	印刷和记录媒介复制业	54
食品制造业	29	黑色金属冶炼和压延加工业	54
仪器仪表制造业	27	仪器仪表制造业	46
印刷和记录媒介复制业	26	化学纤维制造业	39
黑色金属冶炼和压延加工业	25	电气机械和器材制造业	38
专用设备制造业	20	农副食品加工业	35
酒、饮料和精制茶制造业	19	计算机、通信和其他电子设备制造业	24
通用设备制造业	16	通用设备制造业	20
造纸和纸制品业	15	专用设备制造业	19
金属制品业	11	酒、饮料和精制茶制造业	16
黑色金属矿采选业	7	电力、热力生产和供应业	16
纺织业	7	黑色金属矿采选业	14
非金属矿采选业	5	橡胶和塑料制品业	14
橡胶和塑料制品业	5	非金属矿物制品业	12
电力、热力生产和供应业	5	纺织业	11
化学纤维制造业	4	非金属矿采选业	10
非金属矿物制品业	4	造纸和纸制品业	10
有色金属矿采选业	2	有色金属矿采选业	7
工艺品及其他制造业	1	铁路、船舶、航空航天和其他运输设备制造业	5
煤炭开采和洗选业		石油加工、炼焦和核燃料加工业	3
石油和天然气开采业		其他制造业	2
纺织服装、服饰业		金属制品业	1
皮革、毛皮、羽毛及其制品和制鞋业		煤炭开采和洗选业	
木材加工和木、竹、藤、棕、草制品业		石油和天然气开采业	

2011 年		2012 年	
全　省	1217	全　省	1644
家具制造业		纺织服装、服饰业	
文教、工美、体育和娱乐用品制造业		皮革、毛皮、羽毛及其制品和制鞋业	
石油加工、炼焦和核燃料加工业		木材加工和木、竹、藤、棕、草制品业	
计算机、通信和其他电子设备制造业		家具制造业	
燃气生产和供应业		文教、工美、体育和娱乐用品制造业	
水的生产和供应业		燃气生产和供应业	
		水的生产和供应业	

数据来源：《云南统计年鉴 2012》《云南统计年鉴 2013》。

3 创新驱动产业发展理论框架

2015 年 3 月 23 日，中共中央、国务院印发了《关于深化体制机制改革加快实施创新驱动发展战略的若干意见》，将创新驱动上升为国家重大战略，并重点从体制机制改革方面，明确了实施创新驱动发展战略的对策；2015 年 5 月 27 日在浙江召开的华东 7 省市党委主要负责同志座谈会上，习近平总书记进一步强调：综合国力竞争说到底是创新的竞争，要深入实施创新驱动发展战略，推动科技创新、产业创新、企业创新、市场创新、产品创新、业态创新、管理创新等，加快形成以创新为主要引领和支撑的经济体系和发展模式；2015 年 11 月 3 日，新华社发布的《中共中央关于制定国民经济和社会发展第十三个五年规划的建议》中，主要内容围绕 5 个关键概念展开，即创新、协调、绿色、开放和共享，创新发展、协调发展、绿色发展、开放发展、共享发展也被称为五大发展理念，其中，创新是五大理念之首，也是引领发展的第一动力。

产业发展包括产业转型和产业升级两个维度，主要包括产业结构优化和效率提升等内容。从单个产业来看，产业生产效率提升导致了有效率产业的规模扩张；从整个产业来看，有效率产业的规模扩张导致整个产业结构的改变，即有效率产业的规模扩张和无效率产业的规模减小，最终导致了产业结构的转型和升级。由于产业是最主要经济单位，因此，创新驱动经济发展的核心就成了创新如何驱动产业发展。考虑到产业发展所具有的产业转型和产业升级两个维度，研究创新驱动产业发展主要解决的问题是创新如何促进产业结构优化和创新如何提升效率。由于产业发展是经济增长最主要的典型化事实，研究创新驱动产业发展具有重要的意义：从理论上看，研究创新驱动产业发展的理论框架是创新驱动发展理论体系的有益补充和重要组成部分；从实践上看，探索创新驱动产业发展的作用路径有助于我省实现跨越式发展。

关于何谓创新，目前文献中尚未形成统一的定义。较早的关于创新的研究是熊彼特（1926），在熊彼特（1926）看来，创新包括产品创新、技术创新、市场创新和制度创新等方式，其共同点均为创造性毁灭（creative destruction）。其中，产品创新指的是创造某种新产品或对某一新或老产品的功能进行创新；技术创新指的是生产技术的创新，包括开发新技术，或者将已有的技术进行应用创新；市场创新指的是开辟一个新的市场和控制原材料的新供应来源；制度创新指的是通过创设新的、更能有效激励人们行为的制度、规范体系来实现社会的持续发展和变革的创新。之后 Edison 等（2013）梳理了有关创新的主要经济学文献并进行了评述，Edison 等（2013）认为，目前相关文献中对创新的不同定义超过了四十种，通过详细比较不同创新定义的同异，Edison 等（2013）发现了各定义间的共性，即"新"。Edison 等（2013）认为，尽管不同文献对何谓创新存在不同的理解，但不同文献均认为创新的核心特征是新，即为消费者、企业、市场、产业和世界带来新的东西。熊彼特和 Edison 等（2013）主要的差异在于，熊彼特认为创新的核心是创造性毁灭，即旧方法、旧产品的毁灭将迎来新方法、新产品的创造。2015 年 5 月 27 日在浙江召开的华东 7 省市党委主要负责同志座谈会上，习近平总书记强调综合国力竞争说到底是创新的竞争，要深入实施创新驱动发展战略，推动科技创新、产业创新、企业创新、市场创新、产品创新、业态创新、管理创新等，加快形成以创新为主要引领和支撑的经济体系和发展模式❶，进一步明确了创新驱动的内涵和模式。

事实上，无论是熊彼特的四类创新还是习近平总书记提出的七类创新，均涵盖了从微观的产品、企业角度，到中观的产业、市场角度，再到宏观的业态、制度角度等层次递进的、囊括主要经济活动的创新。为不失一般性，下文也将依照从微观到中观再到宏观的递进层次进行论述，同时参考既有文献的行文习惯，逐一分析产品创新、技术创新、市场创新和制度创新等不同的创新如何影响产业转型和产业升级。

3.1 产品创新与产业发展

3.1.1 产品创新的内涵

一般而言，产品创新指的是创造某种新产品或者对某一新产品或老产品的功能进行改良和创新（安同良和千慧雄，2014）。因此，产品创新具有数量扩张和质量提升两个维度，这两个维度在经济学文献中分别对应着水平创新（horizontal innovation）和垂直创新（vertical innovation）。其中，水平创新指的是中间产品种类或数量的扩张导致了各产业专业化水平的提升，因此，文献中亦把水平创新称作是种类扩张模型（variety expansion model），其特点是新旧产品可以同时存在于市场上。垂直创新指的是产品质量的提升，特别指的是新产品会将旧的产品基础市场以形成创造性毁灭，因此，文献中亦把垂直创新称作是质量阶梯模型（quality ladder model）。

从上述产品创新的内涵可知，熊彼特（1926）更偏向于垂直创新，而 Edison 等（2013）则同时包括了水平创新和垂直创新。此外，考虑到企业可通过生产产

---

❶ 资料来源：2015 年 5 月 29 日出版的《解放军报》头版文章"习近平在华东七省市党委主要负责同志座谈会上强调 抓住机遇立足优势积极作为系统谋划'十三五'经济社会发展。"

品的方式竞争市场份额，因此产品创新可能也是企业创新的主要内容、市场创新的主要形式和技术创新的重要载体。

3.1.2 产品创新影响产业发展的理论逻辑

水平创新和垂直创新具有不同的作用机制，也对应着不同的理论模型。其中，水平创新的主要文献是 Romer（1990）；垂直创新的主要文献包括 Grossman 和 Helpman（1991）以及 Aghion 和 Howitt（1992）。与 Romer（1990）相同，Grossman 和 Helpman（1991）以及 Aghion 和 Howitt（1992）等文献在一个包含最终产品生产部门、中间产品生产部门和 R&D 部门的框架下，分析了竞争均衡下产品创新对长期增长的影响以及要素配置等问题。由于中间产品生产部门采用了 Stiglitz-Dixit 垄断竞争形式，因此，Romer（1990），Grossman 和 Helpman（1991）以及 Aghion 和 Howitt（1992）等文献亦可用于分析市场结构。事实上，Romer（1990），Grossman 和 Helpman（1991）以及 Aghion 和 Howitt（1992）等文献均假设垄断利润的存在是推动 R&D 部门进行产品创新的主要动力。

水平创新和垂直创新的简化表示如下：

$$Y = \int_0^N x(i)\,\mathrm{d}i, \ \dot{N} = \lambda L N \tag{3-1}$$

$$Y = \int_0^1 Q(i)x(i)\,\mathrm{d}i, \ \dot{Q} = \lambda L Q \tag{3-2}$$

式（3-1）和式（3-2）分别表示水平创新和垂直创新的简化形式。其中，Y、N、Q、$x(i)$、λ、L 分别表示产出、中间产品种类、中间产品质量、中间产品、R&D 部门的技术效率参数以及劳动力要素投入。事实上，由 Romer（1990），Grossman 和 Helpman（1991）以及 Aghion 和 Howitt（1992）等文献可知，稳态时产出 Y 是中间产品的种类 N 和质量 Q 的增函数。

由上文可知，Romer（1990），Grossman 和 Helpman（1991）以及 Aghion 和 Howitt（1992）等文献主要关注的是产品创新如何影响长期增长，对于产品创新如何影响产业发展着墨甚少。事实上，可将 Romer（1990）、Grossman 和 Helpman（1991）以及 Aghion 和 Howitt（1992）等文献用于解释产业发展，原因如下：（1）经济增长主要会伴随着产业结构的转型升级，因此可将上述模型进行扩展从而解释产业发展；（2）Romer（1990），Grossman 和 Helpman（1991）以及 Aghion 和 Howitt（1992）等文献的核心架构在于不同生产部门之间的行业关联及资源配置，因此，上述文献也同样可以用于分析不同企业之间的行业关联及资源配置如何影响产业发展。

参考 Romer（1990），Grossman 和 Helpman（1991）以及 Aghion 和 Howitt（1992）等文献的处理方法，扩展后的可用于解释产业发展的产品创新模型如下：

$$Y_j = \int_0^N x(i,\ j)\,\mathrm{d}i, \ \dot{N}_j = \lambda L_j N_j \tag{3-3}$$

$$Y_j = \int_0^1 Q_j x(i, j) \, \mathrm{d}i, \quad \dot{Q}_j = \lambda L_j Q_j \tag{3-4}$$

式（3-3）和式（3-4）分别表示产品的水平创新和垂直创新如何影响产业发展。其中，与式（3-1）和式（3-2）相似，Y_j、N_j、Q_j、$x(i, j)$、L_j 分别表示第 j 个产业的产出、所使用中间产品的种类和质量、投入第 j 个产业的中间产品以及投入第 j 个产业的劳动力。

根据式（3-3）和式（3-4），可将 Romer（1990），Grossman 和 Helpman（1991）以及 Aghion 和 Howitt（1992）等的理论逻辑进行扩展，即每个产业自行选择投入中间产品和创新进行生产，不同的要素根据其可能获得的回报在不同产业间进行套利（Arbitrage）以形成要素均衡配置，进而优化产业结构、提升产业效率。

3.2 技术创新与产业发展

3.2.1 技术创新的内涵

技术创新指的是生产技术的创新，包括开发新技术，或者将已有的技术进行改善或创新应用领域（唐未兵等，2014）。一般而言，技术创新包括两类，一类指的是技术前沿面（innovation possibility frontier）的扩张，另一类则指的是向技术前沿面的接近。其中，宏观经济学文献将技术前沿面扩张称作是技术进步（technological progress）（Solow，1956），效率及生产率（efficiency & productivity）文献则将向技术前沿面的接近称作是技术效率（technical efficiency）（魏楚和沈满洪，2007）；在增长理论的文献中，有些学者也将技术前沿面的扩张被称作是创新，而将向技术前沿面的接近称作是模仿（imitation）（Benhabib 等，2014）。技术创新和技术进步、技术效率等概念有紧密的联系。事实上，熊彼特（1926）认为，技术进步包括发明（invention）、创新和扩散（diffusion）三个阶段；IPCC（2000）也认为技术进步应该包括下述几个阶段：（1）科学发现，主要指增加知识存量；（2）发明，将现有知识用于实用目的的尝试；（3）创新，即首次运用某种发明；（4）改善技术特征和减少技术使用成本；（5）创新的扩散，且经常伴随着技术的改善。

3.2.2 技术创新影响产业发展的理论逻辑

由上文可知，技术创新和技术进步、技术效率等概念有紧密的联系。事实上，经济增长文献常将技术创新和技术进步一同用于描述生产函数的漂移（drift），即技术前沿面的扩张。由于技术创新可看作是改善生产率的主要途径，根据技术是否体现在中间产品中，技术创新又分为体现式（embodied）和非体现式（disembodied）。其中，体现式技术创新的理论逻辑与产品垂直创新类似，由于体现式技术创新的主要后果是导致产品质量的提升，因此均指的是要素质量提升；非体现式技术进步则指的是增加要素的有效投入，要素有效投入的增加直觉上与要素质量提升没有区别，因为二者均会导致要素投入的节约和生产效率的提高，但二者在理论建模时存在较大差异。

由于体现式技术创新的理论逻辑与产品垂直创新类似，本文在此仅就非体现式技术创新影响产业发展的理论逻辑进行阐述。非体现式技术创新影响产出的基本模型如下：

$$Y = F(A_K K, A_L L) \tag{3-5}$$

式中，Y、A_K、A_L、K、L 分别表示产出，资本和劳动非体现实技术创新，以及资本和劳动投入。式（3-5）表示资本、劳动及非体现式技术创新会影响产出。事实上，非体现式技术创新 A_K、A_L 影响资本和劳动有效投入的关键在于生产函数 $F(\cdot)$ 对其要素投入和非体现式技术创新均为增函数。

若考虑不同的产业部门，则式（3-5）变为：

$$Y_j = F(A_{K_j} K_j, A_{L_j} L_j) \tag{3-6}$$

式（3-6）允许不同产业部门具有不同的非体现式技术创新。式（3-6）与式（3-3）、式（3-4）的结论相似，即每个产业因为不同的非体现式技术创新率和要素投入，会导致不同的产出。那些非体现式技术创新率高的部门会因为规模扩张而在整个产业结构中占有更多的份额，整个产业结构也会因不同部门间非体现式技术创新率的差异而优化产业结构、提升产业效率。

Kongsamut，Rebelo 和 Xie（2001）以及 Matsuyama（2002）等文献认为，不同部门技术创新率的差异会导致不同产业发展速度的不同，进而导致产业结构转型的后果。但 Kongsamut，Rebelo 和 Xie（2001）以及 Matsuyama（2002）等并未就不同部门技术进步率差异的原因进行阐释，而是将技术创新率作为外生给定。事实上，Kongsamut，Rebelo 和 Xie（2001）以及 Matsuyama（2002）等文献从供给面进行处理方法并未完整刻画技术创新影响产业发展的机制：一方面，不同部门技术创新率外生给定并不具备说服力；另一方面，探究不同部门技术创新率差异的原因可能比简单地设定不同部门技术创新率更加重要。

3.3 市场创新与产业发展

3.3.1 市场创新的内涵

市场创新指的是开辟一个新的市场和控制原材料供应的新来源（张振刚和张小娟，2014）。开拓新的市场，既包括产品市场和要素市场，也包括国内市场和国际市场，均会影响产业发展。从经济理论的角度，市场创新也可看作是企业进入新的市场，这一市场既可以是生产新的产品，也可以是控制新的原材料来源；既可以是国内尚未开发市场，也可以是国外的市场。因此，市场创新的背后其实是企业创新、产品创新、管理创新和技术创新的综合。一般而言，当企业做出是否进入一个新市场的决策时，企业会衡量自身的生产率能否在这一市场下盈利，并通过产品创新、管理创新和技术创新等方式尽量留在新市场中不被淘汰。

3.3.2 市场创新影响产业发展的理论逻辑

由上文可知，可将市场创新看作是企业进行的进入—退出某一市场的决策。当企业在进行上述决策时，如果该企业的生产率高于这一市场中企业的平均生产率，则企业会在此市场下盈利，并选择进入；反之，若企业发现自身的生产率并不能在这一市场下盈利，则该企业会选择退出市场。上述企业进行的进入—退出决策也被称作是企业的自选择效应（self-select effect）。

根据 Melitz（2003），可将企业的自选择效应表示为：

$$\tilde{\phi}(\phi^*) = \left[\frac{1}{1 - G(\phi^*)} \int_{\phi^*}^{\infty} \phi^{\sigma-1} g(\phi) \mathrm{d}\phi \right]^{\frac{1}{\sigma-1}} \tag{3-7}$$

其中，ϕ、ϕ^* 分别表示企业的生产率和行业的平均生产率，行业的平均生产率亦可看作是企业选择进入某一新市场时的生产率阈值；$g(\phi)$、$G(\phi)$ 分别表示企业生产率的概率密度函数和累积分布函数；σ 表示替代弹性；$\tilde{\phi}(\cdot)$ 表示整个行业的生产率。由于当且仅当 $\phi \geqslant \phi^*$ 时，企业才会选择进入市场，因此，随着行业平均生产率 ϕ^* 的提高，整个行业的生产率 $\tilde{\phi}$ 也会提高，但选择进入该市场的企业会减少。直觉上来看，越晚被发现、进入的市场，或者仅有较少企业存活的产业可能要求较高的 ϕ^*。

事实上，通过发现新市场，企业进行自选择后，新市场留下的基本都是生产率较高的企业。新市场下，高生产率企业有能力支付给生产要素较高的报酬；除产品市场外，要素市场也会发生自选择效应，导致高生产率的生产要素重新配置进入新市场中的高生产率企业并获得更高的回报，同时，低生产率的生产要素则留在原来的部门。因此，自选择的后果就导致了产业结构的转型和升级。此外，自选择效应还会导致高生产率企业的规模逐渐增大，低生产率企业的规模逐渐减小，进而在新市场下出现规模效应，进一步促进产业内的要素重新配置，加速产业发展。

3.4 制度创新与产业发展

3.4.1 制度创新的内涵

制度创新指的是通过革新社会、政治和经济等制度，变更行为规则，从而激发经济主体的创造性的一系列活动（苏小珊和祁春节，2013）。从上述定义可知，制度创新具有三个维度的意义：一是机制创新，即对各经济主体的联系方式进行创设和优化，以提高整体经济的效率；二是组织创新，即对组织机构进行调整和改革，以适应外部环境变化和内部条件改变；三是政策创新，即创设新的政策工具或不同政策工具间的协同形式，从而实现政策目标。机制创新、组织创新和政策创新分别从微观、中观和宏观三个层次廓清了制度创新的内涵。事实上，从上述内容可知，机制创新、组织创新和政策创新三者间也同时具有紧密的联系。此外，制度创新与产品创新、技术创新和市场创新三者间也具有紧密的联系，一方面，产品创新和技术创新需要有相应的制度创新作为保障，通过创设相应的激励机制，能够有效地鼓励企业进行创新并承担风险；另一方面，市场本身就是一种制度，无论是开辟新的产品市场还是控制要素市场，均需要企业进行组织创新，优化内部结构、改善管理以提高效率；第三方面，产品创新、技术创新和市场创新也会诱发制度创新（induced institution innovation）。

3.4.2 制度创新影响产业发展的理论逻辑

由上文可知，制度创新与产品创新、技术创新和市场创新三者间具有紧密的联系，由于制度变化会影响企业、消费者等经济主体的选择，因此制度创新往往会伴随着产品、技术和市场等方面的创新。制度会形塑企业决策的环境，进而形成相关的激励。新制度经济学派常将交易费用视为制度的核心，故而制度创新亦可看作是交易费用的改变：一方面，通过增加某种产品或活动的交易费用，与该产品生产或经济活动有关的产业会受到抑制；另一方面，通过降低某种产品或活动的交易费用，与该产品生产或经济活动有关的产业就会受到鼓励。此外，交易费用的存在可能会使得生产要素不能自由流动，导致市场扭曲和资源错配。因此，制度创新的目标之一是降低交易费用、减小市场扭曲和资源错配的程度。

资源错配指的是资源无法按照其边际生产力进行定价，或者说是同一资源在不同的企业、产业中得到不同的报酬（Hsieh & Klenow，2009）。由于交易费用的存在，资源没有办法自由流动，可能会导致高生产力的要素留在低生产率的企业或产业中，或者是低生产力的要素被配置到了高生产率的企业或产业中，两种情况均会导致企业或产业没有办法实现最大的生产效率。既有的文献主要参考Heieh & Klenow（2009）处理资源错配的方式，将资源的错配程度当作是税收楔子，即将资源错配看作是对其边际生产力征税导致的损失。制度创新的作用就是减少税收楔子的税率，使得资源能够带来尽可能多的生产力。

若是不同产业间资源错配程度有差异，或者某一产业通过制度创新改善资源的配置情况，推动资源重新配置以实现生产效率最大化，将会导致整个产业的结构向低资源错配程度转型升级。

3.5 创新驱动产业发展的机制

由前文的分析可知，熊彼特的四类创新涵盖了从微观的产品、企业角度，到中观的产业、市场角度，再到宏观的业态、制度角度等层次递进的、囊括经济活动中的主要创新。另外，在实际的经济过程中，产品创新、技术创新、市场创新和制度创新等也存在紧密的联系，产品创新的成功与否往往与技术创新、市场创新和制度创新的成功与否相关，反之亦然。因此，探究各类创新的共性以及创新的本质，有助于抓住创新驱动影响产业发展的关键。

3.5.1 创新驱动产业发展的作用机制

不论是产品创新、技术创新、市场创新还是制度创新，均会使创新成功的企业或产业占有更多的市场份额、获得更多利润。此外，创新存在巨大的风险，并非所有的创新都能实现并获得成功。从产品创新、技术创新、市场创新和制度创新等的共性来看，无论是微观领域还是宏观领域，创新最终将体现为经济效率的提升。一方面，创新会改善资源错配程度，促进企业专业化水平的提高，进而提升企业的生产率水平；另一方面，创新会加剧高生产率企业和低生产率企业之间的分化，促进产业结构的转型升级。因此，除了"新"外，创新还具备两个关键特征：一是促进效率提升；二是风险。上述第一个特征在经济学文献中体现为技术进步理论；第二个特征则体现为经济主体在不确定环境下的决策，即将可能的风险刻画为变量的随机分布（特别是泊松分布和帕累托分布）。

为了分析创新驱动与产业发展之间的关系，特别是存在各类不同的创新、产业时，一个可行的理论逻辑是将 Baumol（1967）的非平衡增长理论与 Romer（1990）、Aghion 和 Howitt（1992）等内生增长理论的分析框架进行有机结合，即将 Romer（1990）、Aghion 和 Howitt（1992）研究思路拓展至包含不同产业部门如农业、工业和服务业等。在此分析框架下，Baumol（1967）、Kongsamut, Rebelo 和 Xie（2001）、Matsuyama（2002）、Nagi 和 Pissarides（2006）以及 Acemoglu 和 Guerrieri（2008）等曾尝试构建了三种影响产业发展的力量。其中：Kongsamut, Rebelo 和 Xie（2001）以及 Matsuyama（2002）等认为消费者对农业、工业和服务业等产品的不同需求弹性是导致产业转型升级的重要推动力，创新通过提升专业化水平而加剧了上述过程；Nagi 和 Pissarides（2006）认为农业、工业和服务业等部门技术进步速率的差异是导致产业转型升级的主要推动力，各产业部门创新投入、能力的差异会加剧部门间技术进步率的差异；Acemoglu 和 Guerrieri（2008）认为创新可能性与资本密切相关，因此农业、工业和服务业等不同部门内部的资本深化程度是导致产业转型升级的重要推动力。

由于不同文献关注的重点不同，可按照既有文献（Acemoglu，2007）的分类方法，将 Kongsamut, Rebelo 和 Xie（2001）及 Matsuyama（2002）称作是需求推动的产业结构转型升级，将 Nagi 和 Pissarides（2006）称作供给推动的产业结构转型升级，而将 Acemoglu 和 Guerrieri（2008） 称作要素推动的产业结构转型升级。需求端、供给端和要素端等三方面的力量完整刻画了产业结构转型升级的原因。但在既有的模型中，仅有供给端方面的研究明确了创新驱动影响产业发展的作用机制，在需求端和要素端的原始模型中创新并非是产业发展的必要条件。因此，在需求端、供给端和要素端等三方面统一考虑创新驱动如何影响产业发展具有重要的理论意义。

笔者认为，研究专业化水平提升、要素有效投入增加等因素对产业发展的影响与既有的创新理论文献是相容的。创新促进专业化水平提升，加剧消费需求弹性的作用，进而促进产业发展；创新增加要素的有效投入，提升了企业或产业的创新可能性，进而促进产业发展；创新提升不同部门的技术进步率，进而促进产业发展，是创新驱动产业发展的主要机制如图 3-1 所示。

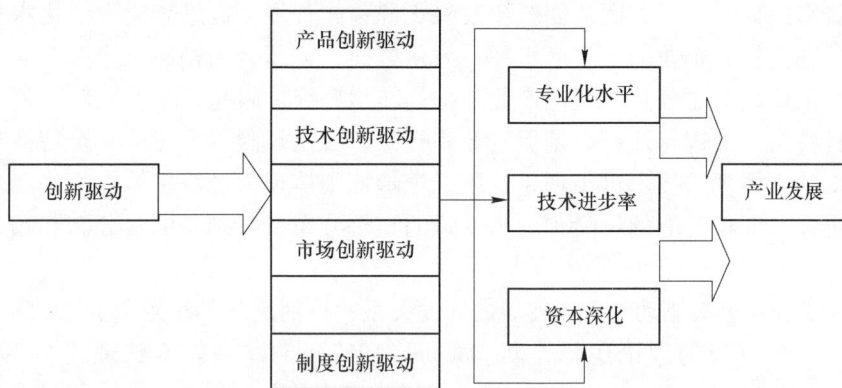

图 3-1　创新驱动产业发展的机制

此外，在需求端、供给端和要素端中引入 Romer（1990）、Grossman 和 Helpman（1991） 以及 Aghion 和 Howitt（1992） 等分析框架将会丰富既有模型的结论。理由如下：从需求端来看，农业、工业和服务业等产品的不同的需求弹性可能会导致 R&D 资源更多地配置到工业和服务业部门，使得农业部门的水平创新程度较低，而工业、服务业部门的水平创新程度较高；从供给端来看，不同部门创新速率的差异正体现为不同部门水平创新程度的高低；从要素端来看，要素替代弹性的不同取值可能会导致水平创新向不同资本深化程度的部门倾斜，从而加速或减缓产业发展过程。

3.5.2　创新驱动产业发展的数理模型

3.5.2.1　基准模型

不失一般性，假设经济中只有农业、工业和服务业等三种产品，消费者选择消费这三种产品最大化自身的效用，同时令代表性的消费者对不同的产品具有不同的需求弹性，即：

$$U = \int_0^\infty e^{-\rho t} \frac{\left[(A_t - \bar{A})^\beta M_t^\gamma (S_t + \bar{S})^\theta \right]^{1-\sigma} - 1}{1 - \sigma} dt \tag{3-8}$$

式（3-8）为 CRRA 形式的效用函数，其中，A、M、S 分别代表代表性消费者消费农业、工业和服务业的产品数量；$\beta + \gamma + \theta = 1$ 表示农业、工业和服务业的产品以 Cobb-Douglas 的形式组合成为一揽子产品，同时由式（3-8）可知，农业产品的收入弹性小于 1，工业产品的收入弹性等于 1，服务业产品的收入弹性大于 1；σ 表示不同产品之间的替代弹性，由于 σ 为常数，所以式（3-8）才被称作常数相对风险规避效用函数，其中相对风险规避系数为替代弹性的倒数；$\bar{A}$、$\bar{S}$ 是式（3-8）中各个产品收入弹性不一致的重要设定，$\bar{A}$ 可看作是维持基本生存所需消费的农业产品，$\bar{S}$ 可看作是家务活动等在家庭内部生产的服务业产品。

假设农业、工业和服务业的生产函数一致，且生产上述产品时需投入同样的资本和劳动力，资本和劳动力等生产要素可在不同部门间自由流动进行套利，则农业、工业和服务业等部门的生产函数如下所示：

$$A_t = B_A F(\phi_t^A K_t,\ N_t^A X_t) \tag{3-9}$$

$$M_t + \dot{K}_t + \delta K_t = B_M F(\phi_t^M K_t,\ N_t^M X_t) \tag{3-10}$$

$$S_t = B_S F(\phi_t^S K_t,\ N_t^S X_t) \tag{3-11}$$

式（3-9）、式（3-10）和式（3-11）分别表示农业、工业和服务业等部门的生产函数。其中，K、X 分别表示资本和劳动，没有上标表示两种要素可在不同的部门间自由流动；B、ϕ、N 分别表示不同类型的技术进步，由于上标的存在，上述技术进步在不同的部门也不同，按照进入生产函数的方式，B、ϕ、N 分别表示希克斯中性技术进步、索洛中性技术进步和哈罗德中性技术进步；式（3-10）表示工业部门的产品被生产出来之后，若是当期被消耗，则当作工业产品 M，若是留到下一期，则变为资本 K 进入下一期的生产函数。

由于资本、劳动等生产要素在不同部门间可自由流动，可知式（3-12）成立：

$$\frac{\phi_t^A}{N_t^A} = \frac{\phi_t^M}{N_t^M} = \frac{\phi_t^S}{N_t^S} = 1 \tag{3-12}$$

令工业产品作为计价单位，可知农业产品和服务业产品的价格，表示为：

$$P_A = \frac{B_M}{B_A} \tag{3-13}$$

$$P_S = \frac{B_M}{B_S} \tag{3-14}$$

将式（3-12）~式（3-14）代入式（3-10），可得：

$$M_t + \dot{K}_t + \delta K_t + P_A A_t + P_S S_t = B_M F(K_t, X_t) \tag{3-15}$$

式（3-15）表示，总产出被用于购买农业产品、工业产品、服务业产品和投资。同时，式（3-15）也可看作是代表性消费者进行消费决策时的预算约束。

根据式（3-8）和式（3-15），可知均衡增长路径附近，农业、工业和服务业的增长率为：

$$\frac{\dot{A}}{A} = g\frac{A - \bar{A}}{A} \tag{3-16}$$

$$\frac{\dot{M}}{M} = \frac{r - \rho}{\sigma} \tag{3-17}$$

$$\frac{\dot{S}}{S} = g\frac{S + \bar{S}}{S} \tag{3-18}$$

式（3-16）~式（3-18）中的 g 和 r 分别表示均衡增长率和实际利率。其中，均衡增长率 $g = \frac{\dot{M}}{M}$，实际利率 $r = B_M \frac{\partial F(K,X)}{\partial K} - 1$。由式（3-16）~式（3-18）可知，只要均衡经济增长率为正，经济系统内部会自生出促进产业结构转型升级的力量，这个力量既来自需求端（消费者对不同产品的需求收入弹性差异），也来自供给端（正的均衡增长率）。

3.5.2.2 模型扩展

由上文的分析可知，只要均衡经济增长率为正，且消费者对不同的产品拥有不同需求弹性，则经济系统内部会自生出促进产业结构转型升级的力量。但是前文的模型忽略两个方面：一是均衡增长率 g 的内生化；二是实际经济中的生产部门远远超过了三部门的划分。按照 Romer（1990）的处理方式，B、ϕ、N 将不再是外生的，而是由模型内部的经济主体所决定的，如式（3-3）和式（3-4）。在此设定下，不同类型的技术进步均会影响产业发展，从而劳动力在生产部门和不同研发部门之间的配置会影响均衡增长率。另一方面，扩展上述的三部门模型，使之能够容纳更多的生产部门，可使模型更加贴近实际情况。按照 Guillo 等（2011）的处理方式，可将式（3-8）变为：

$$U = \int_0^\infty e^{-\rho t} \frac{\left[\sum_{i=1}^n (C_i + \overline{C_i})^{\beta_i}\right]^{1-\sigma} - 1}{1 - \sigma} dt \tag{3-19}$$

另将不同部门的生产函数以式（2-3）或式（2-4）表示，从而可将模型由三部门扩展至 n 部门。

4 创新驱动产业发展的趋势研判

第 3 章阐释了创新驱动的理论内涵和影响产业发展的作用机制,以及可行的数理模型。本章的主要目的是通过回顾历史上重大创新及其与产业发展的关系,进一步厘清创新驱动对产业发展的作用,同时探讨引领新一轮经济增长的可能产业领域,并对云南省培育新产业的基础性条件进行分析和研判。由于历史上的重大创新往往表现为科技革命的形式,本章内容主要阐述四个方面的内容:一是历次科技革命与产业变革的趋势和特征;二是研判引领新一轮经济增长的产业领域;三是探讨新兴科技深度融合传统产业和催生新兴产业的关键领域;四是分析云南省培育新产业的基础条件。

4.1 新科技革命与产业变革的趋势和特征

科技革命可看作是影响最为深远的创新形式。科技革命推动了科学技术形成重大突破,进而推动了产业变革和产业升级。由科技革命的历史可知,三次科技革命的关键词分别是机械化、电力化和信息化。尽管对于推动工业革命的到底是科学革命还是技术革命,目前学术界还有争议,但科技革命无疑会触发大规模的产业变革(Mokyr, 2000; 2010)。

4.1.1 机械化与第一次工业革命

第一次科技革命的核心是机械化,特别是蒸汽机的发明。蒸汽机的发明及推广推动了采矿业和交通运输业的发展,一方面,蒸汽机的普及推高了对煤炭的需求,进而为煤炭采选技术的改善和提升提供了充足的利润激励,加速了该领域的技术进步;另一方面,蒸汽机的普及也提升了运输效率,拓展了交通运输网络,为各项创新的开展和深化带来了巨大的市场。由于上述规模效应的存在,使得第一次科技革命成为可能(Romer, 1990)。

蒸汽机的出现和普及使得煤炭取代了水力、风力等自然力在经济生活中的地位。根据克劳士比的论述,在煤炭的大规模使用之前,人类主要通过利用畜力、风力和水力等自然力进行生产和劳作,例如在 12 世纪初的法国,光是碾碎谷物的水车就至少需要 2 万台,而在 1650 年的荷兰农村,至少建造 8000 座风车才能保证基本供水;蒸汽机的大规模使用解决了自然力的有限和不稳定等问题(Wrigley, 2010),并进而触发了第一次工业革命,将人类社会由马尔萨斯陷阱中解放出来，推动人类社会由农耕文明进入工业文明。

4.1.2　电力化与第二次工业革命

第二次科技革命的核心是电力化，电力化及内燃机的发明和普及，使得机械的使用不仅仅停留于蒸汽机时代的轻工业，而且迈向了重工业，于是重工业成为了经济中的主导行业。相较于第一次科技革命，受第二次科技革命影响而兴起的产业更为丰富，包括电力产业和电器制造业、化学工业、石油工业、机械制造业和无线电通信业等。相较于第一次科技革命，第二次科技革命的影响要深远得多。

电力和内燃机的发明和普及使得整个世界的能源结构从以煤炭作为主导的能源结构转型为煤炭、石油和天然气共存的能源结构。同时，石油的大规模使用推动和加速了内燃机的出现和发展，电力的普及则提升了人类利用能源的灵活性。由于电力和内燃机相较于蒸汽机有着更高的生产效率，因此电力和内燃机的扩散速度也快于蒸汽机，并很快得到了大规模的普及。

4.1.3　信息化与第三次科技革命

第三次科技革命的核心是信息化，其主要通过信息技术的发明和普及推动了相关产业的发展，并使信息技术产业取代其他产业成为经济中的主导产业。信息技术产业的快速发展加速了产业结构的转型升级，使得现代服务业在生产结构中的作用愈发重要。相较于第一、二次科技革命，受第三次科技革命影响而兴起的产业主要包括微电子、新能源、新材料等产业。相较前两次科技革命，第三次科技革命无论广度和深度都是空前，且目前仍未结束。

第三次科技革命推动了新能源技术及产业的发展，特别是太阳能光伏、风电以及核能等技术的突破，使得清洁且廉价的能源供应成为可能。目前，第三次科技革命仍未结束，网络化、自动化等技术还未实现广泛普及，新能源在能源结构中还未取得主导地位。在可见的将来，第三次科技革命的影响将会继续发酵，其影响将是方方面面的，并会进一步催生出更多新的产业。

4.2　引领新一轮经济增长的产业领域研判

由上文可知，科技革命会引发产业变革，重塑经济中的产业结构和主导产业。因此，为研判引领新一轮经济增长的产业领域，就必须首先对科技革命和产业革命的特征及趋势作出研判。

4.2.1　历次科技革命的特征

通过简要回顾能源革命和产业变革的历史，可做出下述判断：

（1）科技革命会扩张创新可能性边界，既推动了产业的水平创新（专业化水平），也推动了产业的熊彼特创新，导致新产品、新技术、新市场、新组织形式等的不断涌现。创新可能性边界的扩张使得企业的生产率水平提升到了一个新的高度，导致生产成本显著下降。所以工业革命之后人类社会才能够真正从马尔萨斯陷阱中解脱出来，实现人均收入的持续增长（Bolt 和 Zanden，2014）。

（2）科技革命会极大地降低能源成本，而廉价的能源是产业革命最重要的推动力。能源的成本主要体现为单位面积或体积所能提供的能量的大小。此外，能源结构的改变或者说能源转型是科技革命最主要的特征，甚至有学者认为科技革命和产业革命的本质是能源革命（Wrigley，2010）。

（3）科技革命，特别是第三次科技革命提升了相互连通的网络联系，使得不同个人、企业之间更容易实现六度分离（Six Degrees of Separation）。不同的思想可利用网络进行互联互通，使得新思想、新技术的传播速度大大加快，导致世界越来越平。

4.2.2 新科技革命的可能趋势

科技创新是人类文明和人类现代化的发动机，也是人类社会应对经济危机的根本手段。历史经验表明，全球性经济危机往往催生重大科技创新突破，依靠科技创新所创造的新的增长点和创新发展模式是摆脱危机的根本出路。尽管目前人类社会仍处于第三次科技革命时期，但日新月异的新科学、新技术、新工艺层出不穷。尽管目前难以预测关于新一轮科技革命的可能特征及到来时间，但仍可通过梳理过去几次科技革命的历史来判断新科技革命的可能趋势。

由前文可知，历次科技革命具有扩张创新可能性边界、降低能源成本，以及提升网络联系等特征，这也是和创新驱动的产业发展的作用机制兼容的，因此，在可预知的下一次科技革命中，上述三点仍是新科技革命的主要特征。此外，能源结构的改变或者说能源转型也发生于历次科技革命中，且基本上每次科技革命前后主导能源的形式也发生了变化。若从人类使用能源的历史来看，人类社会所使用的能量来源的先后顺序分别是火和自然力、蒸汽以及电力。电力从第二次科技革命到现在一直是主要的能源形式，而且从当前新能源的发展趋势来看，未来的人类社会仍将在一段时间内以电力作为主要的能源形式，因为不论是太阳能、风能等可再生能源，还是核能等新能源，其关键仍是将自然力或者化石燃料转化为电力。

虽然第二、三次科技革命均以电力作为主要的能源形式，而且在可预见的下一次科技革命中，电力仍有极大的可能性作为主要的能源形式，但是这一事实并不与上文中的论断相矛盾，即每次科技革命前后主导能源的形式也发生了变化。

因为电力是二次能源，而每次科技革命前后，人类社会所使用的一次能源结构均发生了显著的变化，如图 4-1 所示。

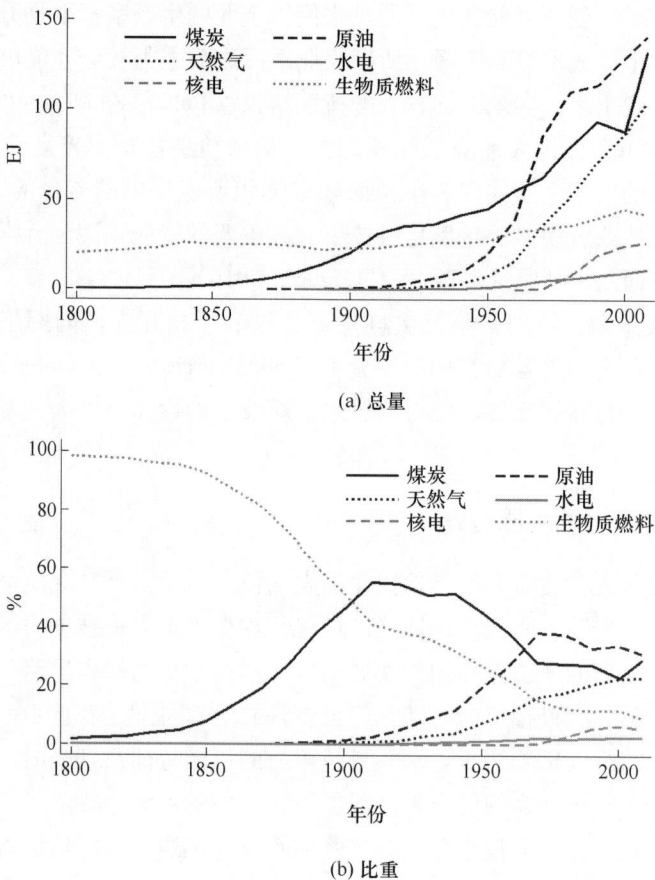

(a) 总量

(b) 比重

图 4-1　历史上主要能源形式的比重（1800~2008 年）

数据来源：Smil（2010）及作者根据 Smil（2010）原始数据计算所得。

　　图 4-1 来自 Smil（2010）❶，Smil（2010）曾对 1800~2008 年全球能源的消耗及结构演进的历史数据进行了估计，结果见图 4-1（a）和图 4-1（b）。由图 4-1（a）和图 4-1（b）可知，1800~2008 年间全球的能源消费结构发生了显著的改变。其中，若是以 1900 年作为分界，则 1800~1900 年期间，煤炭逐渐取代生物质燃料成为最主要的能源形式；1900~2008 年期间，原油和天然气的消耗开始迅速增加，并取代了上一个世纪作为主要能源形式的煤炭成为新世纪的最主要的能源形式。Smil（2010）提供了关于能源转型的直观概念，而另一个和能源转型有

❶ Smil V. Energy Myths and Realities［J］. 2010.

关的事实，是 1800～1900 年和 1900～2008 年的两次能源转型分别涵盖了第一、二次科技革命发生、成熟及衰退的主要时期。根据 Smil(2010)，本书认为新一轮的科技革命还将具备下述特征，即新能源和可再生能源的广泛使用。

4.2.3 引领新一轮经济增长的产业领域

根据前文所述，历次科技革命具有扩张创新可能性边界、降低能源成本，以及提升网络联系等特征，因此，引领新一轮经济增长的产业也需要具备上述几个特征。另外，考虑到目前世界仍处于第三次科技革命时期，引领新一轮经济增长的产业领域需要在具备扩张创新可能性边界、降低能源成本，以及提升网络联系等特征外，能够有效地推动能源转型，同时拓展和深化第三次科技革命，特别是信息化、自动化和网络化等领域的研究成果。

金融危机后，美国提出将 R&D 的投入提高到 GDP 的 3% 这一历史最高水平，力图在新能源、基础科学、干细胞研究和航天等领域取得突破，并重点主攻节能环保、智慧地球等领域；欧盟宣布到 2013 年以前，将投资 1050 亿欧元发展绿色经济，保持在绿色技术领域的世界领先地位；英国从高新科技特别是生物制药等方面，加强产业竞争的优势；日本重点开发能源和环境技术；俄罗斯提出开发纳米和核能技术。2009 年中科院编著的《创新 2050：科学技术与中国的未来》一书中，就中国至 2050 年的重要领域科技发展可能的路线图进行了绘制，共绘制了十六个领域的科技发展路线图，分别是：能源、矿产资源、油气资源、水资源、先进材料、先进制造、信息科技、农业科技、人口健康、生态与环境、空间、海洋、生物质资源、重大科技基础设施、区域科技以及重大交叉前沿科技等。中科院（2009）分别就上述十六个领域的科技发展路线进行了详细的探讨。

2010 年年初，国家发改委、科技部、财政部、工信部等四部委联合制定下发了《关于加快培育和发展战略性新兴产业的决定》代拟稿征求各方意见。2010年 9 月 8 日召开的国务院常务会议，审议并原则通过《国务院关于加快培育和发展战略性新兴产业的决定》，基本确定了我国的战略性新兴产业主要为七个领域：节能环保、新一代信息技术、生物、高端装备制造、新能源、新材料、新能源汽车。其中，节能环保领域重点突破高效节能、先进环保、循环利用等；新一代信息技术产业聚焦下一代通信网络、物联网、三网融合、新型平板显示高性能集成电路和高端软件；生物产业主要面向生物医药、生物农业、生物制造；高端装备制造业重点发展航空航天、海洋工程装备和高端智能装备；新能源突出清洁能源和可再生能源，包括水电、核电、风力发电、太阳能发电、生物质发电，以及地热发电和煤炭的清洁利用等；新材料主要是特种功能的高性能复合材料这两项；新能源汽车的发展方向则确定为插电式混合动力和纯电动汽车两类。

事实上，中科院（2009）提出的十六个科技发展领域基本涵盖了所有战略新兴产业。两者均建立在重大前沿科技突破的基础上，既代表着未来科技和产业发展新方向，也体现当今世界知识经济、循环经济、低碳经济发展潮流，且大多尚处于成长初期、未来发展潜力巨大，对经济社会具有全局带动和重大的引领作用。考虑到目前人类社会仍处于第三次科技革命时期，扩张创新可能性边界、降低能源成本，以及提升网络联系等也是上述几个科技领域的共同特征。

4.3 新兴科技深度融合传统产业和催生新兴产业的关键领域

根据上文可知，中科院（2009）提出的十六个科技发展领域以及我国提出的战略新兴产业等均体现了科技革命的基本特征，即扩张创新可能性边界、降低能源成本，以及提升网络联系等。因此，有理由认为未来新兴科技深度融合传统产业和催生新兴产业的关键领域也将具备上述特征。考虑到当前人类社会的信息化和自动化还在扩展和深化，本节认为信息产业和新能源产业将是未来各种前沿产业的基础，同时也是新兴科技深度融合传统产业和催生新兴产业的关键领域。

4.3.1 信息产业

信息产业指的是以计算机和通讯设备为主体的产业。信息产业以信息为资源，信息技术为基础，进行信息资源的研究、开发和应用，以及对信息进行收集、生产、处理、传递、储存和经营等活动。《国务院关于加快培育和发展战略性新兴产业的决定》将新一代信息技术作为我国未来的战略新兴产业，并重点强调加快建设宽带、泛在、融合、安全的信息网络基础设施；推动新一代移动通信、互联网核心设备和智能终端的研发及产业化；积极推进"三网"融合，促进物联网研发应用；着力发展集成电路、新型显示、高端软件等核心基础产业；提升软件服务、云计算、网络增值服务等信息服务能力，加快重要基础设施智能化改造等内容。目前，我国信息产业的发展整体处于发展起步阶段。其中，三网融合试点已全面铺开，将逐步扩展；智能电网、智能交通、智能环保、智能金融等领域智能化改造示范效应初步显现；物联网应用起步态势好，发展前景广阔，将成为长远经济增长的大亮点；集成电路呈垄断竞争，目前我国国产化率低，国产化替代的趋势将会长期持续。

信息产业内既可以创生出新的产业，也可用于改造传统产业。一方面，信息产业的发展要求提升高端装备制造业的发展水平和集成电路的制造水平等，从而使我国干线、支线和通用飞机、调整轨道交通等先进运输装备的能力进一步提升；提升我国面向海洋资源开发、大力发展海洋等工程装备的制造水平；使我国具备生产以数字化、柔性化技术及系统集成技术为核心的高端智能与基础制造装备建设空间基础设施的基本条件，并促进卫星及应用产业发展。另一方面，信息产业可通过与农业、生物医药、能源等行业相融合，改造传统行业，如促进重大疾病防治的生物技术药物、新型疫苗和诊断试剂、化学创新药物发展，提高现代中药发展水平；加强农业重大动植物新品种培育和推广应用，促进绿色农用生物产品发展，发展海洋生物技术和产品；将现代先进的传感测量技术、通讯技术、信息技术、计算机技术和控制技术与物理电网高度集成形成智能电网等。

4.3.2 能源产业

能源产业指以能源的开采、供应和应用为主体的产业。《国务院关于加快培育和发展战略性新兴产业的决定》中与能源相关的战略新兴产业包括节能环保、新能源和新能源汽车等领域。目前，节能环保、新能源等领域已获得快速发展，建筑节能即将提速，照明节能正步入增长爆发期；工业节能快速发展，余热利用空间较大，高效电机正强制普及；清洁煤技术和装备长期看好，合同能源管理机制将被广泛应用，节能服务行业将实现爆发式增长；核电将主导新能源投资高峰；多个千万千瓦级风电基地和海上风电开发是未来风电发展亮点；太阳能中多晶硅薄膜电池发展空间大。新能源汽车的发展目前已进入起步阶段，市场发展潜力巨大，而其中锂电池的技术将是新能源汽车领域竞争的关键技术。

与信息产业相似，能源产业内既可以创生出新的产业，也可用于改造传统产业。新能源主要指风能、太阳能、海洋能、地热能和生物质能等可再生能源，以及核能等清洁能源。其中，近年风能、太阳能和核能等新能源的迅速发展推动了相关设备制造业的发展，特别是单晶硅的能源转化效率获得了快速提升；2011年 MIT 实验室实现了利用打印机打印单晶硅并形成光伏发电板，推动了太阳能发电向更高效、更廉价和更便捷方向发展；美国加州的 Solar City 公司可提供从太阳能系统的设计、安装以及融资、施工监督等全面的服务，并开创性地提出了太阳能租赁计划，让试图安装太阳能、但缺少资金的房主以月租费的形式（约55美金）租赁太阳能光伏系统，租赁费用可通过出售太阳能系统生产的电力来抵消，从而降低房主的电力成本。另一方面，新能源与传统的建筑业、汽车制造业等领域相融合，如近年新出现且方兴未艾的建筑节能、新能源汽车领域等。能源产业在催生新产业、型塑旧产业的同时，能源产业本身也出现了显著的变化：一方面，新能源正在逐渐替代传统能源（见图4-1）；另一方面，新能源本身的价格也出现了显著的下降❶。

4.4 云南培育新产业的基础条件

前文先后梳理了三次科技革命和产业革命的历史事实，研判新一轮科技革命

---

❶ 根据时璟丽（2010）的研究，最早中国太阳能光伏发电的成本约为1.5元/（千瓦·时），相较于0.23～0.47元/（千瓦·时）的火力发电价格，太阳能发电的价格高出了约4倍。目前太阳能光伏发电的成本约为0.8元/（千瓦·时），仅比火力发电的成本高2倍。

的特征和可能趋势，及引领新一轮经济增长的产业领域。在余下的内容中，本文将通过分析创新驱动云南产业发展的现状，以及云南产业发展的特点，剖析云南培育新产业的基础性条件。

4.4.1 创新驱动云南产业发展的现状

既有的文献，如 Romer（1990）、Grossman 和 Helpman（1991）以及 Aghion 和 Howitt（1992）等一般采用 R&D 来衡量创新能力。根据《中国统计年鉴》中对研发活动的解释："研发活动（R&D）指在科学技术领域，为增加知识总量，以及运用这些知识去创造新的应用进行的系统的创造性活动，包括基础研究、应用研究和试验发展三类活动。国际上通常采用 R&D 活动的规模和强度指标反映一国的科技实力和核心竞争力。"本文借鉴既有文献的处理方式，从 R&D 投入和产出等指标入手，分析创新驱动云南产业发展的现状。

4.4.1.1 投入

表 4-1 为全国及西部各省份及直辖市 2007~2014 年 R&D 强度的情况。R&D 强度是度量 R&D 投入的主要指标，指的是 R&D 支出占 GDP 的比重。从表中可知，除陕西省外，西部地区其他省份的 R&D 强度均低于全国的平均水平；此外，西部 12 个省份及直辖市当中，仅有陕西、四川、重庆和甘肃的 R&D 强度超过了1%；云南省的 R&D 强度略高于贵州、青海、新疆和西藏，低于宁夏。另外一个值得注意的特征是，尽管云南的 R&D 强度在 2007 年时高于广西和内蒙古，但随后广西在 2009 年的 R&D 强度超过了云南，内蒙古的 R&D 强度也于 2013 年超过了云南。R&D 投入的不足可能会导致有限的创新驱动能力，为了打造新增长点，提升 R&D 投入是首要解决的任务。

表 4-1　全国及西部各省份、直辖市的 R&D 强度　　　　　（%）

地区	2007	2008	2009	2010	2011	2012	2013	2014
全国	1.38	1.46	1.68	1.73	1.79	1.93	2.01	2.05
内蒙古	0.38	0.4	0.53	0.55	0.59	0.64	0.69	0.69
广西	0.38	0.47	0.61	0.66	0.69	0.75	0.75	0.71
重庆	1.00	1.04	1.22	1.27	1.28	1.4	1.38	1.42
四川	1.32	1.27	1.52	1.54	1.4	1.47	1.52	1.57
贵州	0.48	0.53	0.68	0.65	0.64	0.61	0.58	0.60
云南	**0.54**	**0.54**	**0.6**	**0.61**	**0.63**	**0.67**	**0.67**	**0.67**
西藏	0.20	0.31	0.33	0.29	0.19	0.25	0.28	0.26
陕西	2.11	1.96	2.32	2.15	1.99	1.99	2.12	2.07
甘肃	0.95	1.00	1.10	1.02	0.97	1.07	1.06	1.12

续表4-1

地区	2007	2008	2009	2010	2011	2012	2013	2014
青海	0.48	0.38	0.70	0.74	0.75	0.69	0.65	0.62
宁夏	0.81	0.63	0.77	0.68	0.73	0.78	0.81	0.87
新疆	0.28	0.38	0.51	0.49	0.5	0.53	0.54	0.53

数据来源：《中国科技统计年鉴2014》。

　　另一个度量R&D的指标是相关从业人员的数量及技能水平结构（夏良科，2010）。考虑到各省份人口规模的差异，以及技能水平数据难以获得，本文在此主要考虑不同特征的R&D人员在总R&D人员中的比重，见表4-2。

表4-2　不同特征的R&D人员在总R&D人员中的比重 （%）

地区	女性	全时人员	博士	硕士	本科
全国	24.42	62.85	5.93	13.07	26.70
东部地区	23.68	65.38	5.77	12.00	26.78
中部地区	22.24	59.75	4.71	12.08	25.25
西部地区	28.03	57.33	6.87	16.95	28.88
东北地区	30.22	58.73	9.04	18.07	25.29
云南	**32.72**	**48.25**	**8.54**	**19.85**	**29.42**

数据来源：《中国科技统计年鉴2014》。

　　从表4-2可知，云南R&D队伍中女性所占的比例不仅高于全国平均水平，也高于西部地区、中部地区、东北地区和东部地区的平均水平。此外，云南R&D队伍中博士、硕士和本科所占的比例高于全国平均水平。其中，除博士所占比例略低于东北地区外，云南博士、硕士和本科等在R&D队员中所占的比例不仅高于西部地区的平均水平，也高于中部地区和东部地区的平均水平。最后，云南全时R&D人员占比较低，不仅低于东部地区、中部地区和东北地区，也低于全国和西部地区的平均水平。尽管云南高学历的R&D人员占比较高，但是较低的全时人员占比可能拉低了云南高学历R&D队伍的优势，导致云南整体的R&D投入不足。

4.4.1.2　产出

　　考虑一个地区创新能力的指标是R&D投入之后可获得的产出，既有文献一般采用专利数和发表的科技论文数来度量上述指标（夏良科，2010）。表4-3显示了云南及全国主要地区2008~2014年专利申请数量的增长率水平，由表4-3可知，2008~2014年，云南专利申请显示出了下述特征：一是增长率呈S型，即增长率在2008~2014年呈现出下降—上升—下降的趋势；二是与全国及主要地区的增长率相比，云南呈现出的特征是领先—落后—领先，2014年云南省的专利申请数量增长率已经超过了全国及其他主要地区的增长率。

表 4-3　云南及全国各主要地区专利申请数量增长率　　（%）

地区	2008	2009	2010	2011	2012	2013	2014
全国	22.28	22.38	26.41	35.63	27.08	16.86	-1.07
东部地区	23.29	22.62	22.40	38.36	26.37	15.27	-4.98
中部地区	30.66	23.55	53.77	26.32	32.47	18.17	10.42
西部地区	25.93	32.06	33.04	36.23	34.19	31.56	12.41
东北地区	7.47	18.45	24.98	34.95	17.75	9.98	-8.27
云南	31.56	13.30	21.84	26.66	29.51	24.32	15.91

数据来源：《中国科技统计年鉴 2014》。

　　表 4-4 显示了 2014 年云南、全国各主要地区及西部其他省市的专利结构，由表中可知，云南在 2014 年的专利结构表现出了失衡的特点，即一方面实用新型所占比重过高，另一方面外观设计所占比重过低。通过将云南的专利结构和全国各主要地区及西部其他省市相比较，发现：（1）云南发明专利所占比重过低，不仅低于陕西、甘肃等西部省市，也低于西部地区和全国的平均水平，仅略高于新疆、内蒙古、四川和重庆；（2）实用新型专利所占比重过高，不仅高于东部、中部、东北、西部地区和全国的平均水平，也高于西部的大多数省份，仅略低于内蒙古；（3）外观设计专利所占比重过低，不仅低于东部、中部、西部地区和全国的平均水平，也低于西部大多数省份，仅比内蒙古、广西、甘肃和宁夏等省份略高。

表 4-4　2014 年云南、全国各主要地区及西部其他省市的专利结构　　（%）

地区	发明	实用新型	外观设计
全国	36.24	38.95	24.81
东部地区	34.40	37.89	27.71
中部地区	38.35	45.19	16.46
西部地区	39.75	36.27	23.98
东北地区	45.53	44.85	9.62
内蒙古	30.26	56.02	13.73
广西	68.85	24.49	6.66
重庆	35.12	45.42	19.47
四川	32.83	35.19	31.98
贵州	36.51	32.63	30.86
云南	**35.46**	**48.77**	**15.76**
西藏	37.10	26.21	36.69

续表 4-4

地区	发明	实用新型	外观设计
陕西	43.39	28.57	28.04
甘肃	41.48	42.80	15.72
青海	43.02	38.46	18.51
宁夏	61.81	33.83	4.36
新疆	23.11	48.33	28.55

数据来源：《中国科技统计年鉴 2014》。

表 4-5 显示了 2013 年国外主要检索工具收录的西部地区主要省份、直辖市科技论文情况。由表中可知，除陕西和四川两省外，西部地区的其他省份和直辖市所发表的科技论文数量在全国排名均位列中下游。从西部地区内部来看，云南省的科技论文数量位居中上游，其中，2013 年云南省被 SCI 和 EI 收录的科技论文数量位居西部第五，前四位分别是陕西、四川、重庆和甘肃；2013 年云南省被 CPCI-S 收录的科技论文数量位居西部第三，仅次于陕西和四川。

表 4-5　2013 年国外主要检索工具收录的西部地区主要省份、直辖市科技论文情况 （篇）

地区	项目			全国排名			西部排名		
	SCI	EI	CPCI-S	SCI	EI	CPCI-S	SCI	EI	CPCI-S
内蒙古	539	483	336	27	26	25	9	9	7
广西	1399	827	579	24	25	21	6	6	5
重庆	4076	3186	827	16	16	19	3	3	4
四川	7887	7084	1740	8	7	11	2	2	2
贵州	611	340	178	26	28	26	8	8	8
云南	1944	1053	949	21	23	18	5	5	3
西藏	7	3	3	32	32	31	12	12	12
陕西	9358	9704	2886	7	4	5	1	1	1
甘肃	3006	2153	538	19	20	23	4	4	6
青海	114	70	30	30	31	30	11	11	11
宁夏	152	95	103	29	30	29	10	10	10
新疆	869	434	168	25	27	27	7	7	9

数据来源：《中国科技统计年鉴 2014》。

4.4.2　云南产业发展的特点

云南的经济基础相对薄弱，发展水平相对较低。云南要试图培育新的产业，也必须结合云南产业发展的特点。本节主要从产业结构、资源禀赋等角度分析云南产业发展的特点。

4.4.2.1 产业结构

表4-6显示了2014年西部主要省份、直辖市的产业结构情况。从表中可知，云南的产业结构呈现出一产大，二产、三产小的特点。具体而言，从三个产业来看，云南的第一产业比重过大，在西部地区12个省份和直辖市中仅小于新疆；二产比重过小，在西部地区12个省份和直辖市中仅大于西藏；第三产业的比重在西部地区12个省份和直辖市中位居中游，小于重庆、贵州、甘肃等省市。从更细的产业分类来看，云南工业、服务业不强的现状更加明显，其中，2014年云南工业的比重位列西部地区倒数第二，仅高于西藏；第三产业中除批发零售业位居西部地区第一外，交通邮政仓储业位列倒数第一，住宿餐饮业、金融业和房地产业则位居西部地区的中游。

表 4-6　2014 年西部主要省份、直辖市的产业结构　　　　（%）

省份	第一产业	第二产业	第三产业	农林牧渔	工业	建筑业	批发零售业	交通仓储邮政	住宿餐饮	金融业	房地产业
内蒙古	9	51	40	9	44	7	10	7	3	4	2
广西	15	47	38	16	39	8	7	5	2	6	4
重庆	7	46	47	8	36	9	9	5	2	9	6
四川	12	49	39	13	42	8	6	4	3	6	4
贵州	14	42	45	14	34	8	7	9	3	8	2
云南	**16**	**41**	**43**	**16**	**30**	**11**	**10**	**2**	**3**	**7**	**2**
西藏	10	37	53	10	7	29	7	3	6	3	3
陕西	9	54	37	9	45	9	8	4	2	5	3
甘肃	13	43	44	14	33	10	7	4	3	5	3
青海	9	54	37	10	41	12	7	4	2	8	2
宁夏	8	49	43	8	35	13	5	7	2	8	4
新疆	17	43	41	17	34	9	6	5	2	6	3

注：为简捷表示，上表忽略了小数。

数据来源：《中国统计年鉴2014》。

4.4.2.2 资源禀赋

表4-7和表4-8显示了2014年西部主要省份、直辖市的能源、金属和非金属矿储量。从表中可知，云南在资源的种类、储量、互补性等方面具有较大的优势。因此，在试图培育新的产业时因结合资源优势和技术优势，新材料领域是创新驱动云南产业发展的必选领域之一。

表 4-7 2014 年西部主要省份、直辖市的能源及黑色金属矿储量

省份	石油 /万吨	天然气 /亿立方米	煤炭 /亿吨	铁矿 /亿吨	锰矿 /万吨	铬矿 /万吨	钒矿 /万吨	原生钛铁矿 /万吨
内蒙古	8354.4	8098.14	490.02	25.32	567.55	56.29	0.77	—
广西	131.6	1.32	2.27	0.29	8486.6	—	171.49	—
重庆	267.7	2456.55	18.03	0.13	1393.33	—	—	—
四川	661.8	11708.56	54.1	25.92	100.04	—	567.27	19438.13
贵州	—	6.31	93.98	0.13	4417.1	—	—	—
云南	**12.2**	**0.8**	**59.47**	**4.18**	**1152.27**	—	**0.07**	**3.12**
西藏	—		0.12	0.17	—	169.22		—
陕西	36300.8	8047.88	95.48	3.98	289.02	—	7.47	—
甘肃	21878.4	256.09	32.86	3.39	259	141.24	89.87	—
青海	7524.5	1457.94	11.82	0.03	—	3.68		—
宁夏	2180.6	9746.2	158.01	5.21	560.17	44.68	0.16	45.73
新疆	58878.6	9746.2	158.01	5.21	560.17	44.68	0.16	45.73

数据来源：《中国统计年鉴 2014》。

表 4-8 2014 年西部主要省份、直辖市的非金属及有色金属矿储量

省份	铜矿 /万吨	铅矿 /万吨	锌矿 /万吨	铝土矿 /万吨	菱镁矿 /万吨	硫铁矿 /万吨	磷矿 /亿吨	高岭土 /万吨
内蒙古	415.67	584.78	1178.88	—	—	14865.81	0.11	4813.18
广西	3.33	44.54	147.08	46644.67	—	6141.93	—	31906.65
重庆	—	5.41	17.3	6409.21	—	1453.1	—	0.4
四川	67.77	99.28	231.42	51.6	186.49	37956.92	4.7	56.1
贵州	0.28	9.53	85.24	13322.27	—	5721.9	6.64	15
云南	**295.59**	**213.43**	**905.84**	**1476.94**		**4878.86**	**6.48**	**311.1**
西藏	274.4	92.93	43.34	—	—	—	—	—
陕西	19.95	29.92	72.19	0.89	—	108.3	0.06	81.1
甘肃	144.62	76.6	312.75	—	—	1	—	—
青海	25.08	51.58	109.74	—	49.9	50.08	0.6	—
宁夏	—	—	—	—	—	—	0.01	—
新疆	210.87	87.37	177.88	—	—	59.36	—	7.84

数据来源：《中国统计年鉴 2014》。

5 产品创新与云南产业发展

产品创新无论是对传统产业的改造、升级，还是新产业的培育、成长，都反映为传统产品的升级换代和新产品在市场上的扩展。在全球新一轮科技革命和产业变革孕育的发展背景下，通过产品创新推动云南产业发展的关键，在于使企业产品能够不断适应人们的消费转换升级，形成市场竞争力。本章第 1 节首先从理论层面探讨了产品创新的内涵、产品创新与产业转型升级的关系，在此基础上提出了产品创新推动产业转型升级的实现路径；第 2 节研究了如何通过产品创新促进云南新兴产业的培育；第 3 节运用案例分析方法探讨了云南产品创新与产业转型升级和新产业培育的现状；第 4 节给出了以产品创新推动云南产业发展的对策建议。

5.1 产品创新与产业转型升级

5.1.1 产品创新的内涵

产品创新是产业发展的一个重要话题。它之所以重要，首先是因为在实践中，产品创新对一个企业，甚至一个国家来说都极其重要，不仅能为企业创造竞争优势，获得更多利润，还能为消费者创造多样化的选择，扩大内需，促进经济增长。不仅如此，产品创新对于地区产业的推动作用和积极影响也日益凸显，不仅让产业获得了持续发展的动力，也让产业结构、产业发展方式得到优化。

5.1.1.1 产品与产品创新

曾经，限于生活常识和人们认知的有限性，"产品"都被认为是以实物形态产生和存在的。但随着科技的发展和研究的拓展，在现代经济社会，产品概念已经被极大的拓展和丰富了。美国西北大学科特勒博士对产品提出了更丰富的内涵界定：现代产品包括核心产品、有形产品、附加产品三个层次，它们构成了产品的整体，具体构成与层次如图 5-1 所示。

正是源于对产品的实体性理解而形成的思维惯性，产品创新这一概念的内涵曾经也被极大地限定了，从而使得创新主体在创新思维上无法很好的扩散。而随着产品概念外延的扩大，产品创新的内涵也在不断变化。以下就对产品创新的定义进行说明。

产品创新是企业为得到与市场上已有产品显著不同的新产品而进行的创新活

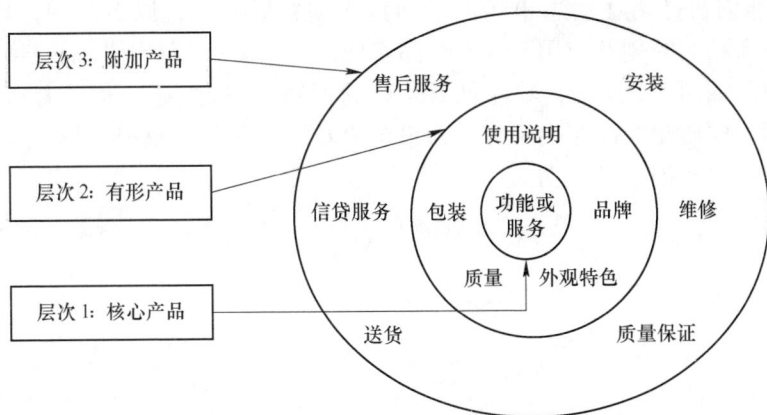

图 5-1　产品概念的三个层次

动，创新产品是产品创新活动的成果。创新产品需要同时具备新颖性、实用性和效益性三种特征。我国对创新产品的定义侧重新颖性和实用性，根据科学技术部国家重点新产品计划管理办公室的定义，新产品是指"采用新技术原理、新设计构思，研制的全新型产品，或应用新技术原理、新设计构思，在结构、材质、工艺等任一方面比老产品有重大改进，显著提高了产品性能或扩大了使用功能的改进型产品"❶。美国政府则兼顾创新的效益，要求创新产品"为客户创造新价值和为企业带来财务回报"。❷

　　不难看出，产品创新是建立在产品整体概念基础上的以市场为导向的系统工程。从核心产品层次来看，它表现为由于技术或工艺创新带来的功能提升或新功能、新服务的出现，从有形产品层次来看，则涉及对于品牌的树立、质量的提高、外观的改进等，而售后、维修、送货、安装等方面的改进与创新则是第三层次的附加产品创新。因此，产品创新亦是一个涉及多因素、多层次、多维度的系统工程。

5.1.1.2　产品创新的三个维度

　　基于上述对产品创新概念的说明，从创新的内容上来看，产品创新不仅是基于先进技术的功能创新，同时也涉及形式创新和服务创新（胡树华，2000）。而正是由于产品创新分为这三个维度，它对企业和产业发展的影响和作用呈现出多种形态和途径。自 1954 年通用电气工程师麦尔斯在其创造的"价值工程"理论体系中界定了功能的定义之后，功能的改进和提升一直被视为增加产品价值和赢得市场的关键点。作为"对象能满足某种需求的一种属

---

❶　国家重点新产品计划管理办公室. 关于新产品计划有关概念. 中华人民共和国科学技术部.

❷　US Economics and Statistics Administration. Innovation Measurement.

性"，功能创新是指在动态市场需求和技术创新导向下，以新原理、新技术、新材料、新结构的创新应用对原有产品实施改进、替换等措施以满足商品化需要的过程。如图 5-2 所示，功能创新是产品创新的"起点"，但随着市场竞争日趋激烈，同质化产品层出不穷，如果企业要想在竞争中赢得市场，就必须在形式创新和服务创新上下功夫。

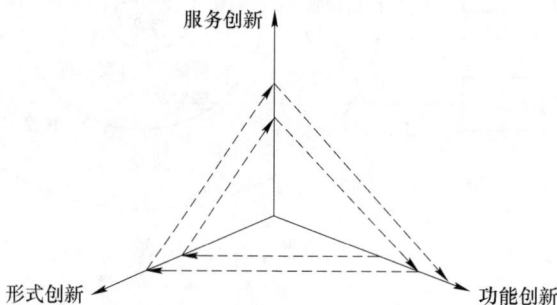

图 5-2　产品创新的维度

就形式创新来说，它是产品创新的另外一个层次，是指市场竞争环境中，当产品功能趋同或者差异不大的情况下，通过质量改善、式样改进、包装改进力争形成品牌效应的创新过程（邵兵，2002）。从目前世界各国企业实践的情况来看，要想实现形式创新，不仅要追求产品质量过硬，而且要在产品的包装和形式上不断寻求改进，从而增加产品感知度和树立新形象。从质量到样式到包装，形式创新的最终目的是形成企业产品的品牌效应。品牌依附于产品和企业而存在，是企业价值观念、产品定位等多个因素的综合体现。它对消费者所形成的长期的消费导向，能间接和直接影响消费者对产品的价值判断，更能为企业创造高额的产品附加值，可以说没有品牌的企业很难成长为极具生命力和竞争力的企业。

服务创新是一种无形创新活动所以更容易被忽视。服务创新主要指在产品的售前、售中、售后过程中，企业提供给消费者的一切相关的附加利益和服务的总和。服务创新并不是由外界要素如技术推动和产生的，服务部门自身可以产生相当丰富多样的创新。根据 Bilderbeek 等人（2004）提出的服务创新整合概念模型，服务创新包括四个维度，即新的服务概念、新的顾客界面、新的服务传递系统和技术，这四者的关系如图 5-3 所示。

新服务概念是相对实物化的产品制造过程而言的，是企业根据市场变化、顾客要求以及竞争者的行为开发新的服务并改进原有服务，形成企业的"商业智力"顾客界面则包括服务提供给顾客的方式以及与顾客间交流、合作的方式。"服务传递系统"维度主要指生产和传递新服务产品的组织。侧重于服务企业的内部组织安排，即通过合适的组织安排、管理和协调，确保企业员工有效地完成

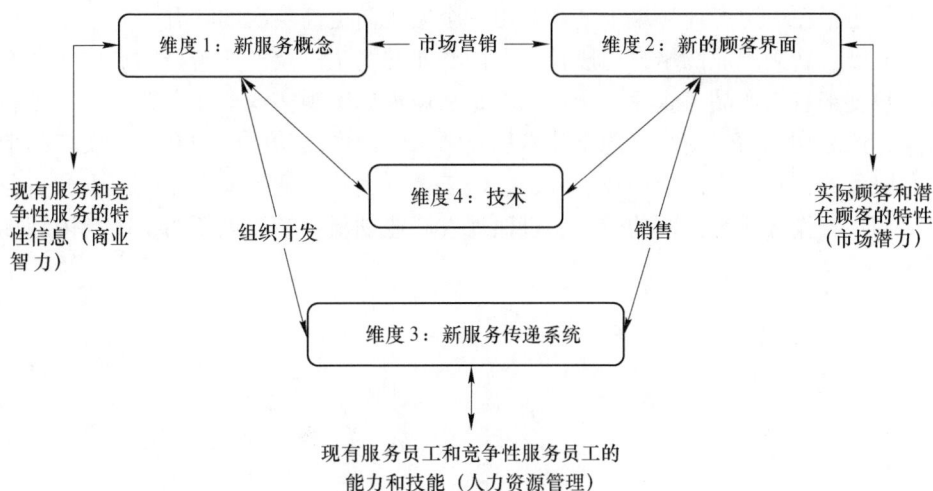

图 5-3　服务创新的四个维度

工作，并开发和提供创新服务产品。很多时候，服务与技术都不可分，所以有了第四个技术服务维度。当产品功能和形式趋同时，服务应作为区分产品优势工具，成为提高消费者满意度或忠诚度而击败对手的切入点。按照销售服务的程序和步骤，把它划分为售前服务、售中服务、售后服务 3 个阶段。售前服务是指在产品销售之前，以传播产品信息、塑造产品形象、激发购买动机为目的的服务。售中服务是指在产品销售过程中，以实施销售技巧、促成购买行为、完善销售过程为目的的服务。售后服务是指在产品销售之后以确保产品质量、联络用户感情、促进市场延伸为目的的服务。这三者构成了服务创新一个完整的创新链条。

　　如上所述，虽然功能创新是产品创新的基础，但面对激烈的市场竞争，形式创新和服务创新则是最终赢得市场的保障。然而，随着技术发展速度的加快，以及顾客需求日益多样化，对于大多数中小企业来说，仅凭"单打独斗"来实现持续的产品创新并非易事。对于一个地区的产业发展来说，产品是企业的生命线，若是企业无法开展持续的产品创新，那么企业经营就会逐渐陷入困境，而整个产业也会因此衰落。那么产品创新、企业壮大和产业发展究竟是怎样的关系？这三者是否可以互相促进？其中又有哪些影响因素？以下便将就这些问题进行讨论。

5.1.2　产品创新与产业转型升级的关系

5.1.2.1　产品创新与产业创新
产业是具有某种同类属性的具有相互作用的经济活动组成的集合或系统。产业创新是指在一定产业环境下，产业由一个层次向更高层次的跃升，它包括产业转型升级、新兴产业的培育与成长、夕阳产业的淘汰以及产业集群的形成。从系统的角度来看，产品、企业、产业三者是从微观到宏观实现产业创新的三个创新对象，产品功能的创新往往源于技术创新结果，而产品功能的创新会引发产品形式和服务的创新，而由于产业的分工，这三者的创新可能带动产业中上下游企业在结构、合作方式等方面的转变，进而促发产业创新。产业创新的维度与内容如图 5-4 所示。

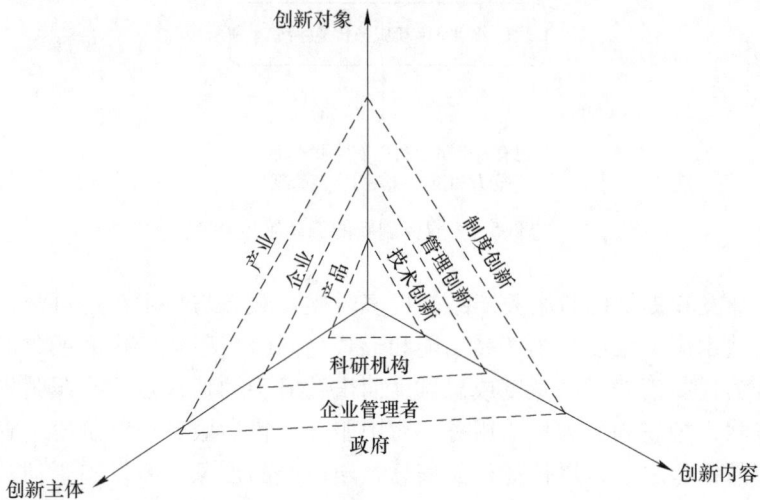

图 5-4　产业创新系统示意图

　　作为参与创新活动过程，并在创新活动中占主导地位、发挥主导作用的社会组织或社会角色，产业创新的主体不再仅仅是企业家或科研组织，而是需要科研机构、企业管理者和政府合作和分工来完成。在整个创新体系中，不同的主体根据自身所具有的资源和优势进行创新，科研机构、大学等组织主要是开展技术创新进而促成产品创新，企业则是根据产品创新的需要进行管理创新，面向市场和产品生产进行组织结构、管理方式与方法、企业联盟建设等各方面的调整和变革，政府则需要采用行政手段支撑和引导企业的创新，同时也促进符合地区资源禀赋、发展能力和产业基础的产业发展。这三类主体在产业创新过程中的角色和作用并非是相互独立的，而是需要相互配合支撑。例如，区域内科研组织的研发活动需要来自政府在政策和资金上的支持，同时企业也应与科研组织建立联系，企业提供产品创新的市场导向，而科研组织则开展适应市场需要的技术创新。

　　曾经，产品创新更多地局限于单个企业，而产业创新则引发不同行业、行业内部上下游企业、同一主导产品的多个竞争性企业等之间产生错综复杂的关系。如何让这些关系的产生能在可控的范围内并能尽可能有效地高效运作，制度创新就成为了其核心问题。从企业产生的本质来说，以利润的最大化为追求目标，在这个目标的趋势下，企业会与外部环境构成一个非常显著的博弈关系。在这个关系中，企业利益是首位，而很多情况下单个企业的利益通常会以损害其他经济体的利益为条件。但是如果过多地干涉企业的利益行为又将极大地挫伤企业发展的积极性从而导致失去经济发展的原动力。因此，创新制度的建立就在于构造产业的发展和企业的对接机制以及产业的发展和地区经济的协调问题。同时就产业制度创新的实质性内容而言，还存在着一个公共制度和专属制度的规范化和对接问题。公共制度是对于所有产业都适用的，因此更具有普遍性，而专属制度则需要结合具体的产业发展特点以及产业分布区域的实际情况制定。因此产业创新的制度创新是一项庞杂的系统工程，更是一个产业能否保持快速、健康发展的重要机制。在产业创新的实践中，日本政府对产业发展所实施的一系列的制度创新活动，诸如规范而系统的产业政策支持、积极引导建立起独具特色的产业合作体系等均值得学习和借鉴。

5.1.2.2 产品创新与产业转型升级

作为产业创新的一种形式，产业转型升级是产业结构高级化的过程，意味着产业从粗放型转向集约型、从低附加值转向高附加值、从高能耗高污染转向低能耗低污染升级。基于上文中对产品创新与产业创新关系的分析，与其他形式的产业创新一样，技术创新是产业转型升级的关键，而技术创新的成果必须转化为产品才能促进产业创新。由于产品创新分为产品功能创新、形式创新和服务创新，因此，产品创新与产业转型升级的关联也是多维度的，其基本内容和形式如图5-5所示。

如图5-5所示，作为产业转型升级的原动力之一，产品创新由技术创新所促成，技术创新成果的应用和转化使产品功能创新成为可能，而产品生产企业在吸收和消化了技术创新成果后，将使生产的产品实现功能改进、性能提高、生产成本和资源消耗水平降低，在实现产品升级换代的同时也将提升产业生产水平。在功能类似或具有替代性时，产品的形式创新就成为产品赢得市场的重要砝码，而对于具有独特性的产品来说，形式创新则是增加产品附加值和保障产品市场份额的重要因素。形式创新主要是依托产业链中负责包装和产品外观设计企业进行产品形式的革新，实现产品外观改进、产品使用设计的优化并提升用户体验，在稳定或提高顾客忠诚度的同时也不断提高相关企业通过产品附加值增加而带来的盈利增长。在越来越强调服务意识和服务水平的当下，在同类产品激烈的市场竞争中，服务创新已经成为决胜因素。从目前产业链分工的情况来看，越来越多的工业产品生产企业选择将服务外包给相应的服务外包、管理咨询公司，因此在进行产品功能创新和形式创新的同时，也需要相应的服务公司进行配套的服务创新，特别是在产品功能和形式上同质化水平高的情况下，服务创新可以说是整个产业

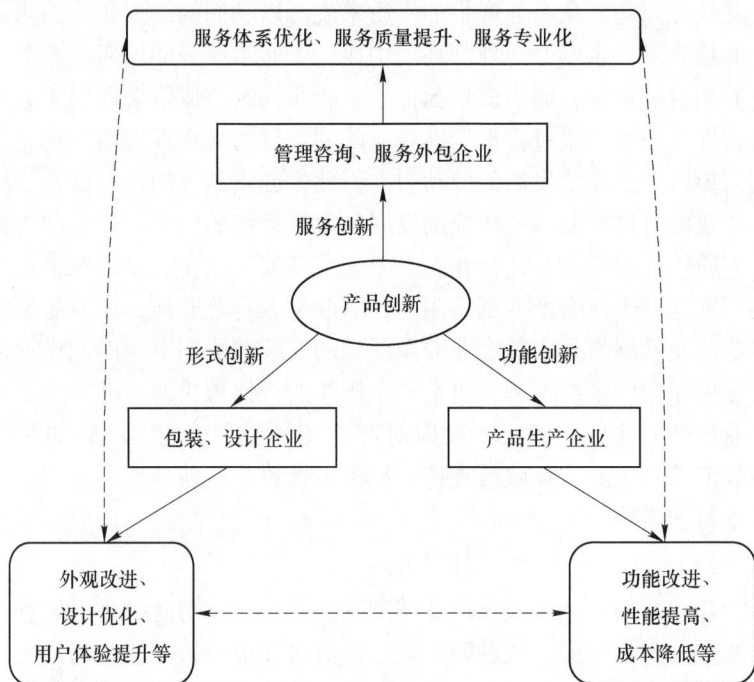

图 5-5 产品创新与产业转型升级的关系示意图

发展的主要动力，而在服务创新的过程中，服务外包、管理咨询等企业也逐渐提升了专业性，并促成产业服务体系的优化、服务质量的提升和服务过程的专业化。

然而，由于产业发展水平和内部结构的不同，产业链中的各个企业并非能够对产品创新于产业转型升级的意义、产业转型升级中自身的角色和位置、产业转型升级中自身的转型路径等完全掌握，因此产业转型升级必须依赖于政府行政法规的指导以及资金、政策支持。

5.1.3 产品创新推动产业转型升级的实现路径

基于上述对产品创新与产业转型升级内在关系的分析，以下将结合现有的研究成果，对产品创新推动产业转型升级的实现路径进行探讨。

5.1.3.1 路径1——生态进化模式（PEI）

生态进化模式（product-enterprise-industry，PEI），即通过"产品→企业→产业"这一路径来实现产业的转型升级。这一模式是通过产品创新带动企业创新，最终形成产业发展的路径，其具体过程如图5-6所示。

如图5-6所示，生态进化路径中重大产品和技术创新、快速的产品产业化、

更多的产品创新出现　　　　　　　更多企业进入形成集群

```
┌──────────┐  吸收、转化  ┌──────────┐   扩散   ┌──────────┐
│ 重大创新产品 │ ─────────→ │  优势企业  │ ───────→ │  产业升级  │
└──────────┘            └──────────┘          └──────────┘
     ↕                       ↕                      ↕
┌──────────┐            ┌──────────────┐       ┌──────────┐
│ 内外部研发组织 │ ───────→ │ 核心企业与上下游企业 │ ────→ │ 产业组织结构 │
└──────────┘            └──────────────┘       └──────────┘
```

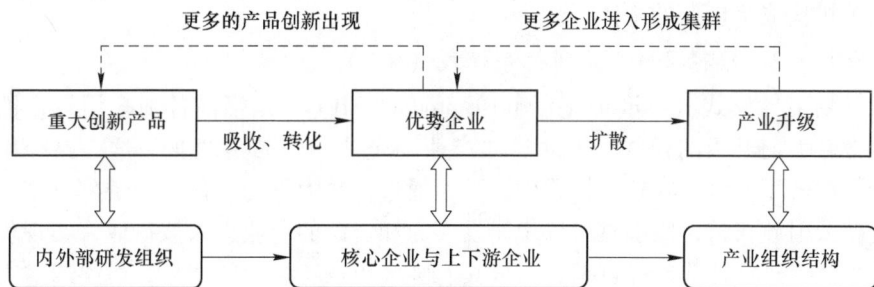

图 5-6　生态进化路径（PEI）

上下游企业的配合与协调是关键因素，其具体内容如下：

重大的产品和技术创新。一个或者多个产品、技术不仅是对现有技术的改进甚至颠覆，更重要的是这些产品和技术对于企业和产业发展具有重大的影响力。只有具有重大影响力的核心技术和产品才足以构成企业变革的基础，进而使整个产业取得重大发展。这一模式的运用中，技术创新成为对产业升级推动作用的主要力量。

快速的产品产业化。任何一项产品和技术要创造出经济效益和社会效益，都需要满足功能和成本的匹配性。无论其成果多么重大，如果只能停留于实验室或者极少数人应用阶段，那么该项技术和产品的影响力度就将十分有限。尤其是现代科技飞速发展的今天，产品的寿命周期呈现普遍缩短的趋势，一个漫长的产业化过程是很难适应社会需求和发展的。产品的产业化长短既取决于技术上的成熟性，也取决于外部运营环境的畅通性。

上下游企业配合。在产品走向产业化之前，企业的标杆角色应得到确立，并且上下游企业的生产能力需相互匹配，这样能够带动产业形成新的发展动力。一旦新的产业增长点形成，并且有一定的品牌效应时，全新的市场和未来巨大的升值空间会吸引更多的智力资源和外部投资自发向技术介入较早的企业聚集，促使原有技术进一步向产业化、商品化和知识化的方向发展，从而形成良性循环，带动地区产业的进一步发展。

生态进化模式在不同的发展阶段对创新主体和创新要素的需求也是不一样的。在发展初期，是一种纯粹的技术推动模式，因此关键在于需要有利于创新技术和创新产品成长的土壤，从主体来说主要以大学和科研机构为主的科技研究中心为主，准确的说是具有长期研发基础的研发团队为主，在要素的需求上智力资源是居于首位的。在产品成型阶段，需要有战略意识的企业家和企业为此提供试制和改进的场所和市场。产业化阶段，资金的需求空前的高涨，同时对企业或者产业的运行机制、运行效率等都提出了较高的要求。产业集群的形成阶段，创新环境的营造和产业协调机制的建立成为集群能否发挥规模化效应的关键，政府或者相关机构成为创新的主体。

5.1.3.2　路径2——计划引导模式（IEP）

计划引导模式（industry-enterprise-product，IEP）是当前各地采用较多的促进产业转型与升级的模式，即通过"产业→企业→产品→产业"这一路径来实现产业的转型升级。在这一模式中，政府通过行政力量的干预，给予部分产业政策支持或财政扶持，吸引具有一定研发实力和资源的企业进入该行业，实现优势资源聚集，进而促成产品创新，形成具有强大市场竞争力的产品，最终通过占领市场使得更多资金进入相关产业，使得产业进一步发展。该模式的具体过程如图5-7所示。

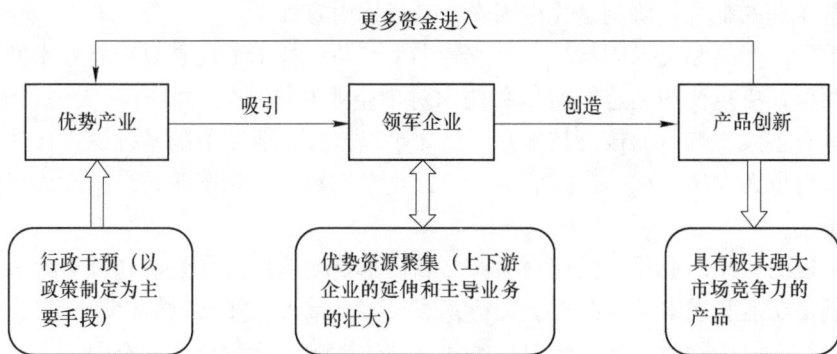

图5-7　计划引导路径模式（IEP）

如图5-7所示，计划引导模式是指在产业基础、技术基础、人力资源、财力资源等创新要素已经具备但并不十分充分的情况下，根据区域的发展特点和趋势，通过行政力量的干预对区域性的优势产业进行政策支持和财政补贴，用于吸引相关领军企业加入该产业，从而促进具备强大市场竞争力的创新产品的诞生，进而通过产品的产业化、规模化和商品化创造利润，不但在较短时间内实现较好的经济效益，同时也使产业整体的创新能力和核心竞争力得到提高。

计划引导模式是政府主导下"赶超型"产业发展战略的体现，有许多国家和地区都采用了这一模式促进本国产业的转型与发展，并已经取得良好的效果。但从实践经验来看，这种模式更适合创新基础较好的产业为取得快速发展而采用，并且模式应用成功与否的关键在于政府能否及时灵活地运用各种政策工具。其原因在于，在这种模式中，创新要素并不缺乏，价值创造的生产资料和智力资源都具有一定的基础，最关键的是缺乏一个有效的引导者和组织者。或者说缺乏一种有效的机制将这些创新要素进行科学而有效的整合从而创造价值。而这个组织者必须具有一定的权威性，并能在组织过程中为微观创新主体带来实际的效益，因此这个角色只能由政府来充当。确认政府为该模式创新主体并非否定企业作为创新主体的地位，事实上企业与科研机构仍然是十分重要的创新主体。所强调的是对于该模式而言，成功与否的关键在于政府的组织者是否扮演成功。

5.1.3.3　路径3——小生位发展模式（产业—产品—企业）

小生位发展模式（industry-product-enterprise，IEP）即通过"产业→产品→企业→产业"这一路径来实现产业的转型升级。所谓小生位，就是发挥和利用中小企业自身的优势，避免在激烈的市场竞争中与大企业从正面交手，遭受排挤或吞噬，以获得经营资源的相对优势。按照彼得·德鲁克的理论，小生位按其生成机理可划分为六大类，即自然小生位、空白小生位、互补小生位、专知小生位、潜存小生位和服务小生位（德鲁克，2007），但不论哪一类小生位都需要企业在一些特殊产品和技术水平上成为佼佼者，因此产品创新必不可少。此处所述的小生位发展模式正是基于小生位战略的基本原理，通过产品创新，使受到地理位置、资源禀赋、历史基础、政策环境等方面的制约而导致在市场竞争环境中处于劣势地位的产业转变发展思路，立足区域发展实情和市场空白，寻求比较优势作为创新突破口占领市场小生位，通过培养领军企业来推动特色产业的发展，逐步形成具有核心竞争力和一定市场地位的支柱产业，其路径如图5-8所示。

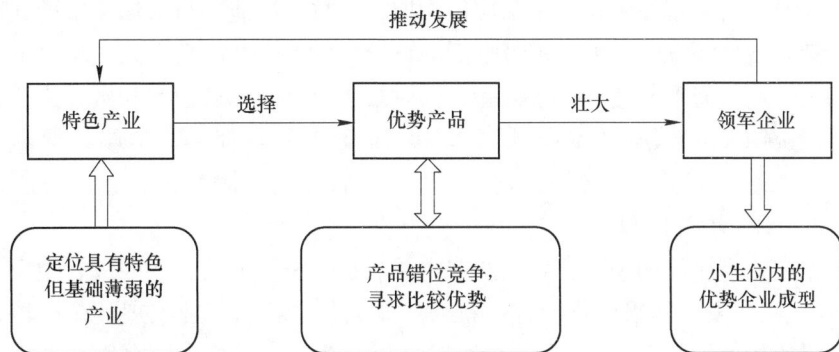

图 5-8　小生位发展模式示意图

如图5-8所示，在小生位发展模式中，定位特色产业、实现产品错位竞争是其核心。其中特色产业的选择一方面需要结合区域发展基础和未来规划来进行，同时应该全面考虑区域内对产业发展的承载力和产业发展的可持续性，在这一方面，政府部门起到决定性的作用。以特色产业的发展内容为导向，进而通过多个维度发展优势产品，这其中除了需要政府部门给予资金和政策上的支撑外，还要联合科研机构进行产品创新，同时着手筛选具有一定资金、科研、生产、经营实力的企业进行培养，并指导其在组织、管理方法等方面进行转型。

5.2 产品创新与新兴产业培育

产品创新作为产业发展的重要驱动力，除了作用于产业转型升级外，对于新兴产业培育也有重要作用。以下就从新兴产业培育的特征分析入手，对产品创新与新兴产业培育的关系、产品创新促进新兴产业培育的路径等进行探讨。

5.2.1 新兴产业培育的特征

从目前的研究来看，新兴产业不但是产业结构优化、产业发展水平提升的主要推动力，同时也成为经济增长的新动力。新兴产业作为新建立产业或者对既有产业升级和重塑，处于产业生命周期中形成期或成长期，具有良好的发展前景和发展空间。新兴产业往往是由新技术的发明和运用、新的市场需求或新的社会分工而推动产生的，而新兴产业的培育则是基于这些因素的出现，通过政府政策支持、资源配置和社会合作来促进新兴产业的诞生和发展。具体来说，新兴产业培育的特征有以下几个方面。

5.2.1.1 技术驱动性

新兴产业的形成是技术创新的结果，是随着新技术的发明、转化和应用而出现的新行业。因此，在进行新兴产业培育的过程中，首先需要有新技术作为产业发展的支撑。由于新技术在诞生和应用初期，其技术性能、与市场需求的匹配度和可持续发展性等方面都无法进行全面的评价，因此在开展新兴产业培育的过程中，相关企业仍需不断进行技术创新，同时给予应有的发展指导和资源支持，使得支撑产业发展的核心技术不断完善，产业链不断延伸，整个产业得以持续壮大。

5.2.1.2 培育阶段性

根据产业生命周期理论，新兴产业也并非是一蹴而就的，它的成长主要经历新技术/产品研发、新兴产业孕育、新兴产业成长、新兴产业发展四个阶段，其中各阶段的特征见表5-1。基于这种阶段特征，在培育过程中应有针对性地提出政策指导、资源支持。

表 5-1 新兴产业成长阶段特征分析表

阶段序号	阶段名称	阶 段 特 征
第一阶段	新技术/产品研发阶段	基于新技术研发或原有技术的改进和创新性的运用，开发出具有一定市场前景完全替代性的新产品原型
第二阶段	新兴产业孕育阶段	将新产品原型与市场需求相匹配，进而对产品包装、产品生产组织与设备、产品推广管理体系等进行设计和构建，使产品转化为能够适应需要的新产品，并实现规模化生产

阶段序号	阶段名称	阶 段 特 征
第三阶段	新兴产业成长阶段	新产品进入市场以后，经过市场试销来确立产品的主导功能设计，并进一步优化产品性能，生产成本下降，产业规模快速扩大
第四阶段	新兴产业发展阶段	产品技术及生产工艺逐渐成熟，对产品及生产工艺进行渐进性创新，不断改进产品性能和质量，产业具备大规模、低成本的生产能力并逐渐成为主导和支柱产业

资料来源：根据汪阳（2013）修改整理。

5.2.1.3 资源约束性

由于产业的发展离不开相应的资源支持，因此在开展新兴产业的培育时，除了应当对区域内资源禀赋情况有充分的了解，还应该对新技术/产品生产所需资源与区域内资源的匹配性有全面的评估。若选择培育的产业在资源需求的种类和数量上与区域禀赋不相匹配，那么不但将大大增加企业的生产成本，降低企业产品的竞争力，也不利于今后的区域产业扩展和升级。但对于某些产业来说，若资源流动性是资源供给的主要影响因素，那么在解决或建立了配套机制后，也可以进行培育，例如软件开发行业，其资源主要是计算机的专业人员，而这种资源可以通过改进人才吸引机制来聚集人力资源。

5.2.1.4 市场关联性

新兴产业之所以能够成为区域的经济增长点就是因为其产品具有较强的市场拓展潜力，产业的成长和发展空间较大。因此在进行新兴产业培育的过程首先应该选择那些在产品依托技术有较大改进和提升空间，产品有较大市场需求的企业作为培育对象，在培育过程中应该实时关注相关市场的变化情况，除了在技术改进的过程中给予指导，同时也在产品包装、市场营销等方面提供信息。

5.2.1.5 政策依赖性

相比成熟的产业，新兴产业的发展面临着更多的市场不确定性，特别是对于产业中的中小企业，由于其自身抗风险能力较弱；如果没有政府相关政策的保护，仅仅依靠企业自身的能力去克服发展中的各种障碍是极其困难的。此外，由于新兴产业培育的过程中，产业链构建、资源配置、市场拓展方面仍处于不断变化和完善过程中，如果没有持续而有效的政策支持和指导，那么将有可能面临发展方向模糊、自身发展能力不足等问题。

5.2.2 产品创新与新兴产业培育的关系

从目前世界各国新兴产业培育和发展的状况来看，产品创新可以说与新兴产业的培育与发展息息相关。以下就基于对新兴产业发展路径的分析，对产品创新与新兴产业培育的关系进行探讨。

5.2.2.1 新兴产业培育的路径

在新兴产业培育和发展的过程中，世界各国根据自身的技术创新能力、产业基础、资源禀赋等因素选择了不同的路径，而产品创新亦在其间扮演着不同角色，以下首先对四类新兴产业发展路径进行分析（见图5-9）。

产业发展基础 ＼ 技术创新能力	高	低
强	原创革新型	技术引进型
弱	产品创新型	完全引进型

图 5-9　新兴产业培育路径分类比较矩阵
资料来源：作者根据文献整理。

如图5-9所示，从技术创新能力、产业发展基础两方面来看，新兴产业培育路径可分为原创革新型、技术引进型、产品创新型和完全引进型四类。以下分别就四类培育路径的特点进行分析。

（1）**原创革新型**。所谓原创革新型，即是指基于重大的科学发现、原创性技术发明，并且将研发成果转化为能够满足市场需求、对既有产品具有完全替代能力的新产品，进而成功将其推向市场以发展新兴产业。该路径对国家或地区的技术创新能力要求非常高，同时要求有较强的产业发展基础。美国对计算机产业的培育可以说是此路径的典型。

（2）**产品创新型**。在该路径下，虽然一个国家或地区并不是基于原创性技术发明来进行产品研制，但通过学习他国的技术，通过对技术进行改进或进行渐进型创新开发出了在产品功能上更能满足市场需求且更具市场潜力的产品。该路径中产品创新能力包括对技术的吸收能力、技术研发能力和产品设计能力有较高的要求，但由于之前的相关产业发展基础并不扎实，产业的发展还需要随着技术的成熟和产品设计的完善来重新进行资源组合。

（3）**技术引进型**。该路径是指一个国家或地区通过引进已有的技术，通过吸收技术进而开展相关产品的研制和生产，产品成功进行市场推广后带动新的产业发展。依靠这样的路径培育新兴产业，主要是要求国家或地区具有一定的技术学习能力和相应的设计和生产能力，相对于产品创新型路径，该路径对于产业发展基础的要求要强于对技术创新能力的要求。这是由于产业没有原创性的技术和持续性的研发，只能依靠快速组织相关资源实现产品生产和推广，才能在一定的时间内使购买和引进的技术转化为产品而占领市场，实现产业发展。如果产品转化时间过长，那么所采用的技术就有可能遭到新技术的替代而使产业衰落。

（4）**完全引进型**。该路径指一个国家或地区在培育新兴产业时选择了那些在产品生产技术及工艺方面趋向成熟，但产品呈现供不应求状况的产业。这种路径下对于国家和地区的技术创新能力和产业发展基础要求都不高，主要是通过引进成熟的生产技术，进而组织相关产业资源进行产品制造来实现产业的成长。这种形式的新兴产业虽然培育速度较快，但是由于缺乏技术的持续创新和改进，其产品会随着市场需求的变化而遭到淘汰，进而导致产业无法长期持续发展。

5.2.2.2 产品创新在新兴产业培育中的作用

基于上文对新兴产业培育路径的分析，不难发现，产品创新是技术创新推动新兴产业成长和发展过程中不可或缺的一环，而产品创新同时也在促进着技术的不断创新。基于上文所述，产品创新本身包括服务创新、形式创新和功能创新三个维度，而每一维度对于产业成长的作用都不尽相同，因此以下就从这一方面对产品创新对新兴产业培育的作用进行分析。

（1）**产品功能创新与新兴产业培育**。功能创新是产品创新中技术创新结果转化的最直接表现，这种创新需要依托于产品性能的改进和革新，因此需要有强有力的技术创新能力做支撑，可以说功能创新是产品创新促进新兴产业培育的原始驱动力之一。从培育路径上来看，原创革新型和产品创新型路径都需要有产品的功能创新作为前提，并且在培育过程中需要在功能创新的基础进行形式创新和服务创新，以此来实现产业链的拓展和产业的可持续发展。

（2）**产品形式创新与新兴产业培育**。相比于功能创新，产品形式创新更加强调对于产品式样、包装、外观等方面的改进和优化，以有利于产品的市场拓展，同时也实现企业的合作和产业链的延伸与完善。虽然在技术创新能力方面的要求并不像产品功能创新那么高，但形式创新仍然需要企业对技术的发展趋势和市场需求有准确把握。因此，基于产品形式创新的新兴产业培育可以选择产品创新型、技术引进型两种培育路径，在实施过程中需要对技术本身进行消化吸收，进而对产品形式进行恰当而符合市场需求的渐进型创新，以便稳固市场地位。

（3）**服务创新与新兴产业培育**。作为以提高用户体验来增加产品价值为主要目的的服务创新来说，在产品本体上的创新较少，因此对于企业或产业技术创新能力的要求要比功能创新和形式创新弱，但却对企业营销、客户服务、市场把握能力有较高的要求。特别是对于选择完全引进为培育路线的产业来说，在服务上的创新可以说是企业决胜于市场的关键因素。

需要说明的是，产品功能创新、形式创新和服务创新三者并不矛盾和排斥，对于新兴产业的培育来说，应该根据选择的路径不同，来开展不同内容的产品创新，产品功能创新同样需要辅之以形式创新和服务创新来不断扩大市场，而形式创新和服务创新也需要有相关技术创新为支撑。

5.2.3 产品创新促进新兴产业培育的路径

基于上文对产品创新与新兴产业培育关系的分析，可以看出，产品创新对于新兴产业培育有着密不可分的关系，产品创新是新兴产业发展的驱动力之一，而新兴产业的成长也将促进产品创新。对于产品创新来说，除了在创新内容上不同之外，其创新主体也不同，而不同的创新主体所选择的发展路径也不同。为了进一步明确产品创新对新兴产业培育的促进作用和作用机制，以下将通过分析产品、企业和产业三者的关系来分析产品创新促进新兴产业培育的三条路径。

5.2.3.1 路径1——创新孵化模式（产品—产业—企业）

所谓创新孵化模式，就是通过政府或产业组织选择技术创新成果或产品形式和服务创新成果，之后将产品或技术的研发团队引入产业创新孵化器或类似组织，政府根据地区的产业发展规划以及市场需求情况，对入孵企业进行产品、技术、人才等方面的指导，将创新成果转化为成熟的产品，之后便将产品转移给现有企业或成立新的高新技术企业，进而通过新企业或先进企业的成长实现新兴产业的培育。在该路径中，高新企业的不断发展和对于新兴产业的促进将有力地促进产业创新孵化机制的完善，并且提供导向性的指导，而孵化器根据孵化的情况和问题，结合产业发展情况，能够给予政府选择创新产品或及时的政策参考。该模式的运行机制如图5-10所示。

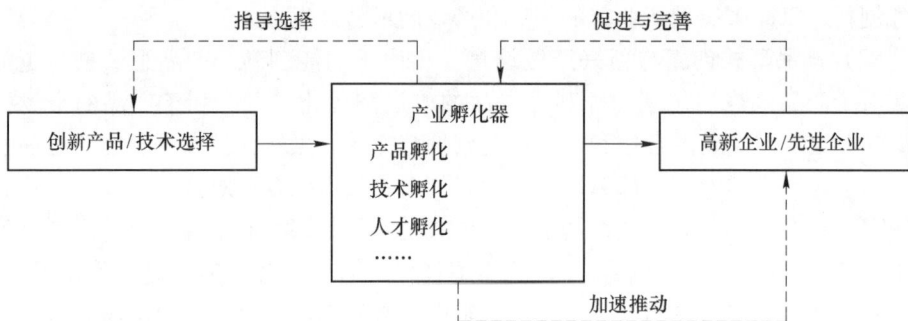

图 5-10 创新孵化模式

如图5-10所示，产业孵化器是产业实施发展的一种手段和方式，成功的产业孵化器建立能对以高新企业为核心的新型产业培育产生积极的影响，而新兴产业的发展也能强化产业孵化器的功能。产业孵化器以产品的孵化为主要目的，但也依托孵化平台实现于技术和人才的孵化，而这种孵化是立足于产业未来发展的一种战略性行为。其中，技术孵化重在通过孵化使技术扩散和升级，人才孵化则是实现支撑产业发展的具有高度导向性和目的性的人才储备。因此，创新技术或产品选择和人才培养机制的建立对这种模式就显得尤为重要，要求配套政策和扶持措施更加详尽。

5.2.3.2 路径2——产业链拓展模式（企业—产业—产品）

产业链拓展模式主要针对那些技术创新能力不强，但却有较为明显资源或区位优势的区域新兴产业培育。该模式在现有产业的基础上，通过围绕产业的核心企业或龙头企业进行区域内产业相关企业的合理分工并进行上下游产业链拓展，使区域内部形成产业链，进而选择其中的优势产业进行培育，产生能够支撑产业持续发展且面向市场的优势产品生产体系。通过优势产品占领市场获取利润，进而进一步强化核心企业的地位和技术优势以及产业的进一步发展和完善。该模式的运行机制如图5-11所示。

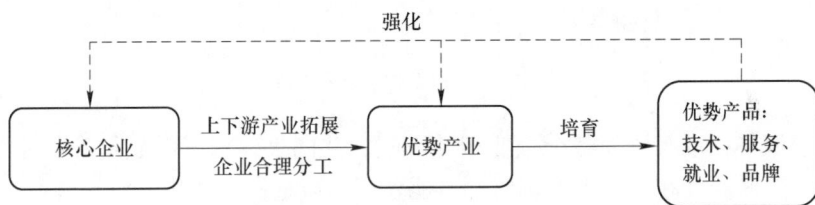

图 5-11　产业链拓展模式示意图

如图5-11所示，产业链拓展模式的核心是围绕区域内核心企业进行上下游产业拓展和合理分工，进而对于优势产业的选择和培育，因此如何进行优势产业的选择就成为了此类模式成功的关键。从目前产业链形成与延伸的情况来看，产业链可以由地区产业的自我衍生而形成，也可以是通过龙头企业配套产业的发展而形成，还可以是在既有产业延展半径范围内多个区域的多个关联性小产业形成一个体系完整的产业链。因此，在选择产业链拓展模式作为产品创新促进新兴产业培育路径的时候，必须要根据地区经济和既有产业发展的情况选择优势产业，而产品创新必须紧密结合产业发展状况进行不同维度的创新。

5.2.3.3 路径3——创新平台模式（企业—产品—产业）

所谓创新平台模式就是通过产业创新平台的搭建实现对重点企业的培育，从而生产出在技术、成本、功能等方面具有超强市场竞争力的战略性产品，进而产生产业新优势，由此促进新兴产业的培育。由于产业新优势的形成，可以对产业创新平台形成促进和提升。该模式的具体内容如图5-12所示。

在建立产业创新平台的过程中，除了需要给予相关企业政策、机制、资源和战略方面的支撑外，还需要对入选企业进行科学的筛选。入选的企业应该具有一定的关联性，这种关联性体现在产品关联性、技术关联性和就业关联性三个方面。首先，从产品关联性来看，入选的企业通过产品设计、生产、销售等方面的分工建立联系，即某一企业分工内容、生产方式、产业规模、服务内容等发生变化，会引起相关企业随之发生相应变化。技术关联性是指在产品的工艺技术、产

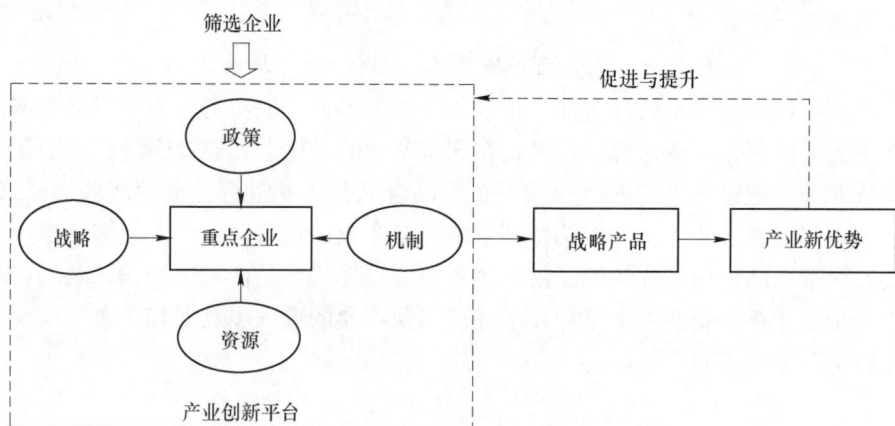

图 5-12　创新平台模式示意图

品标准、服务标准等方面各个企业相互影响，共同决定着产品质量和技术性能，其中任一关联企业在技术上的调整都可能使产品质量发生变化。对于就业关联来说，它是由于产业分工的不同，企业之间在就业规模和职业技能方面会由于产品的生产有所关联，它与技术水平和产品质量紧密相关，在这两方面因素不变的情况下，产业中任一企业员工技术能力和就业规模的变化都有可能引起产品生产规模和质量的变化。

5.3　云南产品创新现状分析

2014 年 8 月，云南省委九届八次全体（扩大）会议提出了未来云南重点发展的大生物、大能源、大旅游、大制造、大服务 5 个万亿元"大产业"的思路，明确了"大产业"转型升级的方向，坚持高端化发展，坚持集群化发展，坚持特色化发展，坚持园区化发展，坚持低碳化发展❶。在推动产业转型升级的过程中，创新是不竭动力，而产品创新则是其中的重要组成部分。以下就结合案例对云南省产品创新促进产业转型升级和新兴产业培育两方面的现状进行分析。

5.3.1　云南省产品创新促进产业转型升级现状

纵观云南省近些年来的产业转型升级之路，其中虽充满了坎坷和挫折，但取得成绩亦令人振奋。其中，依托良好的自然条件和独特的生物资源，生物产业经过近 20 年的发展正成为云南绿色 GDP 的领航产业❷。在云南生物产业壮大的过

---

❶ 云南网，转型升级：云南发展的必由之路，http：//finance. yunnan. cn/html/2014-08/18/content_3331418_2. htm.

❷ 云南网，大生物　领航绿色发展——云南产业转型升级述评（三），http：//special. yunnan. cn/2008page/yn/html/2014-10/20/content_3411686. htm

程中，制药、食品、生物制品等行业的企业紧抓市场机遇，充分利用自身优势，积极进行技术创新和技术引进，不断实现产品创新，打响了一大批云字号特色品牌。与此同时，省内的能源产业、旅游产业、制造产业和服务业也正结合省内产业基础和优势积极探索创新之路，通过引进先进技术、完善产品服务、领军企业转型等多种途径进行多个维度的产品创新，从而有效地推动了全省的产业转型升级。以下就结合实际案例对其中的三个特点进行总结和分析。

5.3.1.1 产学研结合助推产品功能创新

技术创新是产品功能创新的保证和推动力。在云南省产业转型升级的过程中，特别是在生物产业的发展过程中，以领军企业为代表，积极开展产学研合作，结合云南生物资源优势，不断进行技术创新，并产生了一批具有较强竞争力的产品，不仅使企业在产业链上的位置得到明显提升，同时也有力地促进了所在产业整体的发展。

案例：云南昊邦集团的"以疼痛为主的特色治疗领域创新平台建设和品牌培育提升项目""新型第三类镇痛药'赛福美'草乌甲素片的二次开发项目""以新型第三类镇痛药草乌甲素片为重点的新版 GMP 认证改造项目"，三个项目互为依托和促进，分别从平台建设与管理创新、产品衍生开发、生产改进三个方面实现了企业的协同创新与发展。其中，"以疼痛为主的特色治疗领域创新平台建设和品牌培育提升项目"整合了国内产学研资源建立三大技术创新平台，即：第三类新型镇痛药的创新平台；心脑血管疾病药物开发的创新平台；中药治疗肝炎、脂肪肝的纯中药制剂的创新平台。并以此提高了企业的综合竞争实力，搭建了产学研联合和合作交流的平台，加速了科技成果转化为现实生产力的进程。而"新型第三类镇痛药'赛福美'草乌甲素片的二次开发项目"的实施使云南省自主研发的全球首个"重磅级"状态依赖型钠离子通道阻滞剂镇痛植物药——赛福美（草乌甲素片）成为在慢性疼痛治疗领域，包括骨关节炎，风湿性关节炎等常见病、多发病方面，疗效可靠并可长期安全使用的品牌产品，并且通过循证医学研究、专利申请、新剂型的开发有望成为口服治疗慢性疼痛的国内外第一品牌药物。"以新型第三类镇痛药草乌甲素片为重点的新版 GMP 认证改造项目"则是通过对生产线的改造和提升，为新型药物生产和品牌树立提供了最有力的保障。上述的三个项目同属一个依托企业，实现了"以研发、创新平台建设、生产线改造同促企业升级"的目标，并且使得上下游企业以及相关科研合作组织得到资金和政策的进一步支持。

5.3.1.2 传统优势企业多维度创新，有效促进产业升级

由于技术创新需要较大的资金投入，对于中小企业来说，短期内很难实现，因此在省政府的积极推动下，我省的传统优势企业积极发挥自身在技术、资金、市场方面的优势和资源，不断进行新产品研发、既有产品功能改进、产业链拓展

等方面的努力，不但逐渐打造出具有较高市场垄断性的产品，形成了较为完整的产业链，同时也有效地带动了产业内中小企业的发展。

案例：云南白药集团股份有限公司的"云南白药重楼产业链建设项目"，项目在云南白药重楼大基地建设的基础上，建设"四中心一平台"，即种苗繁育与交易服务中心、推广种植与中耕管理中心、炮制加工与综合利用中心、后台技术服务中心和药材交易服务平台。项目旨在通过优质种子种苗的有效供应、田间中耕技术贴身服务、优化炮制加工工艺、后台技术服务不断强化和建立药材交易平台几方面的共同作用打造重楼完整产业链。项目在实施过程中，公司通过战略参股丽江云全生物开发有限公司，使云全公司将致力于多芽滇重楼"云全1号"的切块繁育研究及推广种植，并引导成立专业的重楼种植合作社，2014年完成滇重楼切块育苗400万苗，可供种植800亩，在丽江玉龙县红岩、巨甸、武定白路乡等地播种滇重楼种子3000万粒，可提供2000万株种苗，确立了在重楼人工繁育种植领域的领军地位。与此同时，项目以种植促进创新，不仅培育出优良的自有品种，还对重楼的种植培育、炮制方法申报了专利（目前已申报5项）。虽然目前项目尚未完成，但该项目采取的产业链拓展模式不但能够很好地带动本省相关企业的合作和发展，增强产业竞争力，同时也对云南特色动植物资源保护提供了新的路径。

5.3.1.3　拓宽产品销售渠道，加强产品服务创新

随着网上购物和电子商务的普及，云南省很多企业也借此进行市场营销体系拓展或完善，将网络购物和电子商务融合到整个营销体系中，不仅形成了多样化的销售渠道，有效地提高了销售业绩，也提高了服务满意度和服务质量，提高了企业知名度和市场信誉。在进行产品服务创新的过程中，我省部分传统优势企业依托自身在企业品牌和产品独特性方面的优势，与知名电商联合建立多种渠道进行产品销售和推广，为进一步做深做细市场奠定了基础。

案例：作为云南省红茶的知名品牌，云南滇红集团股份有限公司开展的"市场营销商业模式创新发展建设项目"旨在采用现代电子商务的商业新模式，通过建立电子商务交易平台、配套建设品牌产品实体体验店的主要技术措施，构建新的市场营销网络体系，实现品牌产品商业模式的创新发展，推动"打造滇红茶三名（临沧名片、中国名牌、世界名品）品牌发展战略"的稳步实施。项目实施以来，项目已在临沧市工业园区注册"中国滇红茶交易网"，搭建交易平台；与"天猫""京东商城""1号店"第三方运营商合作，分别开办"凤牌滇红茶旗舰店"网店，使得电子商务营销模式基础工作基本完成。同时，105个线下实体体验店也基本完成建设。同时，滇红集团在积极开发国际合作之路方向，取得了阶段性成果。2013年3月，滇红集团与斯里兰卡伊尔皮提茶叶公司洽谈合作达成共

识，并签署贸易与投资协议，合资建成清洁化茶叶生产线并投入生产；2013 年 6 月，滇红集团在英国王室宫殿肯辛顿宫——安妮公主橘园举办"印象中国·滇红皇家品茗会"；2014 年，在英国国会举行了"2014 滇红之夜·大美临沧推介会"，开展"滇红茶"的宣传推介活动；参加了联合国举办的"第七届世界城市论坛"，"凤牌滇红茶"被选为本次论坛礼品专用茶。

5.3.2 云南省产品创新促进新兴产业培育现状

近年来，在云南省委省政府的大力支持下，通过设立专项扶持资金、税收优惠、创新孵化器设立等多种途径，云南省的新兴产业培育取得了一定成效，特别是在生物制品、稀有金属制品、先进装配制造等方面涌现了一批在全国乃至世界都具影响力的领军企业。从整体情况来看，自主技术创新成果的成功转化可以说是实现产品功能创新的核心动力，而产品功能的创新令企业在行业竞争中占据了有利地位，而这些处于产业链高端的企业通过与服务、设计企业合作并建立企业联盟，逐渐形成了具有专业化、区域性和垄断性的新兴产业。以下就结合实际案例，对我省产品创新促进新兴产业培育的三个特点进行分析。

5.3.2.1 自主创新成果转化，助力新产业成长

云南具有特殊的气候和地理条件，且动植物资源丰富，这为生产具有较高垄断性的生物制品提供了得天独厚的条件。我省部分新兴企业依托自主创新成果，在政府专项资金的扶持下，成功实现了科技成果转化，不但使得企业获得成长，同时也通过与种植企业、产品包装企业、运输物流企业合作有效地促进了新产业的成长。

案例：曲靖博浩生物科技股份有限公司"年产 300 吨万寿菊叶黄素晶体新产品产业化项目"通过企业具有的自主知识产权专利和非专利技术成果转化、小试、中试，实现万寿菊叶黄素晶体新产品产业化开发，实现云南万寿菊叶黄素产品由颗粒、浸膏到晶体的突破。目前，博浩牌叶黄素产品已成为国内外叶黄素行业的名牌产品，博浩牌商标已成为国内外叶黄素行业名牌商标，产品畅销国内外。在同行业中，博浩公司叶黄素产品产量占全国产量的 40%左右，占国际市场产量的 30%左右，现已发展成为全球最大的万寿菊叶黄素产品供应基地和主要的叶黄素产品生产企业，通过进一步增加万寿菊种植面积和加工产能，万寿菊叶黄素占全球市场份额将扩大到 50%以上。此外，博浩公司叶黄素产品价格的定价影响到国内外市场行情，在国际市场上具有话语权。目前，项目产品直接出口美国、墨西哥、西班牙、印度等国，并且与国际主要采购商美国 Kemin、墨西哥巴库等国际跨国公司的出口贸易量还在逐步增加。

5.3.2.2 产业创新平台建设，促进产品持续创新

产品功能创新是产品创新的原动力，同时也是产品赢得市场的核心要素。然

而，随着市场需求的变化和同类企业竞争日趋激烈，要求企业对产品功能进行持续创新，而这对企业的创新能力提出了巨大挑战。于是，云南省部分企业依托既有的科研成果和资源优势，建立产业创新平台并组建创新团队，不断进行技术研发和改进，不但使产品功能得到提升，也不断推出新产品，使得相关生产企业的市场地位逐渐得到确立。由于在原材料和技术上都有较强的优势和垄断性，在产业创新平台的不断推动下，新兴产业逐渐形成。

案例：云南新立有色金属有限公司的"云南省钛资源深加工工程研究中心创新能力建设"项目就通过建设滇中钛砂矿综合利用研究平台、四氯化钛精制提升应用平台、氯化钛白包膜配方验证研究平台、氯化钛白生产过程质量检测平台，建成了一支钛资源开发技术创新团队、一支昆明市氯化法钛白粉生产关键技术研发科技创新团队（第七批）、一支高品质海绵钛生产关键技术科技创新团队、一支分析检测技术创新团队。项目的开展形成了一批理论基础扎实、实践经验丰富的技术专家，熟悉钛产业领域的技术人员和操作人员，具备很强的吸收、转化和创新能力，大大提升了研发人员的能力。目前，项目组已申请专利四氯化钛精制生产产品质量观察装置、测定二氯氧锆中微痕量砷的方法等 35 项，在核心期刊上发表论文 15 篇。此外，该项目中创新体系的建设还促进了高钛渣、钛白粉、海绵钛项目的产业化实施，并实现产品销售。至 2014 年 12 月 30 日，钛白粉产品销售收入为 4100 万元，高钛渣销售收入 42015 万元，海绵钛 7618 万元。

5.3.2.3　发掘特色资源，领军企业开辟新产业

特色资源可以说是取得新产品研发成功的重要影响因素之一，而特色资源的开发可以有效地带动相关产业上下游企业的发展。云南省部分大型企业和领军企业面对传统产业衰落和转型的趋势，依托自身在资金、企业信誉、企业社会影响力方面的优势，积极开发高原特色资源，通过组建新企业、开发新产品、与上下游企业建立企业联盟等途径培育新产业，不但为企业发展找到了新动力，同时也有效地促成了省内新兴产业的成长。

案例：西双版纳印奇生物资源开发有限公司是由云投集团下属的生物制品开发企业，目前已成为世界上最大的集印奇美藤果种植、研发、生产、销售为一体的大型企业。企业与中科院西双版纳热带植物园合作，开发印奇果这一极具价值潜力的高档油料植物品种。除了开展原料保障基地建设、加工厂建设、新产品开发外，项目积极进行产品市场开拓建设和品牌树立。首先，在渠道建设方面，已完成全国六个大区 282 家门店进场工作；累计签订经销商合同 27 家，累计合同总金额 5598.4 万元；累计签订经销协议 7 家，签订总金额 3000 万元；与此同时还完成了包括天猫旗舰店、京东旗舰店、卓越亚马逊等 22 家线上分销平台的建

设工作。其次，项目积极开展各项宣传推广工作，完成 10 场展会的设计参展工作及地面推广活动 753 场，并且建立了官方微信（订阅号、服务号）、官方微博、微网站等推广平台，还经常在各大超市开展促销和宣传活动。目前，"印奇"这一品牌已经在北京、上海、广州、昆明、重庆等地赢得了消费者的认可，并且发展出了一批忠实的消费者。2014 年，仅有三年历史的"印奇"品牌已被认定为西双版纳州知名商标。

5.4 产品创新推动云南产业发展的建议

基于以上对云南省产品创新推动产业转型升级和新兴产业培育现状的分析，以下将结合当前国内和国际宏观环境，从资金投入与融资渠道、产业集聚发展与产业链延伸、创新能力提升、产业发展环境优化等几个方面，对进一步提升云南产品创新能力提出建议。

5.4.1 创新财政资金投入方式，进一步推进融资渠道多元化

从目前省级专项资金投入和运用的情况来看，下一步首先应结合国家新兴产业创业引导基金的设立和运作，积极开拓思路，加强顶层设计及产业调研，主动谋划重大项目，更加注重与国家规划目标要求以及各个产业领域发展重点的契合度，进一步争取国家支持。与此同时，应适当加大省级财政专项资金投入，并创新省级财政资金投入方式，进一步推进融资渠道多元化。

5.4.1.1 继续增强省级财政专项资金放大效应

从目前的情况来看，云南省发改委同省财政厅在云南省战略性新兴产业发展专项支持上，加强了省级财政有关专项资金的统筹整合，加大了对新兴产业重点项目的扶持力度，有效激发了全社会投资战略性新兴产业的热情。2012 年和 2013 年，省级战略性新兴产业发展专项财政资金放大倍数超过 1∶60。因此，为了进一步推进我省战略性新兴产业的发展，应适度增加专项资金支持力度，通过充分发挥财政投入的乘数效应和激励作用，引导社会资金投入，带动产业发展，为打造若干个千亿级新兴产业集群，确保全省战略性新兴产业发展目标顺利实现提供保障。

5.4.1.2 省级财政专项资金支持方式不断创新

为了培育和形成一批主业突出、具备核心竞争力、带动作用大的战略性新兴产业领军企业，推动以领军企业为核心的产业链和产业集群发展，大幅提升产业内生发展能力，带动全产业链协调发展，省级战略性新兴产业发展专项资金可以参股方式参与新兴产业创投计划、参与省内领军企业产业投资基金，减少政府直接投入企业项目建设，鼓励和支持省内领军企业发起设立产业投资基金，提出组建方案，以基金方式培育或者整合企业发展所需的创新领域和板块，省发展改革委、省财政厅对组建方案进行评估，以不超过基金规模 20% 的资金参股，助力企业成长。

5.4.1.3 撬动民间资本积极组建新兴产业创业投资基金

按照国家有关要求，广泛吸引有意到云南发展的基金管理团队参与有关工作，省发改委、省财政厅通过省内咨询，帮助完善有关方案积极争取中央新兴产业创投计划支持，做大云南省新兴产业投资基金规模。与此同时，通过放大财政资金"四两拨千斤"的杠杆作用，逐步形成以民间资本为主体的产业发展"资金池"，提升云南民间资本投资活力。

建议进一步加大新兴产业创投工作力度，设立国家新兴产业创业投资引导基金，一是加强与各种金融产品的互动，推进多层次的资本市场的完善，使不同类型和不同成长阶段的企业在资本市场得到更为充分、合理的价值发现；二是结合各地基金运作考核情况，合理部署安排中央与地方参股设立新兴产业创投基金。

5.4.2 促进区域产业集聚发展，推动产业链延伸

在企业主导资源配置决定性作用下，更好地发挥政府引导作用，明确产业支持的重点方向，统筹产业专项资金使用，集中部门资源办大事。

5.4.2.1 加强战略性新兴产业领军企业培育

推进形成一批主业突出、具备核心竞争力、带动作用大的战略性新兴产业领军企业，推动以领军企业为中心的产业链和产业集群发展，大幅提升产业内生发展能力，带动全产业链协调发展。积极探索应用省级战略性新兴产业发展等专项资金支持企业通过并购重组，特别是研发团队和技术成果打包的整体并购，加快获取新产品和技术成果的步伐，提升企业自主创新水平和发现具有转化价值创新成果能力。与此同时，在对战略性新兴产业领军企业培育的过程中，将企业发展方向与政府规划目标相结合，在实现企业成长的同时，也促进了区域产业经济发展目标的实现。

5.4.2.2 积极推动产业链延伸

推进向价值链高端延伸，推动产业以生产制造环节为主不断向前端的研发设计和后端的市场营销环节、制造业服务化等方向延伸，促成形成较为完善的产业链条。谋划和建设一批产业链核心环节重大项目，重点推进沃森现代生物技术药产业园、云南远程医疗产业发展和应用示范工程等重大工程的实施，培育新的投资热点。

5.4.2.3 抓好产业集聚区建设

以滇中产业聚集区（新区）、昆明高新技术产业开发区等为重点，高起点配套布局具有辐射带动作用，特点鲜明，产业链完善，具备创新驱动发展模式的战略性新兴产业集聚区。结合国家战略性新兴产业区域集聚发展试点工作，以昆明市现代中药与民族药、新型疫苗和生物技术药物产业区域集聚发展试点为示范，各州市结合区域特色，从云南省战略性新兴产业发展重点方向中选择 1~2 个领

域，通过省战略性新兴产业发展专项资金的集中支持，推进形成一批产业配套完备、创新优势突出、区域特色明显、规模效益显著的战略性新兴产业集聚发展区域。

5.4.3 健全技术创新市场导向机制，提高产业创新能力

以创新能力体系建设和完善体制机制为方向，强化企业技术创新的主体地位，推动提升原始创新、集成创新和引进消化吸收再创新能力，加快创新型云南建设。

5.4.3.1 建立企业主导产业技术创新的体制机制

进一步明确企业的创新主体地位，促使其提高创新意识，鼓励企业加大创新科技投入，鼓励有条件的企业全球布局研发机构，充分利用国际研发资源，提升创新能力水平。切实落实好鼓励民间投资发展的各项政策，引导资金、人才等创新资源向企业集聚，促进形成企业主导产业技术创新的体制机制。

5.4.3.2 完善产学研用协同创新的机制

鼓励企业与有关高校、科研院所建立联合研发机构或产业联盟，根据市场需求选择技术研发方向，实现关键技术和产业发展重点突破，引导科技设施开放共享和科技资源信息共建共享。引导应用型技术研发机构市场化、企业化改革，发挥创新要素配置的市场导向作用。完善技术创新平台的建设和运行机制，建立健全知识转移和技术扩散机制，加快科技成果转化应用。对公共创新平台创新完善服务模式和服务机制进行探索尝试，推动公共创新平台提高技术服务设备水平、培养专业人才，提高服务能力。

5.4.3.3 建立科技有效支撑产业发展的机制

注重区域产业发展优势特色和科技创新的结合，围绕产业需求部署创新链，促进创新成果转化，提升产业发展内生动力。注重经济政策与创新政策的结合，科技和产业发展重大专项要贴近产业发展需求，鼓励企业与科研机构联合申报重大专项项目，建立由市场决定创新项目经费分配的机制。注重人才培育与产业发展的结合，加大产业紧缺人才培养力度，鼓励公共创新平台培养专业人才，引导人才资源向企业集聚。

5.4.4 重视新兴市场和新兴业态的培育

抓住"一带一路""长江经济带建设"等国家战略实施带来的机遇，加大市场培育力度，尽快形成"技术+市场"双轮驱动产业发展的基础模式，带动新兴经济增长点的形成。

5.4.4.1 鼓励商业模式创新和产业组织形式创新

按照"以新应用创造新需求，以新需求带动新产业"的思路，积极创造和

培育创新产品和技术的市场需求，推进战略性新兴产业产品及服务推广应用。综合运用财政补贴、费用减免、完善基础设施、提供配套产品或服务等手段，探索发展与新技术、新产品、新工艺相适应的战略性新兴产业产品市场应用环境。

5.4.4.2 鼓励面向全社会的创新服务模式创新

加大发展技术市场，创新服务模式，调动企业进入技术市场的积极性和主动性，促进创新资源和市场需求的衔接，完善技术转移机制。引导各类科技中介服务机构建设和发展，充分利用各类资源库、数据库、人才库，为各类创新主体提供社会化、专业化服务，积极培育技术创新服务新业态。

5.4.4.3 鼓励信息消费培育新的市场消费热点

从完善信息基础设施、培育信息消费需求、提升公共服务信息化水平、增强信息产品供给、信息消费环境建设等方面，促进全省信息消费扩大内需。从社会保障、健康医疗、优质教育、养老服务、就业服务、食品药品安全、公共安全、社区服务、家庭服务等方面，积极推进云南信息惠民工程建设。

5.4.5 着力完善管理机制，优化产业发展环境

在培育发展战略性新兴产业和推进创新发展战略方面不断开拓创新，切实转变政府职能，进一步优化战略性新兴产业发展环境。

5.4.5.1 加快完善全省战略性新兴产业统计指标体系

在已有战略性新兴产业年度统计和季度统计监测基础上，增强数据时效性，加强统计分析，提高统计制度执行力，建立重点企业监测制度，及时发现和研究产业发展苗头性、倾向性问题，提高形势分析的深度和趋势研判的准确度。建议有条件的州市适时建立战略性新兴产业统计制度，以便于更全面地掌握全省不同区域战略性新兴产业的发展状况。

5.4.5.2 是建立产业发展监督检查考核机制

定期对各项政策落实及工作情况进行监督检查，加强已有产业规划政策扶持力度和有效性。注意结合新的形势和政策实施中出现的新问题，及时做好政策调整和完善，确保"十二五"规划目标任务的落实。

5.4.5.3 营造有利于产业发展的创业创新环境

改善科技型中小企业融资条件，完善风险投资机制和科技成果融资担保机制，加大政府引导基金投入市场化运作的创业投资基金的强度。稳步推进新兴产业创投计划，推进我省新兴产业创业投资基金的投资运作。强化知识产权保护和运用，构建有效激发企业创新活力的公平竞争环境。加大战略性新兴产业宣传力度，重点突出引领产业结构调整和经济发展方式专项的实效性作用，形成全社会共同关注战略性新兴产业发展的舆论氛围。

6 技术创新与云南产业发展

技术进步已成为当今世界提升综合国力的决定性力量。随着知识经济的不断推进与信息技术的不断发展，依赖资本、劳动力等传统要素的投入已经越来越无法满足一国经济发展的需求，而是否能不断进行技术创新、推动技术进步以提高生产效率成为今后世界经济发展能否持续发展的源动力以及主流驱动模式。进入新世纪以来，技术进步对我国经济增长的贡献作用愈加明显，而我国经济增长方式也由过去主要依靠资本大量投入逐步转变为依赖资本与技术的双重投入，特别是在当前"世界经济再平衡"与我国进入"经济新常态"的背景下，技术进步在产业发展中扮演着更加重要的角色。

6.1 云南省技术创新能力发展现状分析

对一个区域技术创新能力进行分析，首要问题即为如何建立一套完整的评价指标体系以及采用合理的评价方法对其技术创新能力现状进行客观的评价，而评估区域技术创新能力发展现状、所处位置及其发展态势，不仅是对技术创新能力测度理论的有益探索，同时也是分析区域技术创新能力影响因素并制定有效提升区域技术创新能力的前提条件与合理路径。因此，本章首先在梳理前人相关研究的基础上，构建适应区域特征的技术创新能力指标体系，对云南省技术创新能力现状做出综合评判。

6.1.1 关于技术创新能力评价体系的相关研究

相关区域技术创新能力的评价指标，在理论上经历了从单一指标评测到综合指标评测的发展历程。直至二十世纪六七十年代，大多研究者仍然认为技术创新是"基础研究—运用研究—开发—生产—销售"的线性发展过程，并强调科研是技术创新的原始起始点，因此，科研投入的增加就能促进相关领域的技术创新与新兴技术的增加，从而不同区域创新绩效的差异与区域内创新主体的 R&D 活动以及 R&D 活动溢出效应严格相关。鉴于此，直接技术创新的诱发作用受到学者们的广泛关注，研发等创新活动的主要直接投入产出指标，譬如专利数、新产品数、R&D 经费支出、科研人员数量、工程师在总人口比重等就常常被众多学者用来作为衡量一个区域技术创新能力的度量指标。如 Hagedoorn and Cloodt（2003）等确认用专利衡量创新具有一定的可靠性，此外相关性分析也表明专利和创新之间存在着紧密的联系。

随着研究的不断深入，学者们发现科研与开发并非为技术创新的必要条件，使用投入与产出等单一指标衡量区域技术创新水平不仅常常会遇到诸如统计口径、国别差异、技术成果等问题，甚至研究结果也常常与客观事实差异较大。与此同时，非线性创新模式等各种更加复杂的模型逐渐为学者们所广泛认识与接受。非线性创新模式认为，技术创新会因为非连续的、非适当的学习过程以及缺少学习过程而中断，其对经济增长的贡献必然消失，因此创新不再是一个简单的线性过程，而是一个复杂的有反馈的、多部门的模型。对创新过程认识的变化导致了创新测度指标的改变，单一指标测评方法渐渐被国内外学者所摒弃，综合指标测评开始盛行。

从对技术创新能力测度综合指标的相关国外研究来看，代表性的研究包括Furman（2000）等人提出的国家创新能力分析框架，在其研究中创新能力来源于创新基础设施、产业集群的创新环境与科技与产业部门联系的质量三方面，而衡量创新能力的指标体系也围绕这三方面展开；Nelson利用R&D经费来源、R&D经费配置、大学的作用、支持和影响创新的政府政策等指标来评估各国技术创新能力；Broekeletal（2010）对德国97个地区影响区域创新的因素进行回归分析，确认12大主要因素构成区域技术创新能力，企业研发人员数、产业特征、城市化程度、就业结构、经济结构、大学和技术学院数、人力资本质量、潜在的人力资本、公共研究机构数、财务状况、企业成立情况和区域吸引力。

从国内相关研究来看，国内学者对区域技术创新能力的评测问题也做了一些可贵的探索，并取得了一定成就。如范德成和周豪（2006）从投入和产出两方面对区域技术创新能力进行了考察，其创新投入主要用R&D投入、人员素质与结构来衡量，而创新产出则采用年发明专利申请量以及授权量、年科技论文发表量、新产品新工艺产值、高技术产品出口额等更为全面的指标。徐辉和刘俊（2012）基于广东省区域技术创新能力的具体特征，构建了广东省的技术创新能力指标体系，该指标体系包含知识创新能力、技术创新能力、技术创新支撑环境优化能力和技术创新资源配置能力共四个一级指标。

基于众多学者们的基础性研究，21世纪初，诸多国际知名机构也纷纷研发综合性指标体系以衡量一国或地区的技术创新能力。

6.1.1.1 技术成就指数（TAI）

技术成就指数（TAI）是联合国开发计划署于2001年发布的用于衡量一国或地区技术发展水平的指标，该指数从一个国家或地区的四个方面的能力进行评价：新技术创造、新兴技术扩散、作为工业时代和网络时代基础的传统技术扩散、技术创造和利用的人员技能培养。TAI 的特点在于：该指数反映的是已有的技术成就，而不是未来的努力；不仅便于进行一个国家或地区技术发展水平的总体评价和相对位置的评价，而且更加着重于一个国家作为整体创新的基础能力和参与创新的程度；TAI 的指标着重衡量的是各个国家或地区创造、应用和每个公民享受技术成就的程度（可能性），而不是国家或地区在科技发展方面的努力和投入；更加注重一个国家或者地区网络时代参与技术创新的状况和能力。其具体指标构建体系见表 6-1。

表 6-1　技术成就指数

目标层	一级指标	二级指标	说　明
技术成就指数（TAI）	新技术创造	每百万人平均专利数	反映当前发明活动的水平
		每千人从国外获得的专利技术特许费收入	反映技术结果商业化的能力
	新兴技术扩散	每千人网络主机数	反映技术发展的机会
		高新技术产品出口在总出口中所占比率	共同反映传播技术信息，参与技术市场的程度
	传统技术扩散	每千人电话线程数	
		人均电力消耗	
	人员技能培养	15 岁以上的人平均受教育年数	反映新技术发展的基础和前提
		数学及工程的学生总入学率	

6.1.1.2　欧洲创新记分牌

欧洲创新记分牌（EIS）是对欧盟国家创新绩效进行评价的指标体系，由 2000 年欧洲理事会首次提出，于 2001 年开始每年发布。在历经多次修正后（特别是 2005 年 EIS 体系及评价方法由欧盟与联合研究中心进行了第 5 次修改），EIS 体系更加成熟完善，指标体系从创新投入和创新产出两大部分出发总结了创新绩效的主要方面，通过创新驱动、知识创造、企业创新、技术应用、知识产权等 5 个综合指标以及 26 个具体指标对区域创新绩效进行测评。欧洲创新记分牌（EIS）评价指标体系设计的主要特点在于：在指标表征上较多的采用比例、比重等效率指标，这种相对指标的设计能体现各国、各地区的真实创新能力，较之于绝对指标而言更具说服力，此外，指标之间具有较强的联系和独立性。EIS 具体指标设计见表 6-2。

表 6-2　欧洲创新记分牌指标体系

一级指标	二级指标
创新驱动	科学与工程类毕业生/20~29 岁人口
	受过高等教育人口/25~64 岁人口
	宽带普及率
	参加终身学习人口/25~64 岁人口
	青年受高中以上教育程度 20~24 岁人口
企业创新	开展内部创新的中小企业/中小企业总数
	参加合作创新的中小企业/中小企业总数
	创新支出/销售总额
	早期阶段的风险投资/GDP
	信息通讯技术支出/GDP
	采用非信息变革的中小企业数/中小企业总数
知识产权	百万人口拥有的欧洲发明专利数
	百万人口拥有的美国发明专利数
	百万人口拥有的其他第三方发明专利数
	百万人口新注册的设计数
知识创新	企业 R&D 支出/GDP
	中高技术 R&D/制造业 R&D 支出
	公共 R&D 支出/GDP
	企业 R&D 支出来自公共基金的投入比例
	高校 R&D 支出来自企业投入比例
技术运用	高技术服务行业的就业人口比重
	高新技术产品出口/出口总额
	市场新产品销售额/销售总额
	企业新产品销售额/销售总额
	受雇于中/高技术制造业的就业人口比重

资料来源：邱均平、谭春晖，国家创新能力评测五十年 [J]，重庆大学学报（社科版），2007（6）。

6.1.1.3　《国际竞争力年度报告》中区域技术创新能力指标体系

《国际竞争力年度报告》（WCY）是瑞士洛桑国际管理学院（IMD）发布的关于主要国家和地区全球竞争力的年度研究报告。在 2006 年出版的《国际竞争力年度报告》中，通过构建一个4层、312项指标的评价体系，比较了不同国家（或地区）在全球的竞争力。具体来说，《国际竞争力年度报告》将竞争力归于四个主要的因素：经济表现、政府效率、企业效率和基础设施。其中每一个因素又包括5个二级要素以概括国家竞争力的不同方面，二级要素下面是具体的指标层，部分二级要素与指标层之间还分为若干类目。每个二级要素包括的指标个数可以有所不同，指标的具体内容在每年的报告中也有所微调。由于对影响创新因素的把握全面，因而该指标体系评价说服力强。具体指标体系见表6-3。

表6-3　IMD国家竞争力指标体系构成

一级指标	经济表现（77）	政府效率（72）	企业效率（68）	基础设施（95）
二级指标	国内经济（28）	公共财政（11）	生产力和效率（9）	基本的基础设施（22）
	国际贸易（20）	财政政策（14）	劳动力市场（21）	技术基础设施（20）
	国际投资（17）	制度框架（16）	金融（20）	科学基础设施（22）
	就业（8）	商务法律（20）	管理实践（11）	健康与环境（17）
	价格（4）	社会框架（11）	态度和价值观（7）	教育（14）

注：括号内数字为该指标包含子项数。

6.1.1.4　《中国区域创新能力报告（2005~2006）》

在国内机构对区域技术创新能力的相关研究中，最具权威性的当属中国科技发展战略研究小组编写的《中国区域创新能力报告（2005~2006）》，该报告提出区域创新能力评价指标可分为知识创造、知识获取、企业创新能力、创新环境以及创新的经济效益五部分，并针对我国的具体情况，进一步设计了系统、具体的区域技术创新能力评价指标，其对于研究我国各区域技术创新能力具有较大的参考价值。《中国区域创新能力报告（2005~2006）》中区域技术创新能力评价指标体系具体见表6-4。

表6-4　中国区域创新能力指标总图

中国区域创新能力	创新环境	创新基础设施
		市场需求
		劳动者素质
		金融环境
		创业水平
	知识创新	研究开发投入
		专利
		科技论文
		投入产出效率指标

续表 6-4

中国区域创新能力	知识获取	技术合作
		技术转移
		外国直接投资
	企业创新能力	大中企业研发投入
		设计能力
		制造和生产能力
		创新产出：新产品
	创新的经济效益	宏观经济
		产业国家竞争力
		产业结构
		居民收入水平
		就业

资料来源：中国科技战略研究小组，中国区域创新能力报告（2005~2006）［N］，北京：科学出版社，2006。

6.1.2 云南省技术创新能力评价体系的构建

区域技术创新能力评价指标体系是认识区域技术创新活动的本质、评测区域技术创新能力的实际水平、总结区域技术创新建设成败的科学工具。基于上述区域技术创新能力评测的相关研究，本章从对区域技术创新系统、机制、过程、能力以及能力形成的关键支持条件的分析出发，结合国际及我国知名机构对区域技术进步的评价指标，并参考有关学者对我国区域竞争力、城市竞争力、区域现代化等评价指标体系，着力构建一套相对比较全面且内在逻辑性较强、数量繁简适中的区域技术创新能力评价指标体系。指标体系由技术创新投入能力、技术产出能力、技术扩散与吸收能力、技术创新环境支撑能力四部分组成，具体见表 6-5。

表 6-5　云南省技术创新能力评价体系的构建

目标	一级指标	二级指标
区域技术创新能力	技术创新投入能力	R&D 人员全时当量
		地方财政科技拨款占财政比重
		R&D 经费占 GDP 比重
		每万人 R&D 经费额
	技术产出能力	每万人专利授权数
		每万人科技论文数
		高新技术产业产值占工业总产值比例
		新产品产值率

目标	一级指标	二级指标
区域技术创新能力	技术扩散与吸收能力	技术市场成交合同数
		技术市场成交合同金额
		外国直接投资 FDI
		国外技术引进合同金额
	技术创新环境支撑能力	教育投入占 GDP 比重
		每百人平均国际互联网用户数
		金融机构企业贷款额
		居民消费水平

6.1.2.1 技术创新资源投入能力

技术创新是通过科研开发活动将创意、设想转化为新工艺、新产品与新服务的过程，如果缺乏初始的技术创新投入以支撑相关科研活动的开展，技术创新将难以展开并持续。因此，技术创新投入是一个区域产生技术创新绩效的基础和前提。技术创新投入范围广泛，既包括保证科研活动顺利进行的各种有形要素，也包括对科研活动起辅助作用的各种无形要素，由于无形要素往往难以恰当归类并构建相应指标以量化，所以技术创新投入通常以有形要素投入予以反映。在本章中，运用 R&D 人员全时当量、地方财政科技拨款占财政比重、R&D 经费占 GDP 比重、每万人 R&D 经费额四个指标测度技术创新投入能力的强弱。

6.1.2.2 技术创新产出能力

技术创新投入能力主要通过拥有或投入创新资源衡量评价对象技术创新潜力，而技术创新产出能力则反映评价对象技术创新实力与技术创新投入所带来的结果。技术创新产出形式多样化且诸多产出难以量化。从技术创新活动本身的逻辑推导，技术创新活动最初以专利以及相关科技学术论文的形式出现，在此基础上经过基础性研究开发与工程化研究，再通过新产品的设计与试生产，最后生产出定型的新技术产品并创造出新的市场需求，由此推进区域技术发展水平的进步与经济的增长。基于技术创新的活动链，本章用每万人专利授权数、每万人科技论文数、高新技术产业产值占工业总产值比例、新产品产值率四个指标衡量技术创新产出能力。

6.1.2.3 技术创新扩散能力

技术扩散与吸收是实现产业整体持续创新的过程。单个企业或者少数企业的技术创新，不足以构建整体产业的竞争力，而只有将技术创新与发明成果应用到产业整体，才能有效促进某一产业的发展，并使少数企业技术创新能力演变成整体产业的技术创新能力。因此，技术创新扩散能力是形成技术创新能力的核心能力之一。技术吸收能力是指获取、学习和利用外部技术的能力，在存在技术溢出效应的前提下，技术吸收能力的大小对技术落后区域的技术追赶和整体经济发展速度起着至关重要的作用。技术创新扩散过程根本影响因素是技术市场，因此本章用技术市场成交合同数、技术市场成交合同金额两方面测度技术扩散能力；而技术吸收能力是指获取、学习和利用外部技术的能力，本章则主要采用外国直接投资 FDI、国外技术引进合同金额两个指标予以衡量。

6.1.2.4　技术创新环境支撑能力

技术创新支撑环境是技术创新潜力转化为现实技术创新能力的重要影响因素。现代技术创新活动的实践表明，除去技术创新基础性要素优劣以及要素整合效率之外，技术创新支撑环境与技术创新能力的发挥也具有显著的正相关关系，成为推动技术创新潜力转化的重要力量。技术创新能力较强区域往往具有良好的创新支撑环境，而技术创新能力较弱区域其创新支撑环境也往往较差。技术创新支撑环境是所有支持技术创新行为内部与外部因素的总和，一般而言包括基础资源（人力和物质条件）、技术创新意识和技术创新环境三个指标群，本章用教育投入占 GDP 比重、每百人平均国际互联网用户数、金融机构企业贷款额、居民消费水平四个指标予以衡量。

6.1.3　云南省技术创新能力评测

6.1.3.1　云南省技术创新资源投入能力

全国各省市技术创新资源投入能力评测指标见表 6-6。从评测的二级指标来看，R&D 人员全时当量在全国各省的排名中，沿海地区的广东、浙江等省份数量最高，最低的则是西藏、青海、海南等西部内陆省份；地方财政科技拨款占财政比重、R&D 经费占 GDP 比重较高的为北京、山东、江苏、广东等东部区域，最低的仍为西藏、贵州、云南、新疆、海南等西部地区；此外，从每万人R&D 经费额来看，辽宁、山东、新疆等地位于前列，而最低的为西藏、黑龙江以及中部地区的河南。整体来看，我国东中西部技术创新资源投入能力差距巨大，沿海东部地区的技术创新投入能力相对较强，而西部地区技术创新投入能力则相对较弱。从云南省来看，云南省人均科研经费所占比重排名在全国31省份中的11名、科研人员全时当量排名全国26、财政科技拨款占财政经费排名27、科研经费占 GDP 比例排名27，虽然人均科研经费排名在全国属于中上游，但其他指标在全国均处后列。这说明云南省仍然应当加大技术创新的投入力度，并充分关注科研经费的投入效率，以此增强本地区的技术创新能力。

表 6-6 我国不同省份技术创新投入能力比较

省份	R&D 人员全时当量/人年	排名	地方财政科技拨款占财政比重	排名	R&D 经费占 GDP 比重	排名	每万人 R&D 经费额/亿元·万人⁻¹	排名
北京	57761	15	31.51%	1	1.09%	13	40.42537	8
天津	79014	10	19.44%	7	2.05%	2	40.85424	7
河北	75142	12	12.80%	16	0.89%	17	34.69047	16
山西	35775	19	8.36%	21	0.98%	14	34.8575	15
内蒙古	27068	21	6.62%	25	0.61%	23	39.91012	10
辽宁	63374	13	13.63%	15	1.13%	12	51.16141	2
吉林	24395	22	10.86%	19	0.57%	24	32.36036	19
黑龙江	37509	18	12.40%	17	0.64%	22	25.48242	29
上海	93868	8	18.80%	9	1.91%	5	47.85648	4
江苏	422865	2	22.85%	3	2.11%	1	32.55265	17
浙江	290339	3	22.03%	4	1.91%	6	26.45691	27
安徽	95287	7	17.74%	10	1.37%	7	29.88134	25
福建	110892	6	15.03%	12	1.31%	9	28.44056	26
江西	28803	20	8.14%	22	0.82%	18	44.60098	6
山东	230800	4	25.94%	2	1.98%	4	50.93363	3
河南	134256	5	14.60%	14	0.97%	15	25.1185	30
湖北	91456	9	19.90%	6	1.33%	8	39.68582	12
湖南	77428	11	16.21%	11	1.15%	11	40.04296	9
广东	424872	1	19.91%	5	2.03%	3	32.36944	18
广西	22793	23	7.87%	23	0.54%	25	37.23985	14
海南	3484	28	3.04%	30	0.32%	30	31.8628	22
重庆	43797	17	10.50%	20	1.17%	10	38.00991	13
四川	62145	14	14.68%	13	0.69%	19	31.54094	24
贵州	15659	24	4.06%	28	0.44%	26	26.19146	28
云南	12980	26	5.06%	27	0.40%	27	39.79753	11
西藏	130	31	1.93%	31	0.03%	31	22.63846	31
陕西	50753	16	19.40%	8	0.91%	16	31.66209	23
甘肃	14380	25	11.43%	18	0.68%	20	32.29555	20
青海	2068	30	5.68%	26	0.40%	28	44.74275	5
宁夏	5799	28	7.03%	24	0.68%	21	32.16382	21
新疆	6688	27	3.84%	29	0.39%	29	53.5006	1

6.1.3.2　云南省技术创新产出能力

全国各省市技术创新产出能力评测指标见表6-7。从每万人专利授权数来看，排除掉人员数量过少的新疆、西藏等省份特例，该指标较高的为北京、四川、贵州、云南、浙江、上海等地，较低的为内蒙古、河南、宁夏等地；从每万人科技论文数指标来看，最高的为北京，最低的为广东、浙江等地；从新产品产值率指标来看，最高的为浙江、上海、北京，最低的为青海、内蒙古、黑龙江。整体来看，全国技术创新产出能力呈现以下特点：（1）东部地区虽然经济相对发达，但技术创新产出能力却未必突出，这突出体现在人均专利授权数指标上，同时，科技论文的产出在沿海地区也较低，这说明我国发达区域对于理论研究并不突出，更多是在科技技术的运用能力上实力相对较强；（2）在沿海城市的工业产值中，高新技术带来的产品产值成果已经显现，在工业产值中已经占有较高比重，而青海、内蒙古等地由于本身欠发达，工业发展相对沿海地区来说有较大差距，所以其中高新技术的产品产值很低。从云南省来看，一方面，每万人专利授权数云南在全国排名第7，说明云南在专利研发方面有一定的优势，同时也表明如何将专利发明转化为促进生产力扩张和效率增长的真正动力，这才是需要云南重视的；另一方面，云南的新产品产值率在全国排名26，说明云南在新产品产值率方面仍然很缺乏竞争力，而新产品产值过低，会造成未来创新发展的动力匮乏，即使有很高的专利授权比重，但是没有转化为有效的生产产品价值，再多的专利授权也只能停留在理论上，无法转化为真正的生产力。

表6-7　我国不同省份技术产出能力比较

省份	每万人专利授权数	排名	每万人科技论文数	排名	新产品产值率	排名
北京	12925.85	1	83072	1	21.47%	3
天津	3334.979	21	—	—	19.96%	4
河北	2679.194	27	—	—	7.06%	20
山西	2339.902	30	—	—	5.19%	24
内蒙古	1489.212	31	—	—	2.85%	29
辽宁	3080.916	24	21581	10	8.27%	14
吉林	2744.825	26	—	—	7.12%	18
黑龙江	4108.881	17	—	—	3.93%	28
上海	5378.617	9	35476	4	23.81%	2
江苏	4730.399	12	54727	2	16.58%	8
浙江	6493.926	5	27075	7	25.64%	1
安徽	5077.293	10	—	—	14.34%	9

省份	每万人专利授权数	排名	每万人科技论文数	排名	新产品产值率	排名
福建	3413.862	20	—	—	9.47%	12
江西	4801.93	11	—	—	5.65%	22
山东	3155.026	22	25828	9	10.17%	11
河南	2485.252	28	—	—	7.60%	16
湖北	3093.291	23	28674	6	12.74%	10
湖南	3440.228	19	—	—	18.84%	6
广东	4235.464	16	36389	3	17.59%	7
广西	4239.898	15	—	—	7.13%	17
海南	4583.812	13	—	—	8.44%	13
重庆	5551.065	8	—	—	19.32%	5
四川	7582.267	4	26505	8	7.12%	19
贵州	6454.435	6	—	—	4.72%	27
云南	6258.86	7	—	—	5.00%	26
西藏	11230.77	2	—	—	无	
陕西	4496.286	14	29315	5	5.77%	21
甘肃	3544.506	18	—	—	7.76%	15
青海	2993.23	25	—	—	0.38%	30
宁夏	2455.596	29	—	—	5.42%	23
新疆	7831.938	3	—	—	5.19%	25

6.1.3.3 技术创新扩散与吸收能力

全国各省市技术创新扩散与吸收能力评测指标见表6-8。从技术市场成交合同数以及技术市场成交合同金额指标来看，北京、上海、江苏等东部地区居于前列，陕西、湖北等相对发达内陆大省也排名靠前，而西藏、海南、内蒙古、宁夏等传统西部区域则排名靠后；而从外国直接投资、国外技术引进合同金额两个指标来看，居于前列的仍然是江苏、广东、天津、浙江等沿海发达地区，而居于后列的也仍然是青海、宁夏、西藏等西部经济发展相对落后区域。整体来看，我国技术创新扩散与吸收能力基本呈现出从东到西递减的区域分布，这基本符合我国东、中、西部区域的经济整体发展状况。从云南省来看，技术市场成交合同数指标排名第20位，技术市场成交合同金额指标排名第19位、外国直接投资指标排名第21位，国外技术引进合同金额指标排名第27位，各项指标整体在全国的位置处于下游、在西部处于中游。云南省要增强自身的技术创新能力，技术扩散与吸收能力的提升仍然是不可忽视的重要内容，尤其应当加强与国际先进地区的合作，增强招商引资与直接引进国外先进技术的力度。

表6-8 我国不同省份技术扩散与吸收能力比较

省份	技术市场成交合同数/项	排名	技术市场成交合同金额/万元	排名	外国直接投资FDI/万美元	排名	国外技术引进合同金额/万元	排名
北京	67284	1	31371854	1	904000.00	10	289996	5
天津	14947	8	3885631	7	1886700.00	3	218527	6
河北	3232	17	292228	22	637000.00	14	12820	19
山西	667	26	484595	18	295000.00	20	31875	14
内蒙古	535	29	139393	26	398000.00	18	4729	24
辽宁	11173	11	2174648	9	398000.00	18	111045	7
吉林	2891	19	285756	24	196600.00	23	69489	10
黑龙江	2131	22	1202776	13	508791.00	15	2958	28
上海	24864	3	5924481	3	181.66	31	504736	2
江苏	24094	4	5431585	5	2817000.00	1	330081	4
浙江	11923	10	872527	16	1580000.00	4	106606	8
安徽	7092	12	1698313	11	1234000.00	7	26694	15
福建	3708	15	391913	21	711500.00	13	64234	12
江西	1429	23	507593	17	845100.00	11	13306	18
山东	17331	7	2492942	8	1520000.00	5	84263	9
河南	2942	18	407919	20	1492700.00	6	7541	22
湖北	21507	5	5806801	4	792800.00	12	68025	11
湖南	4879	13	979342	15	1027000.00	9	9045	21
广东	18577	6	4132478	6	2687100.00	2	614383	1
广西	2347	21	115833	27	100100.00	25	3717	25
海南	36	30	6525	30	189000.00	24	12178	20
重庆	4016	14	1562007	12	423300.00	16	382754	3
四川	11932	9	1990506	10	1029000.00	8	44722	13
贵州	658	27	200392	25	206500.00	22	1096	29
云南	2785	20	479233	19	270600.00	21	3319	27
西藏	0	31	0	31	15854.62	27	0	31
陕西	25969	2	6400198	2	417600.00	17	23392	16
甘肃	3354	16	1145162	14	10000.00	28	1011	30
青海	801	24	291001	23	5000.00	30	13771	17
宁夏	544	28	31823	28	9244.00	29	3636	26
新疆	704	25	28223	29	41700.00	26	6007	23

6.1.3.4 技术创新环境支撑能力

全国各省市技术创新环境支撑能力评测指标见表6-9。从一般公共预算教育支出、金融机构企业贷款额、居民消费水平和互联网上网人数等指标来看，广东、江苏、山东等沿海发达地区排名靠前，而宁夏、西藏、青海等内陆少数民族众多区域排名靠后，这反映出人力资源培养与积累、金融资源支撑、市场发展水平以及通讯基础设施等技术创新支撑环境优劣与经济整体发展状况的显著的正相关关系。而从云南的情况来看，除去居民消费水平指标，一般公共预算教育支出指标、金融机构企业贷款额指标、互联网上网人数指标均居于全国中游水平，这不仅说明了云南技术创新环境支撑能力的巨大改善，同时也说明市场建设仍然是云南省完善技术创新环境支撑能力的重要方面。

表6-9 我国不同省份技术创新环境支撑能力比较

省份	一般公共预算教育支出	排名	金融机构企业贷款额/万元	排名	居民消费水平（人均消费支出）/元	排名	互联网上网人数/万人	排名
北京	742.05	11	424452990	6	31102.9	2	1593	19
天津	517.01	21	217159863	14	22343.0	4	904	27
河北	868.87	7	252906741	11	11931.5	21	3603	4
山西	507.28	22	242964314	12	10863.8	26	1838	14
内蒙古	477.77	24	137580250	22	16258.1	8	1142	24
辽宁	604.49	19	313738423	8	16068.0	9	2580	9
吉林	407.10	26	119160783	24	13026.0	13	1243	22
黑龙江	505.94	23	133814885	23	12768.8	15	1599	18
上海	695.63	13	479158100	5	33064.8	1	1716	16
江苏	1504.86	2	695726695	2	19163.6	6	4274	3
浙江	1030.99	6	685663235	3	22552.0	3	3458	6
安徽	743.07	10	216666470	15	11727.0	23	2225	12
福建	634.60	18	287846340	9	17644.5	7	2471	11
江西	711.72	12	153015074	20	11088.6	24	1543	20
山东	1461.05	3	500279742	4	13328.9	11	4634	2
河南	1201.38	4	266811671	10	11000.4	25	3474	5
湖北	773.35	9	240974966	13	12928.3	14	2625	8
湖南	833.27	8	196714249	17	13288.7	12	2579	10
广东	1808.97	1	790109160	1	19205.5	5	7286	1
广西	660.53	16	156202022	19	10274.3	27	1848	13

省份	一般公共预算教育支出	排名	金融机构企业贷款额/万元	排名	居民消费水平（人均消费支出）/元	排名	互联网上网人数/万人	排名
海南	175.95	28	37038368	29	12470.6	18	421	28
重庆	469.98	25	200114985	16	13810.6	10	1357	21
四川	1056.91	5	324883868	7	12368.4	19	3022	7
贵州	637.03	17	105995296	25	9303.4	30	1222	23
云南	674.94	15	143325652	21	9869.5	29	1643	17
西藏	142.08	30	16187241	31	7317.0	31	123	31
陕西	693.83	14	182330365	18	12203.6	20	1745	15
甘肃	401.26	27	102301845	26	9874.6	28	951	26
青海	156.31	29	35412255	30	12604.8	16	289	30
宁夏	122.68	31	45784920	28	12484.5	17	295	29
新疆	567.20	20	49194884	27	11903.7	22	1139	25

通过以上对我国技术创新能力的分析，我国区域技术创新能力与区域经济发展水平呈现出显著的正相关关系。经济发展程度高的东部省、市、区，如上海、广东、北京、山东、江苏和浙江等，在技术创新的支撑能力、投入能力、产出能力、吸收扩散能力和产业化能力等方面也较强，而经济较为落后的属于西部省区的甘肃、云南、广西、西藏、贵州和海南等地方，则在构成技术创新能力的各方面均比较弱。区域技术创新能力表现出从东到西不断衰减的阶梯式分布。而对云南来讲，教育发展水平、基础设施建设水平、制度完善程度等仍然成为云南省进一步提升其技术创新能力的关键障碍。

6.2 云南省技术创新的载体分析

所谓"载体"即事物从一种状态变化到另一种状态的过程中所借助的中介物质，而技术创新载体则可定义为加速技术创新知识创造、传递、聚合和转化的基础和必要条件。具体包括促进新知识的产生、新知识向新技术的应用转化、新技术向新产品（或服务）转化、新产品向新产业转化以及促进这一过程中各类知识聚合的一切中间媒介。由于技术创新载体在技术创新中的基础性作用，本部分将对云南省技术创新载体展开研究。

6.2.1 技术创新载体构成

根据划分的标准不同，创新载体可以划分为不同的类型（见表 6-10）。根据中间媒介的不同，技术创新载体可划分为创新硬载体（组织、机构、土地、建筑物等）和创新软载体（政府政策、创新文化、政府服务、舆论宣传等）两大类；根据创新载体的组织形式的不同，创新载体可以划分为实体型（技术创新联盟、创新网络、产学研合作体以及产业集群）与虚拟型两种类型；而根据创新载体实现的主要功能的侧重点不同，技术创新载体具体还可划分为知识生产载体、企业生产载体、创新过程载体与创新支撑载体四类。创新载体具体表现复杂多样，且随着经济社会发展与技术进步的加快，具备区域技术优势与产业特色的新型技术创新载体也在不断涌现。以下对我国目前使用较多、促进技术形态转化效果突出的几种主要技术创新载体其功能和特点进行梳理，并以此为参照对云南省技术创新载体进行研究。

表 6-10　技术创新载体分类研究

名　称	内　涵	功　能	特　点
国家重点实验室	我国国家层面组织高水平基础研究和应用基础研究、聚集和培养优秀科学家、开展高层次学术交流的重要基地	（1）围绕国家战略发展目标，开展基础理论与运用研究，增强国家原始创新能力与科技储备。 （2）提出创新思想，探索科学前沿。 （3）对国家社会经济发展及安全需要的重大关键技术创新和系统集成进行研究。 （4）积累基本科学数据、资料和信息，为国家宏观决策提供依据	（1）国家高层的高水平理论与运用研究基地。 （2）享有独立人事权与财务权，主要依托于国内著名科研机构与高等院校。 （3）原则上不单独承担科技成果产业化工作。 （4）高水平人才聚集机构
工程技术中心	依托某一领域科技实力雄厚的科研院所、高等学校及企业，拥有一流工程技术研发人才队伍及完备的工程技术综合配套试验条件的技术研究开发平台	（1）最新科研成果的产业化研究开发。 （2）在所属行业或领域内培养一流的工程技术和研发人才。 （3）为所属行业或领域提供技术咨询服务。 （4）对从国外引进的先进技术进行消化、吸收与再创新。 （5）科技开发、技术创新和科技成果产业化的重要基地	（1）探索科技与经济紧密结合的一种新途径，强化科技创新与产业化的有机结合，促进科技成果向现实生产力的转化，缩短科技成果转化的周期。 （2）依托于相应领域内具有雄厚科技实力的科研机构、高等学校以及大型科技型企业，且依托单位具有自我良性循环发展的能力。 （3）重点面向企业规模生产的需要，提高现有科技成果的产业化水平，推动新兴产业的崛起，帮助传统产业不断升级换代。 （4）具有行业性质而不具体针对某一企业的需求

名　称	内　涵	功　能	特　点
企业技术中心	大型企业集团中专门从事关键技术和新一代产品研究开发的机构，是企业进行先进技术储备的核心组织与技术创新体系的重要组成部分	（1）新产品、新工艺、新装备、新材料的研发。 （2）企业技术创新战略决策咨询。 （3）企业技术创新体系建设。 （4）对外技术交流、合作，对内技术指导与服务	（1）针对企业实际需要，满足企业技术创新与技术进步的要求。 （2）研发经费由企业自身提供，因此，建有企业技术中心的一般均为行业或区域内的大型龙头企业。 （3）对企业主导产品上下游企业进行技术指导与技术服务
技术创新联盟（产学研合作）	以产业或企业的共同发展需求和各方的共同利益为基础，以提升产业或产业内某个特定领域的技术创新能力为目标，通过契约的方式，在参与各方自愿的基础上形成的优势互补、利益共享、风险共担的技术创新合作组织	（1）围绕产业或产业内某个领域技术创新的关键问题，开展技术合作，获取产业发展中的某些关键核心技术。 （2）实现联盟内成员知识共享，促进知识和技术在联盟内各成员间的扩散。 （3）实施技术转移，加速科技成果商业化，提升产业内某个领域的整体竞争力。 （4）共同制定国际、国内行业技术标准。 （5）实行知识产权共享，开展技术服务，促进公共技术研发和共性技术服务。 （6）联合培养人才，加强人员的交流互动	（1）大多以契约为合作基础，有一个牵头或依托单位，成员数量从几个到几十个不等。 （2）技术创新联盟既有全国性的，也有区域性的，但更多是区域性的。 （3）在技术领域上往往集中在该区域主导高技术产业和拟重点发展战略性新兴产业的相关技术领域。 （4）既有专门从事技术研发，也有既从事技术研发又从事技术商业化的技术创新联盟
工业（产业）技术研究院	一般由政府主导，依托一家或多家高等院校、科研院所、企业组建或政府单独组建，致力于为发展战略性新兴产业或地方主导高科技产业提供技术研发、技术转移和技术服务的实体性组织	（1）开展新兴技术和高技术研发，推出拥有自主知识产权的科技成果。 （2）促进技术转移和扩散，将研发完成的科技成果孵化为科技型企业。 （3）开展技术攻关与技术服务，解决区域技术难题。 （4）促进传统产业升级换代。 （5）培养技术研发、创业和管理等高层次人才	（1）非盈利性组织。 （2）项目孵化一般交由参股、控股的公司完成，公司的盈利将反哺研究院更好发展。 （3）大多数针对行业或产业来组建，也有面向高新技术多个领域的综合性工业（产业）技术研究院。 （4）以产业升级换代和发展新兴产业为主要目标，不以单个或少数企业的实际需求为组建目的。 （5）或是吸引著名大学、科研院所落户当地组建，或是依托著名大学、科研院所的技术力量组建。 （6）在工业（产业）技术研究院的兴建和发展过程中，政府起主导作用

续表 6-10

名　称	内　涵	功　能	特　点
共性技术服务（研发）平台	共性技术平台应该区分为共性技术研发（创新）平台和共性技术服务平台两类。共性技术研发（创新）平台，是指主要从事共性技术研发的机构和组织；共性技术服务平台则是指专门为共性技术研发、中试、产业化服务，以及为共性技术的配套技术服务的机构和组织	（1）为共性技术和为共性技术的配套技术提供检测和实验环境。 （2）组织与共性技术相关的信息交流，提供与共性技术相关的信息服务。 （3）组织和提供与共性技术相关的技术、管理咨询和人员培训。 （4）组织和协调与共性技术相关的技术协作。 （5）协助解决共性技术研发中的某些技术问题	（1）一般带有产业或行业性质。 （2）检测和实验环境（设备）一般针对共性技术和为共性技术配套的技术在技术实现过程中的某些关键环节，购置价格相对昂贵，单个研发机构使用频率较低但不可或缺。 （3）一般带有产业或行业性质，服务于某些特定的技术领域。 （4）拥有熟悉该共性技术的专业人才队伍
孵化器	是指以科技型创业企业（以下简称"在孵企业"）为服务对象，提供研发、试制、经营的场地和共享设施，以及一系列创业培训、辅导、咨询服务，以降低创业风险和创业成本，促进企业健康快速成长的科技创新创业服务载体	（1）为初创或小微科技型企业提供相对廉价的办公场地和办公设施。 （2）提供初创或小微科技型企业成长中所需的管理、政策咨询和金融、会计、税务等专业服务的渠道。 （3）通过政策扶持和运营一段时间后能达到盈利和发展壮大。 （4）纯盈利性的孵化器一般都兼有投资功能。 （5）充当风险投资和新创企业之间的媒介，提供双方所需的有用信息	（1）建有一套相对完整的"入孵"（进入孵化器）和"毕业"机制。 （2）中央和地方政府通常对孵化器的建立和初始运营给予政策扶持和资金支持。 （3）拥有一支熟悉创新创业的专业管理团队，能帮助在孵企业解决成长中的一般性管理问题。 （4）为在孵企业提供的硬件设施和服务以及服务渠道的收费相对低廉
科技园区（高新区、经开区）	经政府相关部门审批设立，具有特定区域范围和管理机构，承载高新技术企业、发展某一类或某几类高新技术产业的区域	（1）集中发展某类或某几类高新技术产业。 （2）培育和促进高新技术企业成长和某一类（或某几类）高新技术产业的发展。 （3）促进相关专业性高技术企业集聚。 （4）营造创新文化，促进专业技术和知识的扩散和转移。 （5）为园区内企业提供相应的服务。 （6）大学科技园、高新技术产业开发区和部分高科技园区具有成果转化和孵化功能	（1）具有划定的空间区域。 （2）设有固定的管理机构。 （3）在所划定的区域内集中发展一类或几类高新技术产业。 （4）为进入园区的高新技术企业提供一些优惠政策。 （5）国家级高新技术产业开发区和国家级经济技术开发区作为一级政府或政府派出机构，可为符合条件的企业提供一定的财政金融支持

名　称	内　涵	功　能	特　点
产业集群	产业集群是由政府、企业、大学、科研院所、中介机构等组织在相近地理位置内，围绕某一比较集中的产业而形成的一个社会经济组织系统	(1) 集聚资源。 (2) 专业分工。 (3) 节约空间交易成本。 (4) 学习与创新效应。 (5) 竞争与合作效应。 (6) 品牌效应	(1) 特定区域空间上的集聚； (2) 产品专一企业分工明细； (3) 产业链的相对完整性； (4) 众多企业形成复杂的网络关系； (5) 服务一般由当地政府和政府支持的专业性服务机构来提供

6.2.2　云南省技术创新载体发展现状

经过多年的发展，当前云南省形成了以国家重点实验室、工程技术研究中心、企业技术中心、技术创新联盟、孵化器、科技园区、产业集群为主体的，全方位、多层次的技术创新载体结构，为云南省技术进步做出了巨大的贡献。

6.2.2.1　国家重点实验室

当前，云南省依托丰富的资源，共建设了5个国家级重点实验室，包括云南生物资源保护与利用国家重点实验室、共伴生有色金属资源加压湿法冶金技术国家重点实验室、遗传资源与进化国家重点实验室、植物化学与西部植物资源持续利用国家重点实验室、稀贵金属综合利用新技术国家重点实验室。其中，"云南生物资源保护与利用国家重点实验室"立足于云南及周边地区丰富的生物资源，面向国家战略生物资源与生态环境安全的需求，解决生物资源保护和可持续利用中的重大科学问题和关键技术，为我国及云南生物资源保护、生物产业的发展提供有力的科技支持。"共伴生有色金属资源加压湿法冶金技术国家重点实验室"主要开展应用加压湿法冶金技术在共伴生有色金属资源综合利用、反应器新结构新材料、加压湿法冶金控制及自动化技术、加压湿法冶金技术制备高纯材料等领域的应用基础研究、关键技术和共性技术研究，以获得创新性成果和自主知识产权，解决我国共伴生有色金属资源综合利用率低、能耗高、污染大等技术难题，为我国有色金属冶金行业技术进步、产业发展和转型升级提供前沿技术储备和关键共性技术支撑。"遗传资源与进化国家重点实验室"以西南地区多样化的少数民族和丰富的动物遗传资源为基础，结合国家需求和国际相关学科前沿的发展态势，通过加强我国对遗传资源这一战略资源的基础性研究，推动我国在遗传多样性、进化基因组学和进化发育领域的发展，为遗传资源的保护和可持续利用提供理论依据，为我国生物、医学和医药产业的可持续发展提供支撑。"植物化学与西部植物资源持续利用国家重点实验室"以有机化学为基础，运用化学和现代分析手段，开展植物化学成分的结构测定、生物活性与功能、结构修饰与合成、分布及演化规律的研究，促进我国尤其是西部地区创新植物药和中药现代化的发展及植物资源的可持续利用。"稀贵金属综合利用新技术国家重点实验室"以稀贵金属资源高效回收及绿色冶金技术、环保催化材料及化学合成催化材料技术、航天航空等新材料技术为主要研究方向，致力于我国稀贵金属资源综合利用基础理论研究、新材料新技术研究、共性关键技术研究。

6.2.2.2 工程技术研究中心

围绕优势特色产业、重点产业、战略新兴产业的工程技术及成果转化研究，通过积极规划布局，云南省构建了众多工程技术研发中心，且多数工程中心为院所或高校与企业联合申报，充分体现了产学研的结合。当前，云南省工程技术中心行业已经覆盖了高端装备制造、光电子、矿冶与新材料、生物与医药、新能源及节能环保、农业、建筑及交通、服务业等诸多领域。

在云南省建成的众多工程技术研究中心中，"云南省磷矿采选工程技术研究中心"和"国家贵金属材料工程技术研究中心" 2 个国家级工程技术研究中心尤具特色与代表性。

"云南省磷矿采选工程技术研究中心"主要研究开发磷矿高效安全开采、磷矿选矿工艺与浮选药剂、磷化工与环境治理方面具有自主知识产权的工程化新技术、新工艺、新设备和新产品，以推动我国磷矿开发与磷化工行业的科技进步和可持续发展。目前，该研究中心已汇集了包括地质、采矿、选矿、化工、材料、环境和安全专业的各类技术和管理人员，拥有工艺矿物学、安全监测、选矿、浮选药剂、磷化工、环境评价和磷石膏综合利用等实验室，拥有分析检测中心、磷矿选矿和磷化工中试生产线。

"国家贵金属材料工程技术研究中心"则主要为开发、应用的贵金属材料科技成果转化为规模化生产提供共性技术、关键技术和专项配套技术，为开发和应用的科研成果提供工程化验证和评估。当前该中心着眼于传感器敏感元件及传感器材料，包括涂层材料、含电极浆料、传感器电极引线材料的系统性研究、开发和工程化技术研究着眼于化学工业用节铂 Pt-Pd-Rh-MPt 四元合金催化网、改性 Pt-Pd-Ph 三元合金催化网、低锗或不含锗催化网、不含金的捕集网及银催化网的研究、开发和工程化技术研究。根据远期规划，中心还将开展贵金属薄膜领域，贵金属有机金属化学领域，电子材料延伸发展领域，智能化灵巧材料领域的研究、开发和工程化技术研究。

6.2.2.3 企业技术中心

建立企业技术中心既是深化科技体制改革、促进科技成果转化与企业成为技术开发主体的重要措施，也是提高企业技术研发能力、增强企业竞争力和发展后劲的必要条件。云南省国家级企业技术中心包括昆明船舶设备集团有限公司技术中心、红塔烟草（集团）有限责任公司技术中心、云南锡业集团有限责任公司技术中心、云天化集团有限责任公司技术中心、红云红河烟草（集团）有限责任公司技术中心、云南白药控股有限公司技术中心、云南冶金集团股份有限公司技术中心、云南生物谷灯盏花药业有限公司技术中心、云南铜业（集团）有限公司技术中心、滇虹药业集团股份有限公司技术中心、云南南天电子信息产业股份有限公司技术中心、云南沃森生物技术股份有限公司技术中心、昆明制药集团股份有限公司技术中心、云南煤化工集团有限公司技术中心。这些企业技术中心主要分布于烟草领域、生物及医药领域、信息技术领域、船舶领域、工业及化工领域等。

6.2.2.4 技术创新联盟

基于我国创新驱动发展战略，云南省也相继提出了"创新型云南行动计划"。2011 年，云南省开始启动了包括贵金属材料产业、红外光电产业、钛产业、三七、民族药业等优势特色产业的技术创新战略联盟试点工作，总数仅 14 家。至 2015 年底，云南省已经遴选了五批共 65 个产业技术创新战略联盟开展省级试点工作，按试点联盟技术领域划分，工业类 22 个、农业类 32 个、社会发展类 11 个，涵盖了高原特色现代农业、现代生物产业、高端装备制造产业、新材料产业、光电子产业、新能源产业、节能环保产业及现代服务产业。特别是 2013 年，云南省试点联盟实现在国家产业技术创新战略联盟试点工作中零的突破，贵金属材料产业、食用菌产业技术创新战略联盟被科技部列为国家产业技术创新战略试点联盟试点，钛产业、三七产业技术创新战略联盟同时被列为科技部重点培育对象。

当前，云南省技术创新联盟积极探索产学研合作的新机制新模式，在开发共性关键技术、共建研发平台、制定行业标准和产品质量规范、延伸产品链、共同培养人才等方面均取得明显成效。肉牛联盟、生猪联盟、食用菌联盟、鸡联盟、咖啡联盟、杂交玉米联盟、花卉联盟、核桃联盟、香蕉联盟、蚕桑联盟、油菜联盟等均在云南高原特色现代农业的推广发展中起到了关键作用，对满足云南优质、安全食品及其加工制品供应和打造云南在全国乃至世界有优势、有影响、有竞争力的绿色战略品牌奠定了基础，对农民增收、就业等也起到了积极的带动作用；红外光电联盟、外场强化过程与装备联盟、太阳能光热联盟等从行业需求出发，以国家战略性新兴产业中的高端装备制造、光电子、新能源利用产业为导向，以提升产业技术核心为目标，实现了创新资源的有效分工与合理衔接，加速了科技成果的商业化运用；贵金属材料联盟、多联产煤化工联盟、钛产业联盟、磷资源联盟、钾资源联盟等加快了云南省自然资源开发利用领域从粗放型经济增长方式往集约型经济增长方式的转变速度，提高了对不可再生资源的综合利用效率，提升了云南化工产业的核心竞争实力；灯盏花联盟、石斛联盟、三七联盟、民族药联盟、实验动物联盟、生物疫苗联盟等合理利用了云南省生态环境多样性、资源多样性、民族多样性、医药文化多样性的特点，结合现代技术将资源优势转化为技术经济优势，成功提高了产品附加价值，有效提升了云南省生物医药产业的发展前景和投资空间。

6.2.2.5 孵化器

近年来，云南省相关部门采取积极措施，有力推进了科技企业孵化器建设，并相继建成立云南创新生物产业孵化器、嵩明杨林经济技术开发区国际企业孵化园、昆明经济技术开发区新兴产业孵化区、昆明创新园科技发展有限公司、云南海归创业园科技发展有限公司、昆明高新技术创业服务中心、云南省新材料孵化器、昆明北理工科技孵化器等一大批知名科技企业孵化器，为云南省高新技术产业的发展作出了积极的贡献。

经过多年的发展，云南省科技企业孵化器已形成自身特色：

（1）数量及质量显著提高。为适应经济增长和特色高新技术产业发展的需要，昆明高新区、昆明经开区、高等学校、研究机构、大型企业（包括民营企业）创建了一大批具有特色的综合性科技企业孵化器，在稳固发展、提高质量的同时，不断创新模式与扩大规模。此外，各类专业科技孵化器也得到发展。

（2）经济效益显著增强。云南省近年建设的各类科技企业孵化器，紧紧围绕经济发展方式的转变，围绕主导产业、新兴产业及低碳经济产业，不断引进项目、以孵化科技成果促进产业化，对建设区域创新体系，提高技术创新能力和带动区域经济发展的贡献明显增大。

（3）服务功能显著完善。云南省各级科技企业孵化器都建立了相应创业服务体系及平台，包括基础设施和物业管理服务、技术转移及产学研合作服务、人才交流服务、管理咨询服务、投融资服务、项目推介与市场推广服务、信息网络服务等。此外，各类孵化器还初步形成了鼓励创新、创业的政策体系。

（4）管理及运营体制创新显著提升。云南省科技企业孵化器以政府引导和支持为主，发挥社会力量推进孵化器建设和发展，呈现投资多元化，运行机制多样化、创新服务专业化的发展局面。

6.2.2.6 科技园区

云南省于1992年开始发展科技园区（包括各种类型开发区），目前其数量已多达上百个，科技园区的建设对提升云南省技术创新能力、调整和优化产业结构、促进经济发展起到了显著作用。

在所有云南省科技园区中，其中 6 个国家级科技园区发展最为充分且成绩突出，分别为高新技术开发区、昆明经济技术开发区、嵩明杨林经济技术开发区、曲靖经济技术开发区、蒙自经济技术开发区、玉溪高新技术产业开发区。其中，昆明高新技术开发区相继建设了昆明高新技术创业服务中心、云南省大学科技园、云南软件园三个国家级的创新基地和云南留学人员创业园、昆明现代生物制药产业园两个省级产业化基地，积极构筑完善的技术创新体系，并朝着技术产业化的方向发展；昆明经济技术开发区大力发展先进制造业和高新技术产业，产业链条不断延伸，产业聚集效应日益突显，形成了以装备制造、光电子、生物医药、食品饮料和烟草加工及配套等为主导的产业集群，成为昆明市、云南省乃至西南地区重要的先进制造业基地；嵩明杨林经济技术开发区以汽车制造及零部件配套产业为核心支柱，以机械装备制造、食品饮料、新型材料等 4 大产业为产业布局，着力培育有利于主导产业链健康成长的具有现代先进的临空经济产业带，同时也是商贸旅游等服务设施与之相配的现代化大型综合工业园区；曲靖经济技术开发区以区域内的西城工业园区、南海子工业园区、曲靖农业食品科技园为基地，以有色金属、光伏电子、装备制造、轻工和生物产业为主的五大产业初具规模，产业集群化、规模化、高端化趋势明显；蒙自经济技术开发区已建成了以钢铁、冶金、化工为龙头，机电、轻工、生物、进出口贸易、商贸物流为主的现代服务业等多种产业共同发展的产业体系；玉溪高新技术产业开发区以红塔集团强大的综合实力和地方财政的雄厚基础为依托，致力发展高新技术产业，力争将其建设成亚洲烟草及其配套产业的研发、生产、销售一体化中心及云南省外向型经济的重要出口基地。

6.2.2.7　产业集群

近年来，云南努力构建了滇中、滇东北、滇东南、滇西和滇西北、滇西南 5 大区域特色鲜明、优势互补、分工有序、协调发展的区域经济板块，产业集群建设取得一定成效。其中，烟草、生物医药、水科技环保、高新技术产业等产业集群主要分布在以资本和技术密集型产业布局为主要导向的滇中地区；滇东北地区则以清洁载能型和劳动密集型产业布局为导向；滇东南地区分布有糖产业、林产品产业等以特色产业发展为主要导向的产业集群；翡翠、黄龙玉珠宝玉石加工、咖啡等产业集群主要分布在以生态环保型和外向型产业布局为主要导向的滇西和滇西北地区；茶产业、橡胶原材料、旅游产业主要分布在以特色产业发展和外向型产业布局为主要导向的滇西南地区。各区域产业布局分别以资本和技术密集型、环保型和外向型、特色经济和外向型、特色绿色经济和外向型、清洁载能型和劳动密集型产业建设为重点。目前云南在昆明、曲靖、玉溪、红河、保山、普洱等州市形成了 30 余个产业集群，规模经济效益明显，带动了当地区域内优势产业以及整体经济的快速腾飞（云南省产业集群见表 6-11）。

表 6-11 云南省产业集群

昆明	呈贡斗南国际花卉产业集群、云南装备制造产业集群、昆明螺蛳湾商贸批发企业集群、安宁时代贸港工厂机械产业集群、晋宁商贸物流产业集群、富民"工业上山"工业园区
曲靖	沾益煤化工产业集群、曲靖有色金属产业集群、曲靖光伏电子产业集群、曲靖汽车及装备制造产业集群、曲靖轻工业产业集群、曲靖生物产业集群
玉溪	中国烟草加工产业集群、红塔区钢铁企业集群、玉溪生物医药产业集群
昭通	昭通天麻生物产业集群
楚雄	楚雄工业园区
大理	大理旅游企业集群、大理喜洲扎染蜡染手工业集群、鹤庆民族金银铜器加工手工业产业集群
文山	文山三七药物产业集群
红河	个旧有色金属产业集群
普洱	普洱市茶产业集群
丽江	玉龙县特色生物工业产业集群、丽江旅游产业集群
迪庆	香格里拉县旅游产业集群
西双版纳	景洪市旅游产业集群
保山	保山文化产业集群
临沧	临沧工业园区、高原特色农业产业集群、糖产业集群、凤庆滇红茶产业园
怒江	怒江林业产业集群
德宏	德宏生物特色产业集群、珠宝玉石产业集群、红木产业集群

6.2.3 云南省技术创新载体存在的问题

在不断取得辉煌成绩的同时，云南省技术创新的载体也还存在诸多问题，突出表现在：

6.2.3.1 科研机构竞争层次较低，竞争机制不健全

大多数科研机构安于现状，只关注科研项目和科研经费的竞争，不重视科研发展规划，科研机构之间无法形成对科研、管理和人才之间的全面竞争格局，导致研究缺乏特色，不能挖掘和形成科研机构主导竞争优势，故而许多科研机构只满足于达到国内先进水平，缺乏参与国际竞争的动力和信心。此外，由于竞争机制不健全，公平合理的竞争机制还没有建立起来，评估竞争成为科研机构一切工作的中心，以评估指标为开展科研工作的指挥棒，导致不少科研机构只抓与评估有关的工作，放弃了其他一些重要的基础性工作，制约了其原始创新能力的提高和发展后劲的积累。

6.2.3.2 工程技术中心资金及人才投入不足，行业支撑引领作用有待加强

相对于基础研究而言，工程技术研究需要更大的资金及人才投入，特别是中

试线及产业化试验需要大量的人力、物力及财力的支持，财政资金的投入解决了部分资金问题，但并不能从根本上解决资金及人才投入不足的问题，而依托单位仅考虑自身的利益，甚至部分依托单位将工程中心列为自己的下属机构，开展的大量研发工作只是围绕自身需求开展，没有站在行业的战略高度上来建设工程中心以及开展项目研发，导致许多行业共性研发项目难以开展。此外，在资源共享上，整体的规划和统一布局不健全，科技创新主体较为封闭，资源基本上成为企业、机构所有，不能为全社会共享，无法形成集成优势，从而技术创新对全省行业的带动支撑作用不够显著。

6.2.3.3 企业技术中心作用发挥不充分，开发能力不足

企业技术中心作用发挥不够充分，主要表现在：一是未能很好地形成有效的激励机制，不能为企业技术创新工作创造良好的内外部环境和制度保证；二是未能很好地与产业结构调整相结合，围绕结构调整开展技术中心研发工作，在产品更新、产业技术升级和培育新的经济增长点中，没有充分发挥技术中心的重要作用；三是未能很好地与企业技术创新体系建设相结合，在市场、开发、生产、营销相衔接等方面有脱节现象。

部分企业技术开发能力不足，主要表现在：一是企业缺乏前瞻性技术的研究开发，较多地停留在眼前产品的改进上；二是缺乏有效的技术依托，较多企业产学研活动还停留在短期接触与一般的协作关系上，其深度、力度、紧密度还远远不够，缺乏雄厚的高、精、尖人才基础后盾；三是部分企业技术中心创新能力建设长期投入不足，研发实验等工程化基础条件刻薄。

6.2.3.4 技术创新联盟自我发展尚需完善

技术创新联盟的起步和发展离不开政府的支持和帮助，建设初期可以由政府出面协调处理各方利益、整合各方资源、促进合作协议形成，但要获得真正发展，还必须依靠自身可持续性的自我发展功能。目前，云南省技术创新联盟自我发展功能非常脆弱，可形成的强有力的联盟不多，以贵金属为代表的产业技术创新战略联盟各方面都不太成熟，还需政府的进一步扶持与帮助。

6.2.3.5 科技园区建设质量不高，产业集聚效应不强

目前云南省的区域经济发展大多以科技园区建设为依托，但有量无质却普遍存在。首先，缺乏相应的考核退出机制，不少亏损企业只要未达到破产警戒线均会选择滞留；其次，园区内产业根植性不强，由于园区企业较大流动性导致产业结构和形态上的趋同，产业集聚不能发挥自身优势和特色。同时，在云南省产业园区的发展过程中，产业园区的集聚效应不强也是很大的问题，由于产业园区建设的盲目性，产业园区在吸纳企业时也缺乏统一认识，部分园区只注重企业的数量，而不注重产业园区内部的企业之间的产业链条关系，使得园区的主导产业不突出，产业集聚所带来的积极效应未能凸显。

6.2.3.6 产业集群专业分工及关联度低

专业分工程度低。企业集群已是目前云南省层面推动产业结构转型升级和地区经济扩张的重要手段，虽然云南省多个县市在形式上实现了产业集群发展，但在发展过程中企业受传统意识影响独立性仍然较强，存在产业专业化程度低、协作分工不明显等问题，没有真正形成企业间人员、信息、技术的合作，影响了整个集群的竞争力。

产业关联度低，产业"断"链明显。云南省各州市目前大多借助于一个或者几个主导优势产业，并以此为中心带动附近资源的流通，加速相关产业的聚集。但相关的上下游产业以及支撑性、互补性产业之间的配套协作不多，产业链欠缺相关产业的整合和产业的连续性，经济结构不合理，产业难以纵深发展。

6.2.3.7 技术创新载体运行机制建设不完善

以云南省工程技术研究中心与技术创新联盟为例，部分中心与依托单位的关系不清楚，存在"一套人马、多块牌子"的管理模式。部分依托单位不能很好地将工程中心与企业技术中心区分开，将工程中心认为是依托单位下属的部门或机构；中心的人事、财务等没有独立，导致中心的日常运作受到一定限制，制约了中心相关工作的开展。在经费使用和运行方面，"重建设，轻运行"等问题仍然存在，部分中心具有先进的硬件条件，但是管理混乱，运行机制不合理，导致难以取得高水平成果。同时，制度创新是联盟建设和发展的关键，是建立持续稳定产学研关系的保障。我省联盟管理机制和运行机制需要不断完善和持续探索，特别是在联盟构建、绩效评价等方面需要全方位、多视角、多维度地进行系统研究和设计，以更好推动产业发展和升级。此外，体制门槛亟需解决，部分产业联盟由于民营身份而无法享受政府应有的税收减免优惠政策，并在融资方面存在一定的困难，这都不利于联盟的稳定运行。

6.3 云南省产业技术创新运用与高新技术产业化发展

6.3.1 战略性新兴产业

为了改变中国当前经济发展结构失衡、产业结构失衡的困境，紧跟世界创新潮流，真正将我国建设成为创新型国家，并在新一轮的全球技术变革中占据优势地位，以 2010 年《国务院关于加快培育和发展战略性新兴产业的决定》以及 2012 年《"十二五"国家战略性新兴产业发展规划》的颁布为基础，节能环保、信息技术产业、生物产业、高端装备制造业、新能源产业、新材料产业和新能源汽车等七大产业被划分为战略性新兴产业，而这些产业也将作为技术运用与高新技术产业化发展的重要领域，引领未来我国技术创新与经济发展的进程。

在国家确立的战略性新兴产业中，除去新能源汽车，其余六个产业云南省均有所涉足。下面对云南省节能环保、信息技术、生物、高端装备制造、新能源、新材料六个产业技术运用及技术产业化发展现状进行分析。

6.3.1.1　节能环保产业

云南省认真贯彻落实国家节能环保政策方针，通过创新工作措施激励、科技创新项目技术支撑，研发出一批行业领先的技术，并积极鼓励技术的应用，促进节能环保技术的产业化发展。

研发出一批行业领先的节能环保技术。云南大学组织实施"沉淀吸附法治理阳宗海湖泊水体砷污染"项目成功研发出具有自主知识产权的吸附沉淀除砷剂，突破水体除砷关键技术；云南云天化氟化学有限公司通过实施"3万吨/年冰晶石产业化"项目，自主开发了高磷氟硅酸脱磷关键技术、氟化钠结晶和沉淀二氧化硅分离关键技术、固体氟化钠与氟化铝溶液合成冰晶石等关键技术；云南师范大学联合相关企业，开发出集太阳能、储能、地暖、通风除湿、热泵等多项节能技术为一体的集成技术；昆明七零五所科技发展总公司开发的"NTPOA001型低温等离子体除异味装置"，性能处于国内领先水平；昆明阳光基业股份有限公司研发出的高效节能余热发电锅炉成套设备等。云南省节能环保产业在技术研发的同时，积极加强鼓励技术的应用，云南师范大学联合相关企业开发的集太阳能、储能、地暖、通风除湿、热泵等多项节能技术为一体的集成技术应用于粮食、坚果、瓜果、中药材、花卉、肉类、茶叶、咖啡等农副产品加工、干燥，改变了传统煤柴烘烤消耗资源、占地面积大、污染严重等弊病，节约资源，安全卫生，产品加工品质高，环保效果好，起到了积极的示范作用；"NTPOA001型低温等离子体除异味装置"目前已应用于曲靖卷烟厂技改制丝线低温等离子体异味处理系统工程、昆明长水国际机场垃圾处理中心，运行安全稳定，处理效果极好；昆明阳光基业股份有限公司研发的高效节能余热发电锅炉成套设备在多家企业得到应用，对有效利用高耗能行业中低温废气余热，推动高耗能行业节能减排具有积极的推动作用。

技术产业化范例："年产9.5万吨蔗渣浆纸产业化示范"项目。

临沧南华纸业有限公司实施的"年产9.5万吨蔗渣浆纸产业化示范"项目，通过工艺技术创新，利用废气蔗渣作为造纸原料，建成年产9.5万吨蔗渣浆纸生产线，可满足双胶纸、书写纸、复印纸、铜版原纸等高级文化用纸生产要求，生产工艺实现全流程自动化，生产1吨蔗渣浆产品节电12千瓦·时，节水22吨，减少污水排放22吨，对节约木材资源，为糖业废弃物在造纸业的应用起到积极的示范带动作用。

6.3.1.2　信息技术产业

信息技术产业在推动经济跨越发展、转变发展方式、促进社会就业等方面发挥重要作用。为适应新形势新任务新要求，云南省持续放大政策影响力，大力培育新一代信息技术产业，加快信息化和信息产业发展。

云南省基于丰富的光能自然资源，在光电子等信息技术领域云南省较有优势，在高纯硅提取、光伏电池及应用产品生产、并网发电技术等方面涌现出了一批具有代表性的企业和项目。当前，云南省光电子产业发展已初步形成了以红外及微光夜视、光电子信息材料、太阳能电池等为主导，以光机电一体化设备、半导体照明、OLED 等产业为补充的发展格局，特别是红外热像系统、微光夜视产品在国内具有较强的技术优势。同时，云南多项光伏产业研究成果得到了推广应用，随着红外级锗单晶及晶片、太阳能级及电子级多晶硅项目的相继建设试生产，以及蓝宝石衬底基片达到年产 200 万片的能力，云南光电子材料（锗、硅、铟）和半导体照明基础材料具备了规模化发展的基础；太阳能电池生产能力达 95MW；800×600（SVGA）分辨率 OLED 微型显示器实现批量生产，并拓展开发了头戴式 AMOLED 便携应用终端"Eye—book"产品；积极推进机场行李自动处理系统、PR 系列存折打印机、金融自助产品等市场开拓。高分辨率 OLED 微型显示器生产技术、红外热成像系统和微光夜视技术等，达到国内领先水平。其中，光电探测器、光学望远镜、红外热成像系统等光电子产品占全国同行业市场份额超过 80%。

技术产业化范例："无线移动多媒体广播天线"技术与应用。

2012 年由云南银河之星科技有限公司研发出目前全球唯一实用的移动电视内置接收天线，并已被国内外多家移动终端制造商采用。该项目通过创新技术，解决了在小尺寸条件下天线信号接收性能受制于天线尺寸的技术瓶颈问题，攻克了世界无线通讯领域行业的共性难题，研发的移动电视内置接收天线成为拉杆天线的换代产品。该项目产品包括无线移动多媒体广播天线、GPS 卫星定位导航天线、Wi-Fi 天线、LTE 天线等四类电小天线，广泛用于手机、PAD、GPS 导航仪、MP4 等移动终端。

6.3.1.3 生物医药产业

云南省生物产业以创新驱动为动力，加强有应用前景的基础研究，有选择的开展原始创新、集成创新和引进消化吸收再创新一批拥有自主知识产权的产品和关键技术，着力提升了生物医药产业竞争力。

基于丰富的生物资源，云南省在抗艾滋病天然药物、抗疟新药、贵金属抗癌药物等药物的研发，特色中成药深度发掘和二次开发，生物多样性控制作物病害技术，灵长类等大型实验动物繁殖技术和实验动物研究，烟草育种技术，疫苗、抗体和新型高效植物生长调节剂、新型动物饲料的研究、开发与生产，生物农药和生物菌肥的工程化，少数民族以及动植物和微生物基因资源的收集和基因多样性研究，天然健康食品资源和特种经济作物及物种资源的开发，生物质能资源和花卉研究等领域，形成了特色鲜明的技术特色和比较优势。同时，在生物多样性控制农作物病害技术、疫苗生产的细菌多糖结合技术、微载体发酵罐大规模培养 Veto 细胞关键技术、三七工厂化育苗技术等技术创新方面均达到国内领先水平。在技术水平不断提高的同时，技术运用方面也取得了突出的成绩，如临沧航天生物产业建设稳步推进，"神十"龙胆草航天工程目前已圆满完成了第 1 代航天龙胆草母本种植筛选任务；西双版纳生物产业成功推进普洱茶、石斛、汉麻、印奇果等向深加工和精品化发展；云南摩尔农庄生物科技开发有限公司开发的"聪滋"牌核桃乳功能性饮料，成为国家植物蛋白饮料类中唯一获得健字号的产品；云南爱尔发生物技术有限公司掌握两种不同技术培养雨生红球藻，建立了国内第一个雨生红球藻工程研究中心。

技术产业化范例："EV71 灭活疫苗"技术。

EV71 灭活疫苗是由位于昆明的中国医学科学院医学生物学研究所自主创新研发的世界首个针对 EV71 病毒引起手足口病的疫苗。经过历时近 8 年的研发，生物所研发的 EV71 疫苗于 2015 年 12 月 3 日获得国家食品药品监督管理总局批准，2016 年 3 月 15 日批签发合格并上市使用，2016 年 3 月 22 日完成全球首针接种。EV71 灭活疫苗是目前唯一采用人源性细胞基质生产的 EV71 疫苗产品，适用于 6 月龄到 5 岁易感儿童，预防由 EV71 引起的手足口病的保护率为 97.3%。它的使用，有望使我国日趋严重的儿童手足口病的流行和蔓延得到有效控制，成为人类彻底战胜儿童手足口病史上的重要里程碑。

6.3.1.4　高端装备制造业

云南省装备制造业起步较早，具有良好的产业发展基础，同时将高端装备制造列为优先发展的战略性新兴产业，也直接推动了云南高端装备制造业的深入发展，并取得不菲成绩：云南装备制造业大型精密卧式加工中心、数控坐标镗床、数控重型回转工作台等产品技术水平处于国内领先；昆明机床股份有限公司"数控重型精密机床制造及铸造基地""THM 系列精密卧式加工中心""KHC100/2 双工位精密卧式加工中心""TGK46100 高精度数控卧式坐标镗床""THM-μ 系列精度卧式加工中心""精密立卧式加工中心技术创新平台"等项目在国内机床领域取得了重大技术突破；昆明中铁大型养路机械集团有限公司通过捣固技术与装置等关键技术的研发，开发出 40 多种铁路大型养路机械产品；昆船设备集团有限公司完成了高速密集储存系统的研发，整体技术达到国内领先，在物流、医药、图书馆等多领域得到推广应用；云南省机械研究设计院、昆船集团、云南 CY 集团、昆明克林轻工联合北京机械工业自动化研究所共同承担的"云南数控一代机械产品创新应用示范"项目，研发突破一批数控关键技术，全面带动云南省数控化、智能化制造产品的研发、推广和应用；中船重工（昆明）灵湖科技发展有限公司开发的水下安防系列产品实现了油气田水上水下立体安防，成为国内首创的海上油气田水下安防系统，产品陆续在渤海、东海、南海投入使用，实现销售收入 1.28 亿元，为云南省探索发展海洋经济提供了强有力的科技支撑。

技术产业化范例："高速密集储存系统研究与开发应用"项目。

由昆明船舶设备集团有限公司开发的"高速密集储存系统研究与开发应用"项目，融合了电子信息、机械制造和智能控制等多学科理论成果，突破了穿梭车高速运动控制和高效存取、升降机高速升降和水平多轴控制、系统调度及任务分配等关键技术，提供了适于高速密集储存系统的整体解决方案，完成了由高速穿梭车、高速升降机、出入库输送和高速密集储存调度系统组成的高速密集储存系统研发，整体技术水平达到国内领先，在物流、医药、图书馆等多领域得到推广应用，使我国自动化仓储产品及技术摆脱了国外制约。

6.3.1.5 新能源产业

能源产业是保障经济安全的重要基础，是促进经济社会又好又快发展的关键。当前，新能源产业已经成长为云南重要的支柱产业，在带动相关产业崛起、支撑经济社会发展中发挥了重大的作用。

云南省具备较好的发展太阳能、风能和生物质能的资源基础，并初步具备了发展风能、太阳能和生物质能的产业基础。2008 年，我国首个高海拔地区风电场——大理磨山风电场并网投产；云南在太阳能热利用系统集成技术和太阳能光热利用建筑一体化局部领域达到世界领先水平，并制定了太阳能热水器国家检测标准；亚洲最大的太阳能光伏试验示范电站项目——云南昆明石林大型并网光伏试验示范电站一期项目已正式投产；华能、华电、大唐、中广核、国电龙源、云南电投等企业先后进军云南省风电市场，云南省规划建设的 38 个风电项目，大部分已经被上述电力巨头圈定；云南省已制造生产风力发电机和叶片，其中叶片制造技术处于领先水平；云南省小桐子原料林面积位居全国之首，建设国家级"小桐子生物柴油产业化关键技术研究与示范项目"；云南省光伏企业具备较强的技术基础，在光伏产品的系统应用方面拥有大量成功经验，如天达光伏的产品已应用于移动通讯、电力调度、边防哨所、城市路灯、无电地区供电以及并网发电领域，在技术开发、工艺技能、工程服务方面已培养了精干的人才队伍，系统集成能力优势明显。

技术产业化范例："小桐子生物柴油产业化关键技术研究与示范"项目。

建立了 320 亩种质资源圃，收集保存了国内外小桐子资源材料 288 份，筛选优良材料 51 个，选育出 23 份优良品系，其中 12 个小桐子优良无性系获得云南省林木品种等级认定；研究开发了从分选、脱壳到压榨生产小桐子油的连续生产工艺，出油率大于 95%；小桐子油生产的生物柴油和其混配产品品质分别达到国家 BD100 和 B5 标准；筛选出适合小桐子油粕发酵用的复合菌种，生产的有机肥达到（NY525—2002）标准；研制出以小桐子素母药为有效杀虫活性成分的农药制剂试验产品"2%小桐子素微乳剂"；开发出的小桐子生物菌肥达到《复合微生物肥料》（NY/T 798—2004）的标准；精制甘油各项指标达到《医用级甘油》（GBT 13216—2008）的要求。项目研究开发出脱毒蛋白饲料、小桐子壳活性炭等多个高附加值产品。建成 2910 亩母本园、3390 亩良种繁殖园，年合格种苗生产能力达 9300 万株，累计良种示范种植小桐子 113190 亩；建立小桐子原料丰产栽培技术核心试验区 9580 亩，试验示范和生产示范区 136.3 万亩；完成年产 10 万吨小桐子毛油及生物柴油的标准化厂房及厂区建设，装备了小桐子原料油加工设备。

6.3.1.6 新材料产业

随着云南省各类科技计划项目组织实施、创新平台及环境条件建设，云南新材料科技创新成效显著，形成了一批在国内外具有较强竞争力、技术水平领先的创新成果，同时，创新技术成果被大规模应用，形成产业化发展。

云南新立有色金属有限公司承担的"大型全密闭直流电弧炉钛渣冶炼技术集成创新"项目，开发了大型全密闭直流电弧炉冶炼高钛渣全套技术及装备；"氯化法钛白粉生产关键技术研发"项目建成了国内规模最大的 6 万吨/年氯化法钛白粉生产线，突破了直径 7 米的大型沸腾氯化技术、高温气相快速氧化技术、后处理技术等核心关键技术；云南钛业股份有限公司承担的"EB 炉熔铸钛及钛合金板坯技术引进、消化吸收和产业化"项目，在引进国外先进的 EB 炉基础上，全面掌握钛及钛合金铸锭核心关键技术；"焊管用钛带卷产品开发及产业化"项目开发出的钛带表面成卷砂光、研磨、缺陷焊补修复工艺属国内首创，建成了 1000 吨/年焊管用钛带生产线，在国内首次生产出厚度为 0.18mm 的极薄焊管用钛带，产品已销往江苏、浙江等省及欧美市场；昆明冶金研究院承担的"医用钛合金材料制备关键技术研发"项目，取得钛合金锻造及锻后热处理工艺、钛及钛合金致密烧结工艺、生物活性陶瓷涂层制备等多项技术，建成了 5000 件/年医用钛及钛合金器件生产线，成功生产出股骨柄、骨板、骨钉等医用器件；云南铜业（集团）钛业有限公司承担的"提高钛铁矿采选综合回收率和矿山生态环境恢复技术研究及产业化"项目，开展了大量钛铁矿选矿试验、验证试验等，相关技术指标达到要求，生产线建设已完成；云南铜业（集团）股份有限公司在国内首次采用连铸连轧技术制造高速铁路用铜银合金、铜锡合金导线，已用于国内多条电气化铁路，占全国市场份额 50%以上，同时已研制出 20 多种规格形状的铸铜新材料电机转子，试制出我国第一台高效节能铸铜转子电动机；"高品质海绵钛生产关键技术集成创新"项目实施，建成了 1 万吨/年全流程高品质海绵钛生产线，突破了处理高钙、镁及细粒度物料技术难题，产品市场已拓展到国内 30 余家用户，产品质量得到用户认可。

技术产业化范例："低成本富氮微合金化控冷工艺产业化技术"项目。

2011 年，武钢集团昆明钢铁股份有限公司开发出具有自主知识产权的 500MPa 高强度钢筋产品，并在国内首次开发出"低成本富氮微合金化控冷工艺产业化成套技术"对该产品实现了产业化生产。在该技术的形成过程中，共申请了国家专利 14 项，其中发明专利 8 项，技术总体达到国际先进水平。目前，技术形成产品已在昆明新机场、昆明"和谐世纪"、玉溪"磊山大厦"等一批重点工程和大型建筑中成功得到应用，取得了显著的经济效益和社会效益。

6.3.2 传统优势产业

近年来，云南省不仅大力推进了战略性新兴行业技术创新的运用与相关高新技术的产业化发展，同时也大力推进了传统行业的技术改造与技术创新运用，并突出体现在以下几个产业：

6.3.2.1 有色金属行业

云南素有"有色金属王国"的称誉，云南有色金属工业积极研发与运用高新技术、先进适用技术对现有企业进行改造，技术创新促进了云南有色金属行业技术产业化发展。云锡集团引进了澳大利亚的澳斯麦特强化熔炼炉，并在消化、吸收的基础上进行二次自主创新，实现了锡冶炼技术的重大创新和发展，代表了当今世界锡冶炼技术的最高水平；云铜艾萨铜熔炼炉的引进消化吸收和二次创新，创造了在全球八座同类炉子中六项世界纪录，运行四年多来各项技术经济指标均处于世界同类企业领先水平，实现了对富氧顶吹炼铜技术的完善和重大技术跨越；云南驰宏锌锗公司将自主研发的"富铅渣鼓风炉熔炼技术"与引进的技术装备有机整合，在世界上首次将艾萨炉应用于铅冶炼，形成了新的"ISA—CYMG 铅熔炼技术"，该技术准备出口哈萨克斯坦国。目前，云南省的铜、铅、锌冶炼技术处于国内领先地位并达到国际先进水平，由于采用先进技术装备，铜、铅、锌、锡等冶炼能力大为提高，冶炼能耗降低，废气排放减少。

技术产业化范例："ISA—CYMG 铅熔炼"技术。

云冶集团把艾萨技术与自主研发的"富铅渣鼓风炉熔炼技术"完美结合，形成全新的"ISA—CYMG 铅熔炼技术"，该技术既发挥了富氧顶吹熔炼环保、节能的特点，又发挥了鼓风炉还原熔炼处理量大、投资低、工艺简单、操作维护方便的优点，具有广阔的推广应用前景。应用该技术，粗铅冶炼过程中排放的烟气可回收制酸，解决了烟气直接排放对环境的污染问题。该技术适应性广，在高杂质铅精矿、不同返料比例、在各种铅渣等的冶炼中均可应用。将该技术应用于粗铅冶炼，是我国粗铅冶炼的重大技术突破，标志着我国粗铅冶炼技术达到世界领先水平。

6.3.2.2 化工产业

云南化工产业以磷化工产业为代表，其在科技和管理创新取得新进展，积极研发运用新技术，促进磷化工产业健康、可持续发展。硫酸低温位热能回收效果优异，硫酸企业的大中型硫黄制酸装置，在完善高中温位热能回收利用的基础上，开展低温位热能回收利用；云南黄磷尾气在用于黄磷原料和肥料烘干、磷酸盐和泥磷回收热源的基础上，近年来逐步将黄磷尾气进行净化处理，使之成为清洁能源加以回收利用，目前用于副产蒸汽和发电；云南磷化工企业，经多年技术和管理创新，废水已实现"零排放"，尤其高浓度磷肥企业通过技术创新、技术改造和科学管理，实现企业内部水的合理利用，降低水耗，确保废水"零排放"，对保护环境做出了可喜贡献；云天化先后建成投运3个浮选厂，合计产能850万吨/年，配套供应4个大型湿法磷酸企业使用，发挥了重要作用，为合理开发利用云南磷矿资源，积累了宝贵经验；云天化加大无害化处置和堆场安全管理力度，加快资源化利用的技术开发速度，采用经济手段增加磷石膏利用量等，利用量和利用率逐年增长，磷石膏综合利用有明显进展。

技术产业化范例："低品位胶磷矿浮选装置"技术。

2012年，云南磷化集团有限公司建成投产国内最大的450万吨胶磷矿浮选装置，可入选利用的磷矿品位降至21.5%，解决了有效利用中低品位胶磷矿的一个世界性难题，结束了云南磷矿开采长达50多年只能采富矿及长期在磷矿擦洗选矿徘徊的历史，实现了云南中低品位胶磷矿浮选工业化生产。云南磷化集团充分整合科研、人才资源，先后与国内外10多家科研院校建立了战略合作伙伴关系，投巨资打造"国家磷矿资源开发利用工程技术研究中心"，逐渐形成了产学研一体的技术研发体系，一举攻克了胶磷矿选矿技术的世界性难题。

6.3.2.3 煤炭产业

云南煤炭产业结合实际，坚持科学可持续发展，依靠科技进步，发展循环经济，不断深化创新。其中，特别是云南煤化工集团公司联合有关大专院校、科研院所、工程公司成立了云南煤化工技术中心，组织研发煤化工发展的重大关键技术，一批在国际、国内领先的技术已经开发出来并运用到生产中。

云维公司引进的荷兰谢尔粉煤气化技术体现了当今世界最先进的技术水平，具有气化效率高、能耗低、环境效益好等优势；云南煤化工集团公司与英国埃德文特公司联合开发了碎煤熔渣加压气化技术，该技术已用于解化公司的 15 万吨二甲醚、配套 20 万吨甲醇项目；云南大为制焦有限公司 20 万吨/年焦炉气制甲醇装置投料试车，该装置集成了 5.5 米侧装煤捣同焦炉、焦炉气制甲醇、焦油回收利用等先进技术，实现了焦—化联产、循环经济、资源综合利用，成为当今世界领先的焦化联合装置，并取得了较好的经济效益和环境效益；云维公司建成了一套 105 万吨/年焦化装置，建成了全国第一套焦炉气制甲醇装置，开发了大比例无烟煤配比炼焦技术，建成了全国领先的煤焦化联合生产示范装置，对推动全国焦化行业的技术进步做出了突出的贡献。东源煤业集团公司所属各矿围绕安全生产中的共性问题，加强科技攻关，提高对煤矿主要灾害的识别能力、监测预警能力、防治与控制能力，提高矿井的防灾抗灾水平，重点解决煤与瓦斯突出的防治和局部防突、推广使用采、掘新技术、新工艺、新设备，努力提高采、掘机械化水平，更新采煤工作面支护材料，淘汰落后的木支护和短壁穿采煤方法。与此同时，正在研发中"新型甲醇合成技术—浆态床甲醇合成技术开发""大型密闭电石炉清洁生产及炉气净化提纯开发技术""多品种聚乙烯醇开发""褐煤洁净化利用技术"等项目的开发将为云南煤化工集团的发展奠定坚实的基础。

技术产业化范例："甲醇制汽油"技术。

云南煤化工集团公司解化公司建设的 3500 吨/年甲醇制汽油工业示范装置一次投料开车成功，生产出合格的 93 汽油产品。装置采用云南煤化工集团公司与中国科学院山西煤炭化学研究所及中同化学工业第二设计院合作开发的固定床绝热反应器一步法甲醇转化制汽油工艺，催化剂由中国科学院山西煤炭化学研究所独立开发成功。该装置是国内目前已投入运行的汽油产能最大的煤制油试验装置，是我国产学研合作创新的一个重大成果。

6.3.2.4 电力行业

依靠科技进步，加快转变经济发展方式，云南电力产业成功走出了一条自主创新之路，核心竞争力迅速增强。云南电力集团公司技术中心建设了云南省高海拔超高压交直流输变电试验中试基地，其设备达到目前国内先进水平，综合试验手段属国内领先水平，完成了高海拔地区高水分褐煤燃烧的研究课题，并有较好的技术储备。云南电网公司在电力关键技术领域创造的国内、国际先进水平的科技项目：电力超导技术实现国际领先，单相 3 米、10 千伏/1500 安冷绝缘超导电缆技术填补了我国相关技术及知识产权的空白；研制关挂网运行的 35kV 饱和铁心型超导限流器处于同类限流器的国际领先水平；CFB 锅炉岛技术应用研究达到国内领先，获得国家科学技术二等奖和中国电力科学技术一等奖；跨越高海拔与重冰区的大跨度输电线路设计技术、高原 500kV 紧凑型输电线路设计技术研究成果达到国内领先水平。云南电力研究院始终致力于在电力行业各项技术监督、技术服务、基建调试生产等工作，以科技创新促进云南电力可持续发展。云南电力研究院努力拓展"电能计量实验室研究平台""3000 米高海拔交直流超高压实验室平台""超导实验室研究平台""继电保护仿真实验室研究平台""发电集团能效管理系统平台""信息技术实验室研究平台"等建设，并发挥平台优势，提升科研成果。

技术产业化范例："基于 X 射线的电力设备透视检测系统"技术。

云南省电力研究院研发的"基于 X 射线的电力设备透视检测系统"将人体、安检、航空、航天、精密制造等领域的 X 射线检测技术引入电力系统，针对电力设备的技术特性、运行环境和透视检测要求，成功解决上述领域中 X 射线成像技术不具有实时性、不便于后期处理和保存等问题，以实现电力设备的数字成像透视检测和精益化检修为目的，攻克安全、成像、识别和集成四大技术难题，在设备不停电、不解体情况下，实时、数字化、直观透视检测，鉴定设备健康状况。

6.3.2.5 高原特色农业

云南省以"创新引领高原特色农业现代化"为主题，提升农业科技创新能力，推动产业技术创新中在农业中的积极作用。云南省农业领域获得国家科技项目支持 135 项，546 个主要农作物品种通过省级审定，自主选育了 320 个粮食作物新品种，农业类科技成果登记数达 1162 项，占全省应用类科技成果登记总数的三分之一。农业类科技成果获国家科技进步奖二等奖 9 项，获得省级科学技术奖励 218 项，其中农作物品种创新、产业技术升级、新产品研发等重点领域的获奖成果 195 项，占获奖项目总数的 89.4%。科技创新成果有力地支撑了云南高原特色农业的发展，推动了云南省粮食产量的增长。目前，云南的杂交水稻、核桃、鲜切花、甘蔗等领域育种水平全国一流，云光 17、楚粳 28、云瑞 88、云粳 26、热墨 523、热墨 525 等新品种及测土配方施肥技术、甘蔗温水脱毒种苗生产技术，入选农业部主推品种和技术。培育花卉新品种 419 个，花卉新品种数和种类居全国第一；拥有自主知识产权的大宗鲜切花新品种占全国总数的 90% 以上，鲜切花产量超过全国总产量的 75%。烟草、核桃、橡胶、鲜切花、咖啡等经济作物面积及产量居全国前列，农产品出口创汇连续多年居西部省第一位。

技术产业化范例："滇型杂交水稻"技术。

滇型杂交水稻团队通过育种方法、技术路线、种质资源等方面的创新，育出了多个遗传背景丰富、抗病性强、米质优良的保持系、恢复系和多个育性稳定的不育系，并相继育成"滇杂 31""滇杂 35""滇禾优 34"等一批集优质、抗病、适应性广等优点为一体的"滇杂"新品种。滇型杂交水稻在云岭大地生根开花，占全省杂交粳稻面积的 60% 以上，还覆盖到了周边省份的主要粳稻区。针对稻米品质问题，团队利用国际稻与云南地方传统软米品种进行杂交改良，育成了"滇陇201"、"滇屯502"等一批香、软、糯、紫云南名特优籼稻品种，至今仍是云南特优香软米品牌"遮放贡米"等的主要原料品种。

6.3.2.6 食品与消费工业

食品工业是云南省发挥特色资源优势，打造高原产业品牌的重要领域。云南省食品工业逐步形成了以烟、糖、茶、酒、软饮料、乳制品为主干，肉类、果蔬、植物油特色食品等为补充的食品工业体系。消费品工业则形成了木材家具、印刷包装、纺织服装及民族工艺品的特色产品体系。

通过技术创新的发展，昆明成功打造国内首个食品安全检验创新服务平台——盘龙区现代服务业企业创新示范平台食品安全检验检测技术研发中心。盘龙区创新示范服务平台将开展食品检测、食品安全标准研究、食品生产技术研究，为生产、研发新能源食品、调味料、蜜饯、咖啡、肉制品、水果制品、蔬菜制品、糕点、茶叶等28类产品生产企业提供食品安全检验检测示范创新服务。通过提供一流的食品安全检验检测服务，盘龙区企业创新示范服务平台还为80多户企业提供了服务，并分别为云南潘祥记工贸有限公司、云南星益食品有限公司、云南苏汇食品有限公司、云南万溪酒业有限公司、云南吉盛祥茶业有限公司、云南本德食品有限公司、绝味昆明阿趣食品有限公司等10多家企业提供了近20项科研检测技术服务，成为一支现代化新型高效的食品安全检验检测技术研究服务机构，并将为云南省众多食品企业的发展和消费者利益提供食品安全标准、检测服务。

技术产业化范例："高品质磷酸三钙"技术。

云南天创科技有限公司成功开发出食品级磷酸三钙产品，结束了长期需要从省外购买的历史。食品级磷酸三钙是一种重要的精细磷酸盐产品，可广泛应用于食品、生物复合材料等领域。全球食品级磷酸三钙年耗量在5万吨以上，并以每年3%~5%的速度增长，同时对磷酸三钙的品质要求也越来越高。该产品的成功开发，对提升云南精细磷化工产业深加工技术水平，推动磷化工产业化创新基地建设具有重要意义。

6.3.3 云南省产业技术运用与高新技术产业化发展中存在问题

6.3.3.1 企业缺乏技术创新理念

云南地处边疆落后地区，经济发展方式长期以资源依赖型为主，科技整体水平低。大多企业属于资源依赖型企业，产业结构粗放，企业热衷于产能扩张，选择成本小、见效快、无风险的加大资源劳动力的生产方式，导致企业对自主创新的内在需求不足。其中，相当一部分企业仅仅是单纯性的生产型组织，不注重对产品及生产技术的创新性研发，而有些技术相对先进的企业，也是习惯于依赖对国外技术的引进，而不选择提高自己的研发能力。同时，部分垄断企业凭借其垄断优势就可以轻易获得垄断利润，不存在生存压力，也就没有强烈的自主创新需求和愿望。

6.3.3.2　促进自主创新机制体制不健全

云南省现行的创新管理体制仍存在条块分割、相互封闭的现象，在企业、高等学校、科研院所之间还未能建立起有效的"开放、流动、竞争、协作"的自主创新管理、运行和协调机制。在决策机制上，部门之间缺乏配合，整体协调不足，存在着以部门利益代替整体利益的倾向，难以在发展整体目标上形成合力，不利于自主创新能力的提升。高等学校以在核心期刊发表论文为评判标准，科研院所以新的发现、发明专利为考核标准，企业以研究成果为企业创造的经济效益为评价准则，不同的考核指标为人才流动与部门合作带来了障碍，缺乏一种使广大科技人员与生产第一线紧密联系起来的机制，致使产学研相结合存在短期化、临时性的特点，产学研相结合的自主创新机制运行不畅，进而影响了全省自主创新能力的提升。在促进自主创新的政策执行上，促进自主创新的政策宣传落实不到位，很多促进自主创新的政策措施没有进一步具体细化的实施意见，仍然停留在照转照发或是调研阶段，一定程度上削弱了相关扶持政策的落实力度。

6.3.3.3　自主创新人才队伍不完善，缺乏有效激励

云南省自主创新高端复合型人才匮乏，全省现有的高层次人才资源中，能够把握世界科学前沿、研发重大科技创新成果的尖子人才奇缺。同时，云南省自身培养的人才不多，人才对外交流机会较少，适宜人才自身发展的空间不够，高技术人才难引进，引进的高端人才又难留下，制约了科技成果转化的放大效应和全省经济社会发展水平的提高。而从人才激励机制所发挥的效果来看，目前的激励机制发挥的作用不明显。主要原因是激励力度不够，现行制度对人才的吸引力不强，有激励但是激励与人们为自主创新能力的提高而付出的努力和代价相比差距较大，导致成果的研发者对继续从事该领域自主创新活动的积极性和热情不高，这些都制约了云南省自主创新能力的进一步提高。

6.3.3.4　产业化技术储备不足

云南省有相当一部分企业只重速度求规模，而不注重技术创新，侧重于技术的引进，对技术的消化、吸收、二次创新投入不重视。重引进轻消化、重硬件轻软件，不注重先进技术的研发与储备，仅靠一时的引进技术维持短期的收益与发展，当以引进技术为基础的产业结构已不适应经济社会发展时，就会出现效率与盈利水平下降，造成研发积极性进一步被削弱，从而使地区发展陷入了"引进—

落后—再引进—再落后"的怪圈之中。

6.3.3.5 科技成果转化率低

科技成果的转化是实现高新技术产业化的关键环节，将科技成果转化为商品，是实现高新技术产业化的基础。通过对云南科技成果转化率分析发现，云南省高校科技成果转化率仅为28%左右。首先是政府部门未能及时出台有效的、与之相匹配的企业股权和分红激励办法，缺乏科技成果产业链中的总体规划布局。一方面，高校科研成果不能及时转化为生产力；另一方面，产业技术开发也很难得到有效的技术支撑。其次，在科技成果资源集聚的高校和科研院所，由于事业单位科技成果使用权处置和收益体制的约束，进而影响了科技成果的转化和创新活力。高校科技成果评价体制没有面向社会和市场需求，而是将科研等同于纯学术活动，形成了"重学术、轻市场"的评价和收益机制，这在一定程度上影响了真正有经济价值的科研成果形成，也忽视了科研管理人员的作用，导致技术、管理的多方面人才普遍短缺。最后，云南省技术转移服务的工作投入较少、机制不健全，影响了科技成果转化效率。科技成果转化技术市场机构大多结构不健全、功能单一，缺乏有效的信息交流平台和资源数据库，提供的信息服务缺乏准确性；此外，各技术中介服务机构的专业化程度不高，缺乏对技术、经济、市场等多方面的客观评价，同时又缺少协作机制，市场开拓能力差，难以实现全方位服务。

6.3.3.6 政府对支持企业技术创新的政策法规体系不完善

如何保持政策的连贯性、系统性和前瞻性，成为新兴产业发展的一个关键问题。新兴产业的发展具有明显的创新驱动的特征，遵循着技术发明、成果转化、产业兴起的基本发展路径，每个环节都需要强有力的政策法规支持。特别是保护技术发明、尊重知识产权，支持科技成果转化、催生新兴产业，创新商业模式、加速新兴产业和服务业融合等方面更是需要良好的制度体系。当前，如何综合运用产业、税收、财政、金融等手段，促进资金、技术、人才等生产要素向新兴产业集聚，充分发挥价格机制、竞争机制的激励功能，有效促进技术创新和资源优化配置方面，为各种资本有序进入和产业健康发展提供制度保障，云南还存在诸多欠缺。

6.4 云南省技术创新对产业生态环境的影响

高新技术产业区分于其他产业即在于其依托高新技术发展的特性，具体可以理解为高知识技术密集程度、快发展速度、高附加值，并且在市场上具有相当占有市场份额的产业。在该产业中，知识与技术成为产业发展的关键因素，资本的投入更多的是用于研发，同时对研发人员的工资比重相对于传统产业更大，其生产产品也具有资源消耗少、创新新奇、生命周期短且多样化的特点。而高新技术产业的核心竞争力在于其使用最前沿、最尖端的技术和知识，进行源源不断的创新生产。高新技术产业的特殊性导致其相较于传统产业对产业生态环境的影响可能更加剧烈与不可预估。

6.4.1 云南省高新技术产业对云南经济的影响

高新技术产业较之于传统产业具有明显的增长速度和产业活力方面的优势，往往一次重大的技术突破就能带来整体经济质的飞跃。针对云南省的情况，通过对云南省高新技术产业主营业务收入和云南省整体 GDP 数据的相关比较，分析高新技术产业对云南省整体经济的带动作用。

6.4.1.1 云南省高技术产业生产经营情况

根据《中国高技术产业统计年鉴》相关数据，云南省高新技术产业生产经营情况见表 6-12、表 6-13。从表 6-11 中可知，自 2000 年开始至 2013 年，云南省规模以上高技术企业数由 92 个增加到 136 个；而截至 2013 年，高技术产业利润率同比增长 47.5%，主营收入提高为 2000 年的 8 倍多。

表 6-12　2000~2013 年云南省高技术产业生产经营情况

年份	企业数 /个	主营业务收入 /亿元	利润 /亿元	利税 /亿元
2000	92	32.20	3.60	5.80
2001	96	39.96	4.51	7.43
2002	110	47.50	4.74	8.19
2003	100	41.69	4.50	8.41
2004	125	50.60	6.30	10.00
2005	122	59.80	6.60	11.20
2006	128	76.63	8.09	13.74
2007	137	91.80	9.50	16.50
2008	147	111.40	14.80	23.90
2009	143	131.30	19.50	30.20
2010	144	160.10	21.50	33.20
2011	104	188.70	28.90	41.00
2012	123	239.40	28.60	45.70
2013	136	291.10	42.20	62.70

根据表 6-13，自 2000 年以来，云南省规模以上工业企业的主营业务收入呈逐年递增趋势，其中高新技术产业占比在经历了前几年的小幅下滑之后，至 2007 年起基本保持了稳定增长的态势，特别是自 2011 年起，高技术产业收入在整个

工业行业中的占比更是呈现出明显上升趋势。高技术产业的快速发展，正是云南省近年来强调创新兴省，并先后出台支持"新型工业化发展"、"高新技术产业"等相关政策措施的直接结果。

表 6-13 云南省高技术产业主营业务收入情况 （亿元）

年份	高技术产业主营业务收入	全省规模以上工业主营业务收入	占比
2000	32.20	1058.91	3.04%
2001	39.96	1161.38	3.44%
2002	47.50	1313.29	3.62%
2003	41.69	1537.37	2.71%
2004	50.60	1952.96	2.59%
2005	59.80	2569.71	2.33%
2006	76.63	3357.53	2.28%
2007	91.80	4306.61	2.13%
2008	111.40	4961.117	2.25%
2009	131.30	4987.32	2.63%
2010	160.10	6356.24	2.52%
2011	188.70	7621.91	2.48%
2012	239.40	8942.15	2.68%
2013	291.10	9773.14	2.98%

6.4.1.2 高新技术产业对于云南省整体经济的带动

依据 2003~2013 年云南省"高技术产业主营收入"和"国民收入生产总值"相关数据，计算 11 年间云南省高技术产业逐年增加额及同年 GDP 的增长额，并在此基础上利用以下公式量化分析高技术产业收入增长对云南省整体经济增长的拉动作用：

拉动率（%）＝产业增加值增量/GDP 增量 × GDP 增长率

贡献率（%）＝某因素增加量（增量或增长程度)/总增加量（总增量或增长程度）×100%

其中，贡献率指某单一因素贡献量与总贡献量之比，拉动率是在贡献率的基础上乘以总增量增速。根据贡献率和拉动率计算公式，求得云南省高技术产业对经济增长的贡献率和拉动率如图 6-1 所示。

由高技术产业对云南省经济发展的拉动作用的趋势图可以直观看出，2003年至 2013 年的 11 年间，云南省高技术产业对同年全省 GDP 增长呈现出明显递增的拉动作用。其中，高技术产业对全省经济增长的贡献率在 2009 年达到高点4.17%以后，逐步稳定在 3.5%左右水平。

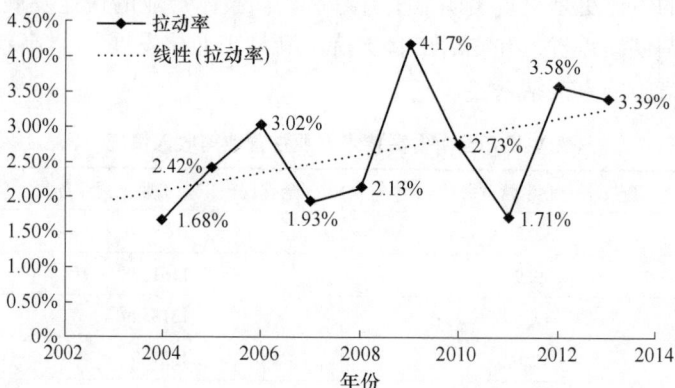

图 6-1　2003~2013 年云南省高技术产业对全省经济发展的拉动作用

6.4.2　云南省技术创新与相关产业链的完善

高新技术产业是以高新技术或工艺为基础、以能提供满足消费者某种需要效用系统为目标，且具有相互衔接关系的企业集合。不同于传统产业，高新技术产业发展源自于各种资源的快速流动和整合，发展关键要素是智力资源而不是固定资产，其主要竞争力在于技术创新而非要素数量投入，其发展的生态环境也主要体现为产业集群。由于这些特点，高新技术产业具有以下一些特点：

第一，复杂性。一条高新技术产业链由多个环节、多种组织组成，并具有复杂的运动机理。首先，形成高新技术产业链的技术基础复杂，不仅需要具有一定水平的科研机构和大量专业技术人员，同时还需要众多有经验的经营人员，将高技术转化产品价值在市场上实现；其次，产业链上各企业间关系复杂，相互竞争与合作成为一种常态；再次，高新技术产业链的培育与完善过程是一项复杂的系统工程，它受到技术、资金、市场以及政策等多方面因素的影响。

第二，动态性。高新技术产业链的形成与发展是一个动态过程，其所依赖的技术基础本身即处于一个动态的不断更新的过程中；其次，高新技术产业链上的人才、资金等生产要素处于一个高速流动的状态之中，并不断寻找自身的"栖身之所"；最后，科技的发展在导致一些行业逐渐被淘汰，同时，一些新的行业又会应运而生，产业链上行业、企业的淘汰与更新也表现为一个动态过程。

第三，交叉性。科技含量高是高新技术产业链的一个典型特征，而它所依赖的科学技术通常不是单纯的一种，而是跨学科、跨领域的多种科技的融合，因此，必然产生科技上相互关联不同产业间的相互影响与交叉发展。比如，纳米材料产业广泛涉及了新型建材及涂料、电子信息、生态环境、新能源、生物医药等多个领域，其本身的进步必然会与这些领域的发展相互促进。正是由于不同产业间存在相互交叉影响，最终形成一个非常复杂的产业网络，使高新技术产业的发展涉及地区经济发展的各个产业与各个部门。

高新技术产业价值链的复杂性、交叉性以及动态性，决定了其具有极强的渗透、扩散、辐射和带动作用。相较于其他产业，高新技术产业能更有效地带动上下游产业的共同发展，其主要原因即在于：其一，高新技术产业技术创新扩散到上下游后带来的整体技术的进步；其二，高新技术产业长产业链所产生的要素集聚效应。

近年来，云南省在高新技术产业领域不断取得技术突破，如上文提到的生物药物领域的"抗胃癌化学药 1 类新药 LLC-0601"、电子信息领域的"主动式 OL-DE"微型显示器产业化技术、高端装备制造领域的结构房屋体系技术等等。这些技术大多已实现成果转化，并对相关产业的发展起到了很大的促进作用，同时也带动了相关新兴产业所在产业链的上下游行业。结合产业发展规律与云南省自身特点，"十二五"期间，云南省围绕一大批创新成果及后续的成果转化，重点打造了特色天然药物产业链、药物中间体产业链、红外及微光夜视产业链、半导体照明产业链、太阳能光伏利用产业链、高端电力装备产业链、稀贵金属基础材料产业链、钛材料产业链、锡基新材料产业链、煤基新材料产业链等一大批产业链以充分发挥高新技术企业的经济带动作用：

6.4.2.1 生物医药产业链

云南省本身拥有大量、丰富的生物资源，生物医药产业发展空间巨大，在充分利用与挖掘优势资源的基础上，云南省组建了生物医药产业技术创新战略联盟，并重点培育了一批龙头骨干企业，全力推进了生物医药产品研发力度，构建了从"医药中间体基本原料→医药中间体→医药"较为完整的医药产业体系。在该产业链中，围绕核心产品的技术创新，上中下游行业都得到了迅速的拓展。在下游方面，通过深度挖掘具有显著疗效的名药名方，全力推进了以三七、灯盏花、天麻、石斛、滇重楼、云木香、龙血树等特色天然药物有效成分主导的系列产品深度开发和优势产品二次开发创新，实现了产品结构由初级原料为主向精深产品为主的转型，并形成一批拥有自主知识产权的创新药物。而药物的创新相应带动了新药物所需原料及其原料相关加工企业的发展，对产业链上中游的企业起到拉动作用：围绕云南丰富的三七、灯盏花、天麻、石斛、滇重楼、云木香、龙血树等特色天然药物资源，以 GAP 规范种植为基础，形成了若干具有高原特色的天然药物 GAP 种植基地，中药材、饮片、提取物、中间品、药品、保健品等产品生产的规模也不断拓展，以骨干加工企业为核心的产业集群也初具规模。上下游产业链互动发展为云南省生物医药产业持续壮大奠定了良好的基础。

6.4.2.2 太阳能产业链

低纬度，高海拔，平均日照时数达 2200 小时，云南发展太阳能产业的条件得天独厚。云南省太阳能开发应用从上世纪七十年代初期组织性研发活动算起，已经走过了将近40年的漫长历程，并逐渐形成以"太阳能光伏电池原材料→太阳能电池组件→太阳能光伏设备→太阳能光伏系统应用"作为基础的较为完整的产业链。在这一产业链中，围绕太阳能光伏产业技术创新，推进了一批重点产业化项目建设，打造"太阳电池及组件制造产业集团""光伏发电系统开发及终端产品生产制造"等产业集团，并培育一批龙头骨干企业。而技术创新通过产业链上下游的连接产生的产业扩散，又进一步促进了整个产业体系的壮大。如太阳能光伏设备组件的创新必然带动相关原材料的变动，原材料的需求改变又会促使原材料采集加工技术的创新；同时，组件的创新也会对加工制造设备产生新的要求，从而促进加工制造设备的创新。

6.4.2.3 稀有金属产业链

云南省的稀有金属产业的目标是最终形成"稀有金属原料（基础原料、高端原料）→稀有金属新材料（高纯材料、特种功能材料、催化材料、信息材料、化学与生物材料）→制品与器件→二次物料综合回收"这一较完整的稀有金属产业链。稀有金属产业链的下游产业群庞大且复杂，与高端制造、电子通信、生物医药等其他多个高新技术产业存在交叉和重叠，该特征加大了高新技术创新对整个产业链的促进作用。在云南省稀有金属产业链的构建过程中，下游产业的技术创新，对原材料的需求发生改变，从而带动了贵金属采掘、冶炼产业的发展和创新。而从上游角度来看，钛、锡等稀有金属的采掘和加工技术的创新，对下游产业的发展也会起到相应的促进作用。如云南省在钛矿开采与加工过程中的技术创新，加快了钛合金、板材、管材、棒材、丝材、环材等一系列产品的开发，而这些产品与技术进一步延伸到下游产业，为我国航空航天、海洋装备等领域提供了材料支撑，同时也促进了冶金、医疗卫生和体育用品等领域产品与技术的发展。

6.4.3 新兴科技与传统产业的融合发展

传统产业是以采用传统技术、运用传统方法进行生产或以劳动密集型和资本密集型组织生产经营的各类产业，而新兴科技则是在一定时期一定区域或行业范围内具有先进性、新颖性和适应性的科学技术。加快新兴科技与传统产业融合，促进传统产业转型升级是一国或地区转变经济发展方式、实现产业结构优化升级的重要途径。近年来，云南省坚持发展新兴科技与传统产业改造升级相结合，通过促进新兴科技与传统产业的有效融合，有效提升了烟草及配套行业、化工行业、有色金属行业、钢铁行业、建材行业与煤炭行业等传统产业技术和装备水平，其产品质量与增加值也进一步提高，传统产业发展取得了新突破。

6.5 以技术创新推动云南经济发展的政策建议

6.5.1 鼓励企业加大创新投入，强化企业技术创新主体地位

强化企业技术创新主体地位，就是要使企业真正成为技术创新的投资主体、研究开发主体、风险主体和利益主体。一是鼓励企业不断加大研究开发投入，包括经费投入和人力投入。云南省企业的创新投入占销售收入的比重与全国平均水平相比明显偏低，大型国有企业用于研发的经费较低，这就需要认真贯彻执行国家制定有关鼓励创新的税收优惠、政府采购、设立创新基金等政策，调动企业创新投入的积极性；技术创新人才专项计划应重点面向企业，鼓励企业与高校、研究机构联合设立研究生学位点及博士后工作站，大力培养自己的技术创新人才。二是鼓励大中型企业建设技术研发机构或企业技术中心。云南省大多数企业缺少自主知识产权的产品，技术开发机构建设不完善，应推动企业积极建立工程中心和技术中心，使云南省全部大中型工业企业都建立起技术开发机构或技术中心。三是鼓励企业间交流合作，创新主体之间形成技术联盟。云南省企业创新能力发展不均衡，大型国有企业创新能力较民营企业相对较高，应支持企业之间采取项目开发、人才培训、共建技术中心等多种形式开展技术创新合作与交流活动，提高知识和技术的扩散能力，逐步形成创新主体之间的技术联盟。

6.5.2 建设以企业为主体、产学研结合的创新体系

云南省经济发展模式长期以资源依赖型为主，缺乏自主创新理念，应组织实施区域创新工程，提高企业研发力度，加快科技创新平台、科研院所和重点学科、科技孵化器、科技中介机构等创新主体和载体建设。一是加强区域内多层次创新。云南省科技资源配置不合理，科研机构与高校拥有大量科技资源，同时创新成果与企业需求存在差异，应优化科技资源配置，促进地方科技创新能力的提高。二是重点扶持一批有实力的企业发展壮大，通过先进技术的引进和消化吸收，推动企业技术创新能力的迅速提高。三是在政府主导下建立一批共性关键技术开发平台。云南省在促进产学研合作中并没有积极发挥政府的引导作用，导致创新活动中的产学研脱节，政府应引导创新平台的建设，促进创新成果与市场需求的匹配，解决企业发展中急需的共性技术问题。

6.5.3 加大高素质创新人才培养与引进力度

切实把人才保证和智力支持作为战略性新兴产业发展的关键环节来抓。一是加强战略型、创新型企业家队伍和综合素质高、实践能力强的技能型人才队伍建设。云南地处边疆，经济发展水平不高，培养与吸引科技创新人才能力不足。应全面推进战略性新兴产业人才培养引进战略，打造一支能把握科技前沿技术、创

新能力强的高端人才队伍。二是要建立科研机构、高校创新人才向企业流动的机制，加大高技能人才队伍建设力度。云南省科研院所、高等学校与企业技术需求缺乏有效的沟通机制，导致研究成果不能满足企业实际需求。要加快完善期权、技术入股、股权、分红权等多种形式的激励机制，鼓励科研机构和高校科技人员积极从事企业实际需求的发明创造。三是要改革人才培养模式，制定鼓励企业参与人才培养的政策。云南省企业以研究成果为企业创造的经济效益为评价标准，影响人才流动与合作，应建立完善高效的知识产权评估交易机制，强化知识产权的保护和管理，加大对具有重大社会效益创新成果的奖励力度。

6.5.4 加大政府政策扶持力度，增强政府引导作用

要建立健全科学、合理、有效的政策保障体系，支持产业发展。一是要加大财政支持力度，发挥政府资金的引导作用。云南省部分产业发展中重视程度不足，如节能环保产业，云南省没有制定环保产业发展规划，产业发展没有资金保证。可设立云南省战略性新兴产业发展引导基金，突出重点，统筹扶持关键技术、共性技术研发，加快重点领域、重点企业和重点项目的技术改造和技术创新。二是要完善税收激励政策。近年来云南省在利用税收手段调节战略新兴产业发展中起到明显成效，但调节力度与发达地区相比还存在一定差距。应针对战略性新兴产业的特点，研究完善鼓励创新、引导投资和消费的税收支持政策；发挥政府新兴产业创业投资资金的引导作用，扩大政府新兴产业创业投资规模，充分运用市场机制，带动社会资金投向战略性新兴产业。三是大力支持科技创新载体的建设，促进科技与经济的紧密结合。云南省科技创新载体建设不完善，如产业园数量过多，差距较大，建设具有盲目性，产业集聚效应不强等。应大力发展科技企业孵化器、企业技术创新服务中心等科技创新载体，促进技术创新与产业发展的结合；应发挥国家高新技术产业开发区、经济技术开发区、战略性新兴产业培育、示范基地和省级开发园区、特色产业基地的集聚带动作用，集中优势企业资源，推进技术创新链和产业链的有机融合，促进科技成果产业化。

6.5.5 增加全社会创新投入，营造良好创新发展环境

战略新兴产业的培育离不开投融资政策的支持，云南省应吸取其他地区发展新兴产业的经验，建立健全金融投融资体系，加强金融支持，营造创新环境，促进新兴产业发展。一是加快风险投资体系建设。云南省商业银行及投资银行对新兴产业相关企业上市并进行风险投资的支持力度不足，导致企业存在资金融通问题。应设立云南省战略性新兴产业风险投资基金，同时积极扶持、壮大一批省内风险投资机构，引导境外著名风险投资基金、私募基金、金融类公司等投资机构进行风险投资业务。建立和完善监管体系。二是积极发挥多层次资本市场的融资

功能，优先支持战略性新兴产业骨干企业上市。云南省企业自我融资能力较弱，企业发展中资金融通问题依然严峻，应支持科技型中小企业利用主板、中小板和创业板上市直接融资，支持高新技术企业利用境内外产权交易市场进行股权融资等。三是鼓励金融机构加大信贷支持。云南省企业缺少金融机构的信贷支持，企业运行及创新缺少资金保障，应引导金融机构建立适应战略性新兴产业特点的信贷管理和贷款评审制度和保险、担保联动机制，促进知识产权质押贷款、产业链融资等金融产品创新。

6.5.6 政府健全体制机制保障，增强政府支撑作用

云南省在利用本地优势资源和产业基础发展适宜本地资源禀赋的新兴产业，并得到国家支持方面，没有较好的体制机制保障。应把体制机制创新作为培育发展战略性新兴产业的重要支撑，一是创新组织实施模式，建议成立由省领导负责的云南省战略性新兴产业发展领导小组，统一协调，部门联动，形成合力；二是加强项目策划，找准国家战略目标与云南优势的结合点，策划大项目，争取国家战略性新兴产业发展专项资金的支持；三是深化体制改革，放宽准入门槛，简化审批程序，为各种资本有序进入和产业健康发展提供制度保障；四是运用综合手段，促进资金、技术、人才等生产要素向战略性新兴产业集聚；五是依法建立云南省战略性新兴产业统计体系，强化对战略性新兴产业发展的监测和预测，客观反映新兴产业发展情况，为党委政府决策和宏观管理提供优质服务。

6.5.7 提升创新社会整体地位，促进创新深入发展

云南省应进一步提升创新的社会整体地位，把增强自主创新能力作为云南发展战略性新兴产业的中心环节来抓。一是继续深入实施创新型云南行动计划，组织实施一批科技重大专项，着力突破一批关键核心共性技术，形成一批自主知识产权和产品标准，加快建立"技术研究、产品开发、应用示范、市场推广"的完整创新链，为战略性新兴产业发展提供强有力的科技支撑。二是继续强化创新平台建设，深入开展产学研合作，完善云南省科技成果转化交易服务中心功能，鼓励现有各类研究机构向战略性新兴产业聚集，建立完善"风险共担、利益共享"机制。三是进一步支持鼓励企业自主创新。通过财税、金融等政策，引导企业增加研究开发投入；改革科技计划支持方式，积极争取国家高技术产业化专项和云南省科技成果转化专项等支持；完善技术转移机制，促进企业的技术集成与应用，同时积极扶持中小企业的技术创新活动。

6.5.8 完善科技成果转化体系，增强科技成果转化动力

一是建立专业的科技成果转化人才队伍体系。云南省缺少促进科技成果转化

的专业人才，当前从事科技成果转化工作的人员不具备相应的科研技术理论知识，对市场的运行规律把握不到位。科技成果转化工作是一项环节多、涉及广、管理复杂的工作。首先在人员选拔上应从云南省高校或企事业单位中选拔高技术人才，既具备专业的技术理论，又了解云南省省情和科研技术现状，能够较快地投入到云南省科技成果转化工作中来；其次将从事此项工作的人员进行系统的培训，按照技术特长、优势和行业的针对性组成一支高效的专业队伍，为云南省科技成果转化提供信息和帮助，从而促进科技成果向企业推广扩散，产生经济和社会效益。二是建立科学的成果转化评价体系。云南省高校、科研院所与企业缺少统一的科技成果转化评价体系，导致了云南省许多科技成果不能很好地与市场接轨，成果转化驱动力不足。应建立和更正科学的评价机制，一方面，由科研工作者自评，从科研、市场、行业、经济等多角度提高评价的科学性，减少误差影响；另一方面，关注市场和行业动态，对科研成果进行检验，提高评价成果的准确性。

7 市场创新与云南产业发展

不论是要素市场、中间品市场还是产品市场，对产业的发展都极为重要。市场创新是指从通过促进市场构成的变动和市场机制的创造以及伴随新产品的开发对新市场的开拓、占领，从而满足新需求的行为。本章从市场创新的角度探讨云南产业创新发展的机理和路径。

7.1 市场创新的内涵

关于市场创新的内涵定义，目前国内外的学者还没有达成统一的观点，不同的学者因其研究方法、研究视角的不同，对市场创新内涵有着各不相同的看法。多数学者没有把握清楚市场创新的本质，导致对市场创新内涵认识的局限性和模糊性。熊彼特在创新理论中以"开辟新市场"的方式提出了市场创新，至此之后许多经济学学者借鉴此方式从供需理论、营销执行及创新理论等角度来刻画和定义市场创新内涵，这也是至今未能形成统一认识的另一个原因。

随着经济贸易全球化的迅速发展，市场经济体制逐步进入各个国家和地区，世界逐步演变成了一个整体大市场。市场是企业发展的根本，它为企业的发展注入了新鲜的血液，是企业发展的活力源泉，同时也为企业的长远发展提供了新的机遇和挑战。一方面是市场经济逐步完善，市场规模逐步扩大，企业面对的市场环境相应地变得复杂。另一面是进入市场的企业主体变得越来越多，市场竞争者的增多，必然增加了市场竞争环境的激烈程度。市场有其自身发展的规律性，企业必须审时度势，把握住市场机遇，避免市场饱和所带来的弊端，规避市场风险，不断开发新的市场，即进行市场创新，才能使企业本身处于不败之地。市场创新的本质在于遵循市场经济发展规律的前提下，开发新的市场，使企业在适应市场激烈竞争环境的条件下进行合理的生产经营活动。

综上所述，故将市场创新的基本内涵定义为：市场创新是指在市场经济条件下，企业创新者作为市场经济的主体，为了适应和利用市场环境、遵循和运用市场发展规律，通过引入并实现各种新市场要素的商品化与市场化，而进行新市场开发的创新活动。

市场创新的研究对象是市场创新活动及其基本规律。市场创新的具体内涵可以从其研究对象的角度阐述为以下几点：

第一，企业是市场创新的基本主体；

第二，开辟新市场是市场创新的主要目标；

第三，市场创新是一种创造性的市场开发活动；

第四，实现市场创新目标的关键环节是市场化；

第五，市场创新是一项整体性的企业发展管理系统工程；

第六，市场创新具有广泛的社会经济效应，也必然会受到各种相关市场环境因素的制约。

7.2 市场创新文献综述

市场创新（market innovation）是熊彼特创新的重要组成部分，一般指的是开辟一个新的市场和控制原材料供应的新来源（张振刚和张小娟，2014 年）。既有的文献大多强调的是 Marketing Innovation，即市场营销层面的创新，指的是通过对消费者的潜在需求进行识别和分析，为消费者提供新产品或服务，并为相关的企业带来新的利润来源的一系列活动（张峰和邱玮，2013 年）。从市场营销的角度定义和理解市场创新并不完整。一方面，尽管上述文献也提到了开发新市场，但其实质在于创造和挖掘消费者的潜在需求，并未考虑开发新市场可能带来的规模效应（scale effect）；另一方面，上述文献鲜有考虑新市场的创造会如何影响产业发展和长期增长。因此，超越市场营销的视角，从经济理论本身理解市场创新是完整理解市场创新的关键。下文将分别从微观、宏观等领域对经济理论中有关市场创新的可能观点进行述评。

7.2.1 规模经济和范围经济

市场创新的主体是企业，其核心是创造新的市场。新的市场既包括地域意义上的新，也包括需求意义上的新。地域意义上的新主要指企业进入之前未有涉及的市场，包括国内市场和国外市场；需求意义上的新主要指企业通过开发新产品、新技术等创造消费者的需求。若是企业进入之前未涉及的市场，企业可通过扩大同一产品的生产规模获得规模经济（economies of scale），或是通过提供新产品而获得范围经济（economies of scope），以降低产品的平均生产成本，提升生产效率。因此，可认为企业市场创新的核心在于获得规模经济和范围经济（陈章武和李朝晖，2002）。目前既有的文献主要通过实证研究方法探讨不同行业的规模经济和范围经济，如窦璐（2015）应用广义超越对数成本函数对我国旅游上市公司的规模经济和范围经济状况进行了分析；孙蓉等（2013）应用面板数据回归模型对我国农业保险公司的规模经济和范围经济状况进行分析；黄薇（2007）应用广义超越对数成本函数对我国保险公司的规模经济和范围经济状况进行分析；刘宗华和邹新月（2004）应用广义超越对数成本函数对我国保险公司的规模经济和范围经济状况进行分析；王聪和邹鹏飞（2003）分析了我国商业银行 1996～

2001 年的规模经济和范围经济。

7.2.2 产品、技术市场创新

第二类考虑市场创新的文献主要来自内生经济增长理论（endogenous growth theory），这一类文献认为创新的主体是垄断企业：一方面，创新带来的利润为企业创新、承担风险提供了激励；另一方面，垄断企业的存在也为创新提供了资源支持，故而一定程度的垄断竞争的市场结构有助于创新的出现（Aghion 和 Howitt，1998）。此外，内生增长理论的大多数文献，如 Romer（1990），Grossman 和 Helpman（1991）以及 Aghion 和 Howitt（1992）等认为市场创新的核心是产品创新和技术创新，企业通过进行产品、技术创新，提升行业乃至整体经济的增长率水平，并重塑市场结构。

7.2.3 本地市场效应和自选择效应

第三类考虑市场创新的文献来自贸易理论（trade theory），特别是近年兴起的新经济地理（new economic geography）。Krugman（1980）认为，在规模报酬递增和存在贸易成本的环境中，拥有较大国内市场的国家会形成大规模生产和高效率，在满足本国需求后还可能会增加该国的出口，即本地市场效应（home market effect）。Melitz（2003）认为，贸易自由化会导致低生产率的企业退出市场，同时生产要素发生重新配置（reallocation），使最具生产率的企业能够存活下来，即自选择效应（self-selection effect）。

从上述本地市场效应的含义可知，规模经济和范围经济可能是导致本地市场效应的主要原因。此外，冯伟和徐康宁（2012）实证检验了我国 22 个省区 2004~2009 年间本地市场效应对产业发展的影响，发现省际层面本地市场效应的影响不显著，而在更细分数据下，冯伟和徐康宁（2012）发现地市场效应对产业发展有着显著的影响；钱学峰和梁琦（2007）则对本地市场效应理论、经验研究的进展进行了综述；Matsuyama（2002）和 Murphy，Shleifer 和 Vishny（1989）研究了国内需求变化对封闭经济体增长的影响，并重点强调了本地市场效应对于产业发展的型塑；Bernard，Redding 和 Schott（2007）研究表明，企业异质性的存在可能会放大资源禀赋和比较优势的内在差异，从而导致不同产业间本地市场效应的差异。

从上述自选择效应含义可知，竞争机制可能是导致自选择效应的主要原因。此外，Pavcnik（2002）和 Tybout（2003）等认为自选择效应能够有效地提升生产力的集聚水平，因为自选择后只有高效率的企业会选择留下来；Bloom，Draca 和 Van Reenen（2016）实证检验了中国出口如何影响欧洲国家的创新，发现自选择效应会导致幸存的企业增加 R&D 投入和 IT 强度；Aw，Roberts 和 Xu

（2011）实证检验了台湾出口企业研发决策的可能模式，发现贸易成本的减少有助于更多的企业增加 R&D 投入同时进入出口市场增加出口。

事实上，本地市场效应的存在可为制定产业政策提供新的视角，即发展具备本地市场效应的产业，以替代传统的资源密集型产业，同时尽力挖掘不同产业部门的规模经济和范围经济，从而加快产业升级和转型的步伐。

7.3 市场创新的类型及战略选择

7.3.1 市场创新的类型

目前市场创新的类型主要有三种，即首创型市场创新、改创型市场创新和仿创型市场创新。而这种市场创新类型的划分原则是根据不同企业所进行的市场创新活动的新度区分的，即市场创新度。

7.3.1.1 首创型市场创新

首创型市场创新指的是首次引入的某种新的市场要素，并且实现了新的市场化，开辟了一种新的市场创新活动形势，它是创新度最高的一种市场创新活动。首先进入市场的创新者被称为首创，后来从事相关同类的市场创新被称为改创或仿创，其依据是根据进入市场的时序性来排列的，它是权衡市场创新度的重要标准。比如首先推出一种全新的新产品，首先开辟了一条全新的销售方式，首先提出了一种全新的销售服务等等，都可以称之为首创型市场创新。根据市场创新区域的不同，又可以将市场创新活动区分为世界性市场创新、全国性市场创新以及地方性市场创新。

首创型市场创新有两种主要的方式：一种是率先向市场上成功地推出一种全新的产品；另一种是率先采用一种全新的市场营销模式。

首创型市场创新具有十分重要的战略意义，各种改创型市场创新和仿创型市场创新都是根据首创型市场创新来定位的，它是一种根本性的市场创新，对一个地区的市场创新效应能够产生广泛而深远的影响。对丁一个国家来说，市场首创能力与水平是决定其综合国力的一个重要因素。对于一个企业来说，市场首创能力与水平是决定该企业能否适应市场激烈竞争、获得利润报酬的一个重要因素。

进行首创型市场创新同样面对着很大的风险。首创型市场创新一旦成功，它将为企业主体带来丰厚的利润回报、提高企业自身的市场竞争力、获得高额垄断报酬、成为市场的佼佼者。如果创新失败，企业将会遭受损失，甚至被淘汰出局。

7.3.1.2 改创型市场创新

改创型市场创新是一种中等创新的市场创新活动，它指的是对市场中已经存在的首创市场进行改进和再创造，充分利用自身优势和创新条件在现有的首创市场基础上进行再创造，提高了适应市场的能力，同时一定程度上促进了市场的发展。改创型市场创新介于首创型市场创新和仿创型市场创新之间，它的基本特征就是改创性。因为市场中已经存在首创市场创新模型，故改创市场创新者可以有意识地降低创新成本和规避创新风险，使其利润收益达到最大化。

改创型市场创新的主要方式包括三种，即对于现有新产品进行改进和再创新；选取适当的产品层次、维度和方向来改进原型产品；对于现有新的市场销售方式进行改造、改进。

改造型市场创新同样具有十分重要的战略意义。改创者在很大程度上促进了市场经济的发展，在加剧了市场竞争的同时，也使得竞争者们努力提高了自己产品的质量，强化了企业管理，提高了售后服务水平等。

7.3.1.3 仿创型市场创新

仿创型市场创新最主要的一个特点就是模仿性，它是创新度最低的一种市场创新活动。仿创型市场创新不像首创型市场创新那样率先创新，也不像改创市场创新那样改进市场活动，它是指模仿市场首创者和改创者的创新模式，使自己原有的市场得以发展。同时市场仿创者承担的市场风险和产品成本是比较低的。仿创者可以采取紧跟首创者的战略来成为利润的收益者，通过自身优势在激烈的市场竞争中获得一席之地。

仿创型市场创新并不是说完全复制首创和改创市场创新，在采取市场模仿战略时，要尊重对方的知识产权，维护市场首创及改创者的合法权益，避免产生不必要的经济纠纷。

仿创型市场创新也具有同样重要的战略意义。仿创型市场创新有利于推动市场创新的扩散，解决多数中小企业的创新难问题，为就业率的提高起到了推动作用。它要充分利用自身的优势条件，加强市场扩展能力，提高自己在市场竞争中的地位和作用。对于大多数中小企业而言，根据自身条件采取仿创型市场创新战略来获得市场利润，不失为一种很好的生财之道。

7.3.2 市场创新的战略选择

市场创新的战略选择是企业能否成功进去市场的前提条件，根据企业自身的实际情况来确认相符的战略机制、选择适当的市场创新方式是企业赖以生存的基础。根据不同企业主体的市场地位和经济实力，可以将各类企业划分为市场领先者创新战略、市场挑战者创新战略、市场追随者创新战略、市场补缺者创新战略等几种基本战略类型。

7.3.2.1 市场领先者创新战略

市场领先者指的是一个企业在自身相关的产品市场中占有最大的份额，能够对行业内的其他企业起到领导作用的企业。这个市场领先者是其他竞争者的方向标，其他企业可以模仿、挑战或避免同它产生竞争。当然市场领先者的领导作用并不是不可超越的，其他公司可以利用自身的优势向市场领先者发起攻击，夺取市场领导权。只有不断地进行市场创新，市场领先者的领导地位才能够做得长久。市场领先者可以从以下三个方面来巩固其领导地位。

保护现有市场份额。要想保护住现有的市场份额首先就是要进行市场创新，企业主体可以在产品的售后服务、产品的种类、产品的价格等方面做出创新或调整，开展多样化经营、提高人性化服务、听取消费者意见、关注竞争者优势产品等行为保护市场现有份额。

扩大市场现有份额。只有不断提高企业的市场占有率、扩大市场现有份额，企业才能获得充足的市场利润，市场占有率与企业盈利率成正比，市场占有率愈高，盈利率也愈高。当然最重要的是企业不能盲目追求高的市场占有率，需要考虑自身的实际情况和市场环境，确定最佳的市场占有率。

扩大总市场需求。一般来说市场中的需求量是一个确定的数值，市场领先者需要做的就是尽可能地占取较大的需求量，当需求量增加时，首先获利的往往就是市场领先者。为此市场领先者可以从寻找新的消费者、开辟新的产品用途和提高产品的性能等几个方面来扩大市场需求。

7.3.2.2 市场挑战者创新战略

市场挑战者是指那些积极向行业领先者或其他竞争者发动进攻来扩大其市场份额的企业，这些企业可以是仅次于市场领先者的大公司，也可以是那些对手看不上眼的小公司。多数市场挑战者弥补了市场领先者的市场空缺得以生存，或者成为了市场领先者的追随者。

市场挑战者要想获得市场领先者同样的市场利润，甚至超过市场领先者的市场利润，必须要结合自身的实际发展情况和市场环境，选择合适的市场进攻目标，选择符合自身能力的市场进攻战略。

7.3.2.3 市场追随者创新战略

市场追随者指的是大多数的中小型企业。它们所占的市场份额比较小，但是只要集中自身所有的优势来细化领导者没有涉及的市场部分，那么它们也会获得巨大的利润收益。市场追随者的战略目标主要是企业利润达到最大化，而不是盲目的占有市场份额。具体的市场追随者创新战略可以分为直接追随领导者战略、间接追随领导者战略、有选择地追随领导者战略以及投机性追随领导者战略。不管选择哪种战略发展自身企业，最重要的是遵循市场发展规律，集中自身优势，发挥自身长处来进行市场创新。

7.3.2.4 市场补缺者创新战略

市场补缺者指的是利用市场需求的关联性，去开发新的相关市场，为市场领先者及其消费者提供专门的配套产品和服务。

由于市场领先者不可能全部占有所有的相关市场，必然会遗漏忽略一些较小的相关市场，所以市场补缺者可以把资源投入被忽略的相关市场中，既可以避免激烈的市场竞争，又可以获得不小的利润报酬。市场补缺者的创新战略手段是要寻找一个相对安全的市场环境，而且要去开发此市场中存在的利润空间，采用市场专门化策略，集中企业本身的优势去发现某一类特殊的专门化市场，进而达到获取企业利润的结果。

7.4 市场创新推动产业发展的机理分析

7.4.1 市场创新是产业的发展的动力

7.4.1.1 市场创新维持了微观企业的生存和发展

市场创新指的是在市场经济的条件下，作为市场的主体——企业创新者，通过并引入实现各种新市场要素的商品化和市场化，并不断开辟新的市场，促进企业生存与发展的一系列市场研究，开发，组织和管理活动。从定义中，可以看出，促进企业进行创新的基本动力就在于要不断维持企业的自身发展，维持企业发展的手段就是要不断保持现有的市场份额，并不断扩大市场的份额。只有源源不断的现金流进入到企业才能保证企业完成从商品到货币的惊险跳跃，进而不断的购买原材料投入到新一轮的生产当中，实现马克思政治经济学中从 W—G—W 的生产流通环节。

事实上，一旦生产一个产品是有利可图的，也即只要一个产业的平均利润大于平均成本就会有厂商不断地进入到这个产品的生产当中。但是在一定的时间范围内，总的消费需求是既定的，当厂商不断的参与到生产中就必然使得厂商之间互相争夺彼此手中的份额，一般来说当这种产品的基本原料供给属于成本上升的情况下，那就意味着有一部分厂商的边际成本就会不断上升。另外，供给量的不断扩大致使供给曲线不断右移，价格下降，超额利润减少直至消失。情况远非如此，刚刚的分析并没有考虑到产品的异质化条件，如果产品是差异的，也就是说每个厂商都是拥有一定垄断势力的，想要扩大自己的市场份额就必须要抢夺其他厂商的份额。这个时候，企业想要获得更大的市场份额就必须要尽可能地使自己的产品满足消费者的需求。这样一来，所有与早先产品不一样的特性被赋予到了新产品当中，这种差异就是创新，而这种创新就是为开拓新的市场而服务的。

7.4.1.2 市场创新是产业动态平衡的动力

微观企业的基本加总就得到了中观产业的基本特征，一般说来，企业的市场创新是各自基于扩大自己的市场份额开始的，但是在一个相对成熟某种商品的市场而言，份额间的争夺无非是整个产业的内部份额的重新划分而已，从数量上讲，整个产业不会发生巨大的变动。但是就其产业发展的形态的整个产业产品的质量和产业的生产效率却发生着重大的调整，具体表现为整个行业的生产效率提高和整个产业的产品质量变得更优。进一步，将一个产业的创新能力放大，就可以知道这个产业将会在整个产品市场获得进步的基本动力，原因在于，如果这个行业里的大多数企业都富有创新能力，那么整个行业将会获得高出整个市场的一般利润，从而使得整个市场的生产要素向这个产业集中。

另外，如果某件产品或者某类产品的市场不成熟的话，那么企业的创新就可以对替代品进行替代，从而将原来属于其他市场的需求吸引过来，一旦这样的生产是有利可图的，那么就有源源不断的厂商加入到该种或者该类的产品生产当中，被替代的产品的行业中就有厂商退出，从而企业的创新便是使得产业之间要素重新优化配置的主要动力。

7.4.2　市场创新域对产业的影响

7.4.2.1　市场创新域决定了企业产品的方向

前述研究阐述了市场创新是企业维持生存和发展的必由路径，那么，厂商究竟应该从哪一方面着手开始创新呢？事实上这就涉及一个市场创新域的概念，它一般指的是创新者可以选择的，能够引起现有市场的发生变化并导致新市场出现的各种市场的要素群的总和。厂商其实可以从各个方面出发进行市场创新，但这些方面基本上都是围绕产品的性质展开。其中最为重要的是产品的核心要素——使用价值，不管厂商要如何创新，使用价值是价值的外在表现，是进行市场交换或者说价值交换的物质承担。具体展开来说就是产品的实体要素，这其中又包括产品的质量，产品的特征，式样设计，品牌的名称和产品包装。以上任何一个方向的变动都会引起整个市场的改变，就便是产品创新的具体形式。另外，在21世纪，产品异质化十分明显的今天，单纯依靠实物产品的具体变化还不能完全吸引消费者的注意力，还需要在产品上面添加更多的非实物化的价值和附加利益，最为明显就是在已经售卖完毕的产品中不断打包更多的承诺服务。

进一步，将上述的创新范围归纳为需求创新域，在这个创新域主要从市场的需求的联系出发，另外还更加注重需求的层次性，多样性和发展性，强调将生产和消费活动联系起来，这就意味着，市场创新将会使得企业所设计的产品更加符合消费者，因为在整个的创新过程中消费者作为创新设计的一分子近距离参与到了创新过程。创新域还包括顾客创新域，它与需求创新域不太相同的是它详细划分了不同类型客户的购买动机，选择适应顾客群作为目标市场创新域。这样的创新导向进一步加强了厂商和消费者的联系。最后一个市场创新域是技术创新域，它要求厂商不断加大研究和开发的力度，注重技术的累计和核心技术的不断提高，吸收转化和运用新技术的管理和水平，这样的创新域指明了厂商的创新路径只能通过加强技术的不断突破，一方面使得产品的异质化不断提高，另一方面也使得生产效率得以提升，这也就意味着厂商有了价格方面的创新路径。

7.4.2.2 市场创新域决定了产业的基本特征

创新域指明了厂商创新的基本路径，总的来说，整个产业产品也就会向着创新域所提到的方向发展，一方面，产品越来越符合消费者的期望水平，另一方面产品的技术含量越来越高。当所有的厂商都倾向于加强与消费者的联系，满足消费者的基本心理预期，那么整个产业的市场关系的联系会更加紧密。另外，如果厂商是向着产品的高科技化发展的话，那么整个行业也会具备这样的特征，即产业的整个生产技术会不断提高。

7.4.3 市场创新规定了产业发展的基本路径和方向

如前所述，市场创新域说明了厂商应该从哪一个方面考虑创新，事实上，每一个方面就像是一个高维向量，向量内部的任何变化都可以认为是一种市场创新，因为它改变了早前产品的特征。既然是向量那么就必然呈现出一定的方向性，向量内部的任何变动都是创新空间的一个方向。理论上说，这样的方向路径是无穷尽的。但是，在实际的生活中，总是可以将创新的方向进行一个大致的归纳，主要包括市场需求导向、生产技术导向和市场环境因素导向等三种导向。

这些创新方向的基本趋势往往使得产品具有了科技化、国际化、知识密集化、绿色化、标准化和多样化的特征。具体说来，也就是产品的技术含量越来越高，跨范围创新越来越明显，形成了国际联合创新的趋势。知识密集化指的是产品的软化，单件产品不单单是依托昂贵的原材料，其中投入的知识量往往是巨大的。绿色化指的是在环境的约束下，产品必须要保持很高的环境准入条件，这样的方向不单纯是基于产品的成本考虑，更是为了可持续发展。标准化表面上是一个与异质化向对立的概念，至于为什么会形成标准化，关键在于产品大量生产可以带来巨大的经济规模效应，从而减小单位产品的生产成本。事实上，这样的标准化与先前的异质化并不冲突，因为这里指的是个别生产厂商的标准化。

微观企业在生产过程中，基本都会按照这样的路径来进行创新，创新的结果就是使得产品走向科技化，国际化，知识密集化，绿色化，标准化和多样化的特征。于是整个行业也都向着这个方向发展，主要原因是如果某个厂商偏离了这样的路径，那么毫无疑问，它就不能获得相应的市场份额甚至还有可能丧失掉原来的市场份额，因为市场创新向客观规定了整个行业的产品升级路径。

7.4.4 市场创新推动产业完成产业周期循环

每一个市场都会经历新兴、成长、繁荣、衰退的阶段，这既是产品的生命周期，也是产业发展的周期。如前所述，市场的主体——企业在自身利润最大化的驱动下，不断地进行市场创新，进而将原来有着替代关系的产品要素吸引过来，发展起了新兴的产业。又会因为企业的不断加入使得整个行业迅速发展壮大，在市场需求容量有限的情况下，整个行业的所有企业都会不断地提升自己的产品质量等一系列的创新方式从而逐步使得行业走向繁荣，在这个阶段，整个行业的要素配置不断的被优化，相对于其他的行业，这个行业可以吸纳更多的生产要素。正是由于在不断创新的推动下，整个行业得到了最优。事实上，一旦这个行业里出现更大的技术突破或者创新突破，那么又将形成新的产业，将原来的产业替代掉。就是这样，创新不断地推动着行业从初级形态走向高级形态，最后，又在新的行业中开辟新的道路，不断地进行产业的周期循环，但这种循环是向着更加高级的领域发展。

7.5 云南产业发展的市场创新现状分析——以云南省咖啡产业为例

7.5.1 咖啡产业案例分析背景

云南省西部和南部地处低纬度地区，热量充沛，夏季受西南季风控制雨热同期，地形以山间坡地为主，海拔约在 1000~2000 米左右，土壤肥沃，日照充足，昼夜温差较大，适宜于咖啡的生长。这样造就了云南独一无二的培养咖啡的条件，另外，早在一百年以前咖啡就被引入到云南，有着丰富而悠久的种植栽培的历史。

2014 年云南咖啡种植面积达 183.15 万亩、产量 13.71 万吨，均占全国的99%以上。由此可见，云南省在咖啡产业上有着得天独厚的条件。一方面，咖啡这种农产品主要由云南种植、采摘、加工、包装、出售，这是一个相对完整的产业链条，对咖啡产业的研究可以帮助我们了解整个咖啡市场是如何创新如何开拓新的市场，增加需求的。另一方面，云南省咖啡产业的产值区位熵很高，国民收入占比较大，可以将其列为众多产业中一个比较有代表性的产业。于是通过对云南省咖啡产业的市场创新的现状进行分析可以从中窥见整个云南省其他产业的市场创新现状。

7.5.2 咖啡产业创新的理论

咖啡产业的创新同样是在市场经济的条件下，作为市场主体的咖啡企业，通过将一系列的市场要素，诸如生产技术，包装结构，品牌设计，营销模式等等进行商品化和市场化，进而在原来旧的市场中开辟更加广阔或者形态更加高级的新市场，咖啡企业的创新的主要动力来源还是为了维护和扩大自己的市场份额，基于这样的目的，而组织和实施的一连串的市场研究、开发和管理活动。

市场创新是一个复杂的，相互交织的过程，在这个过程中最为主要的就是要明确可以创新的地方，也就是创新域。创新域将创新过程中可以创新的地方进行了一般化归纳，就像把可以创新的地方进行了向量化，在这个高维向量中包含了许多可以创新的地方。但总的来说主要包括以下几个方面：需求创新域，顾客创新域和技术创新域。

7.5.3 云南咖啡产业的创新实践

7.5.3.1 咖啡产业的科研投入

咖啡产业的市场创新是整个咖啡产业所有微观企业的加总，结合产业创新域，通过对云南省近年来所做出的创新实践我们可以发现，自 2012 年云南省咖啡产业技术创新战略联盟成立以来，整个咖啡产业的创新成果得到了重大的突破。截止到 2014 年底，联盟成员单位共申请各类科技项目达 27 个，项目经费达2981.5 万元，21 个项目获得资助，资助金额达 2581.2 万元。

从上面可以看出，云南省咖啡产业主要通过对咖啡产品本身进行创新研究，尽管产业创新联盟的建立以来，加大了对咖啡的科研投入，但是就其占咖啡农业产值的比例还很低，约占 0.9% 左右。科研投入是产品创新的主要环节，科研投入尤其是在实验室的投入，它不但微型模拟咖啡的加工提纯技术，更重要的是一旦实验室里的产品获得成功并得以市场推广的话，今后带来的收益是远远大于早前的科研投入。

7.5.3.2 咖啡采购的市场创新

面对各种各样的市场创新要素的来源，如何及时获取并疏通创新要素是企业甚至是整个产业都要面临的问题。其中，从市场采购中获得创新也是企业获得创新来源的重要途径，企业不但可以从供货商那里获得生产所需要的生产设备，生产技术，零部件，基础原材料，甚至还可以获得新的生产技术，新的生产工具，新思想等各种市场创新来源。云南省咖啡产业创新联盟采用企业间合作的方式，整个咖啡产业共计获得种质资源 670 余份，小粒种质资源 492 份，中粒种质资源48 份，形成了全国保存数量最多，规模最大的种质资源收集平台。

通过对云南省咖啡产业创新联盟的创新结果，可以知道，并不是所有的创新模式都完全依靠企业自身的研发创造，创新本身还可以依靠整个行业的合作进行，事实上，依靠整个行业的行动，不但可以让每一个企业尽最大的可能获得企业自身的原材料选择空间，还极大地减去了企业在品种繁多的原材料进行挑选的困难；另外，创新的本质特征是新市场的不断开拓，只要这个市场还没有完全成熟，那么行业间的创新联盟就会带来整个行业的生产效率的提升和生产成本的下降。事实上，云南省的咖啡产业创新联盟虽然在整个行业上取得重大的创新成果，但是这些成果多数还仅仅局限在科学研究所，还没有广泛地让每一个咖啡企业认真了解和认知。

7.5.3.3 咖啡的品种创新

新的生产原料往往会给整个产品带来全新的品质和性能，甚至会改变整个产品生产的流程工艺。这种改变一方面可能会给消费者全新的消费体验，也有可能在保证原来产品口感不变的情况下，降低原来的生产成本。总之，在产品生产的过程中，对生产所需要的原材料一直都是产商所密切关注的，当然也是产商们的重点创新来源。

云南省咖啡产业创新联盟，通过对咖啡的种质的不断研究和培养，对种质进行了重大的突破，德宏热带农业科学研究所筛选出优质、高产、抗病性强的优异种质 18 份，创制优异咖啡种质 13 份，审定认定新品种一个注册登记咖啡新品种 5 个，16 份直接用于生产，实现了国内咖啡新品种认定零的突破。

从上面可以得出，当整个行业形成区域间的产业联盟，就可以集中主要的人力，物力和财力进行创新，尤其是当这种资源集中到科研院所的时候，便较容易取得创新突破。这也说明，云南省关于咖啡产业创新联盟是十分有效的，这也为类似的行业提供了重要的创新启示。

7.5.3.4 咖啡栽培的技术创新

任何一种产品的生产都需要可靠而又稳定的原料供应，咖啡的生产加工自然也不例外。要保证咖啡豆的正常供应，保证咖啡原料市场的价格稳定就要保证咖啡种植技术的科学性。因为咖啡是一种农产品，它很容易受到自然病虫害的影响。云南省农业科学院热带亚热带经济作物研究所和德宏热带农业科学研究所联合提出了咖啡园的立体化种植，将澳洲坚果、香蕉等热带作物和咖啡进行套种。另外，他们还在原来的化学病虫害防治的基础上，系列编撰了中国小粒咖啡病虫害防治的专著。

通过咖啡产业创新联盟的咖啡种植技术的理论成果，可以看出云南咖啡产业的创新远远没有局限在单纯对咖啡本身的研究和探讨，它们的研究范围扩展到整个咖啡育种、培养、采摘、生产加工领域。由此可见，云南省的咖啡产业创新联盟的做法是完全可靠也是有意义的。这为其他行业的创新联盟做出了提示，也就是创新不能单纯针对产品的某个环节进行改善和创新，必须要从一个种子再到消费者手里都要予以关注，广泛挖掘创新源。

7.5.3.5 咖啡的加工工艺创新

拥有高品质的生产原料还不是整个咖啡产业创新的终点，如何将采摘下来的高品质咖啡豆进行深加工形成咖啡产品这才是整个咖啡行业创新的重中之重，长期以来，云南省的高品质咖啡豆都被国外的咖啡巨头，诸如雀巢、星巴克等公司作为原材料采购掉，云南的咖啡产业被长期锁定在咖啡产业价值链的中低端，主要原因还是在于云南的咖啡加工提纯工艺与国际咖啡巨头有着非常大的悬殊，如何实现咖啡产品的本土化就完全依靠先进的咖啡加工工艺，并且这种工艺必须要国产化和本土化。

云南省农业科学院热带亚热带经济作物研究所和云南农业机械研究所，对国外技术进行引进，吸收，创新实现了咖啡脱皮脱胶工艺和机械化。另外，云南农业大学热带作物学院和凌丰公司实现了机械化干燥技术规模化应用。这两项技术是云南咖啡产业进行自主化生产的重要步骤。从中可以看出，当整个区域咖啡产业联合起来，就有了对抗来自国际同行业公司巨头的能力，尽管云南咖啡产业里还没有哪一个公司与这样的巨头进行抗衡，但是它利用团体力量实现了区域产业的保护，为培养日益强大的企业积蓄了力量。云南咖啡产业创新联盟所给出的其实就是，当区域内没有哪一个企业可以与来自国际的公司抗衡时，就必须要联合区域内的创新能力。

7.5.3.6 咖啡品牌包装与咖啡文化的建设创新

光是对产品加以包装进行销售只能是在原来的旧市场里进行市场份额的重新划分，想要不断在原来的市场进行拓展，就必须不断地引导更多的消费需求。一旦某种商品的消费形成一种文化，那么它就会有着源源不断的狂热分子。因此，对咖啡的包装只是市场开拓的初级手段，更加重要的是要让消费者感觉消费咖啡是一种是时尚和享受。

云南省咖啡产业创新联盟，现在不断地包装云南的咖啡文化，其中普洱市被中国果品流通协会称为"中国咖啡之都"，德宏州被称为"中国咖啡之乡"，保山的小粒咖啡也取得了国家地理的重要标识。由此可见，这些称号都是对咖啡产业的一个有益的包装，一旦一种产品有了广泛的认可度，它就会有更加广泛的市场。云南咖啡产业创新联盟为云南省的产业创新提供了十分有益的探索。

8 业态创新与云南产业发展

新业态是"破坏性创新"，是第三次工业革命浪潮下互联网代表的信息生产力和经济社会走向智能化、走向共享经济的必然。业态是产业发展层次和阶段的外化体现，业态创新对产业升级、原创产业培育、经济增长和区域发展将产生巨大的作用，由业态创新所引发的产业变革已经成为经济发展的新动力。本章探讨如何通过业态创新推动云南产业发展。

8.1 业态创新概述

8.1.1 业态的由来

20 世纪 60 年代，日本汉字词汇中首先出现"业态"一词，但是外界对它的定义一直没有统一。依照目前的研究文献来看，大多数的学者将"业态"一词用来概括为形容零售业和餐饮服务业企业经营的形态。日本学者铃木安昭（1980）认为业态指的是经营者关于零售经营场所的经营战略总和；日本零售商业协会认为业态是与消费行为动态变化相适应的经营形态；向山雅夫（1986）认为业态是一种商业形态，是运用相同经营方式、技术和方法的商业机构的集合；安土敏（1992）认为业态是一种营业的形态，是形态和效能的统一，形态是达成效能的手段，同时束缚着效能；兼村荣哲（1993）认为业态狭义上指由商品、价格、销售、店铺等要素组成的直接接触消费者的经营形式，广义上则是支撑狭义业态运行的各种形态的集合。美国斯坦顿（1978）认为零售业业态划分的四个标准是店铺规模、商品组合、所有制形式、销售方式。科特勒（1980）认为商品组合、价格诉求、卖场特点、店铺管理形式以及店铺集合形式才是划分业态的标准。李飞（2006）认为业态是满足某一特定目标市场需求而形成的经营方式；王清娥（1998）认为业态是一种商业企业的经营方式，市场主体的多样化、市场组织的网络化以及国内外市场的一体化是商业业态多样化的主要驱动力。

业态所涉及的要素包括经营理念、经营方式、企业组织管理、生产方式以及营销模式等要素，其定义也随着时间的发展而变化。面对现代化商业的迅猛发展，业态从最初的小商店逐步演化为百货市场，再从大型连锁经营超市演变为互联网形态商业组织。业态结构具有一定的稳定性、均衡性。在一个市场中往往占主要地位的业态只有一两种，而其他的业态处于一种辅助、次要地位。因此在市场经济中就会出现业态分布多样化的特征，这是业态本身发展的规律导致，也说明了市场参与者中存在着激烈的竞争关系。一种新生业态的产生并不是说明就要完全取代旧的业态形式，新生业态的诞生是对旧业态的补充说明，正是由于需求的多样化才为市场中新业态的产生提供了必要条件。

8.1.2 业态创新的定义

业态创新指的是在业态发展过程中，以新的营销手段、新的管理理念、新的经营方式及渠道、新的管理技术来代替传统的营销理念、经营方式来满足不同的市场需求而创造出的不同风格和形式的生产要素再组合的形态。

8.1.3 业态创新的类型

8.1.3.1 全新业态创新

全新的业态创新往往是通过需求创造和技术创新两种途径来实现的。它不同于改造业态创新和融合业态创新，它是一种全新的营销理念或者经营模式。伴随着经济全球化的到来，居民生活水平有了很大程度上的提升，同时消费者需求逐渐倾向于多元个性化，原来一成不变的传统经销模式生产出来的产品不再能满足消费者需求，进而新生的产业业态形式就会出现，生产出满足消费者群体的个性化需求。当这类消费群体逐渐增加时，也就预示着一种新的需求业态潮流将会到来，这种因为需求多样性而被创造出来的业态就成为了全新业态，它是从传统经营模式中分离出来，作为独立存在的一种新生业态。在互联网技术迅猛发展的今天，企业会根据消费者在高新技术市场中的特定需求来创造出新的产品，进而在市场竞争中获取有利地位，得到最多的报酬。例如当今支付宝的横空出世，改变了以往一成不变的消费途径，现在不用随身携带现金就可以任意出行购买物品，极大地便利了人们的生活；微信、微博等相关手机软件其实也是互联网技术革新下的产物，它们丰富了人们的生活，使人与人之间的沟通交流更为便捷等等。这些全新业态创新方便了人们的出行，更为经济的发展注入了新鲜血液。

8.1.3.2 改造业态创新

改造业态创新指将传统经营模式中不符合市场发展要求的部分剔除，保留并改进传统经营模式中的优势部分，让它更好地满足消费者需求。传统经营模式中生产出来的产品并不是说会被业态创新生产出来的高新技术产品所完全取代，我们要做到取其精华，去其糟粕，保留产品的优势性能，去除其无用的劣势性能，增加新的要素，让它更好地为消费者服务。改进业态创新的基本方法大致有两种：一种是运用新兴信息技术对传统模式进行改造，以信息化、数字化、网络化的手段为传统生产经营模式注入新的元素和功能，丰富其功能，提高其性能，对企业和消费者带来同步利益；另一种改进途径是引入新的载体和新的市场营销模式，企业应放眼于全球经济视角，关注国际先进公司的营销模式，取彼之长，补己之短。

8.1.3.3 融合业态创新

融合业态创新指的是两个产业或者多个产业之间进行产业融合、产业重组的过程。这种业态创新类型做到了资源能够共享，资源利用的最大化。将产业间各自的生产资料进行整合、合并，将各自的社会生产活动进行连接延伸，是企业间共同获利的一种良好业态创新模式。融合业态创新模式是在互联网经济全球化下的一个必然过程，它能够使单独企业认识到自己的不足之处，能够推动产业间的转型升级、优化产业结构、提高企业在市场竞争中的地位。同时融合业态创新将自然资源、生产要素进行集约化、规模化、效益化利用，在节能减排、保护生态平衡的基础上也节省了企业的开支，降低了生产成本。

8.1.4 业态创新的必要性

随着经济全球化趋势的推进，市场中也出现了多样化的业态形式。为了满足广大消费者的消费需求，传统的经营营销模式必然会被更加专业化的分工模式所取代，必然会导致产业业态的集群分布，从而使得业态创新成为一种必然结果，所以业态创新的必要性可以归纳为以下两点：

8.1.4.1 价值链分解所产生的新业态

在以往的传统经济营销模式下，一个企业的生产活动往往涵盖了整个生产销售环节，从原料的获取到初级产品的生产以及产品的再加工，再到产品的销售与售后服务，都被看作是单一企业的必要经营业务，这其中涉及了人力资源管理和财务管理，耗费了大量的人力物力，费时费力，而且效率低下。随着经济全球化的逐步加深，市场分工更加专业化、细致化，必然导致了企业内部价值链的分解，这就形成了新的产业业态。这些新的业态的出现顺应了市场发展的规律，满足了不同消费者的消费需求，用同样的资源专心做好一道工序，使得企业本身的效益达到了最大化，同时使得产品从质量到外观都得到了巨大的提升，所以说业态创新具有必然性。

8.1.4.2 产业融合产生新的业态

产业链的分解可以产生出新的业态，同样的，产业之间的相互融合也是新业态产生的另外一个途径。产业之间的融合也是顾及到了单一产业不能解决某一特定问题，产业之间必须联合起来才能发挥最大作用，或者说产业之间的融合能够使得两产业及多产业之间的利润达到最大化。随着新生科学技术的不断发展，网络数据中心、网络全覆盖监控中心以及网络呼叫中心等新型产业业态不断涌现。

8.1.5 业态创新的作用

8.1.5.1 业态创新对于产业创新具有引导和提升作用

研发业态创新属于价值链的最高级研发环节，它能够对价值链的中下层环节产生积极的影响。高端价值链的创新与发展会直接导致产品质量与价值的提升，能够扩充产品的使用功能，提升产品的使用效益。当研发环节变得更加专业化之后，新的产品、新的技术才会出现。研发新业态的发展会将研发资源得以最大化的利用，能够为企业最大程度地减少生产成本，获取最大利润。

8.1.5.2　业态创新能够提升传统产业的竞争力

消费市场需求的不断扩大使得传统产业不能够满足消费者需求的多样化，传统产业必将会进行业态创新，传统产业的技术创新往往能够刺激出巨大的市场消费潜力，从而创造出大量全新的商业模式和服务模式，利用新型科学技术对传统产业进行升级和改造，能够为传统产业注入新鲜的血液，满足广大消费者的消费需求，能够让传统产业进行业态创新，进而创造出一个新经济增长点，提升传统产业的竞争力。

8.2　业态创新与产业价值链运动规律

8.2.1　价值链的概念

价值链是指一项产品或服务从概念，到产品的中间形态，再到运输给最终消费者和使用后的处理方式的全范围活动。图 8-1 描述了价值链的最基本的一种形态，其他更加复杂的价值链形态可以在这个基础上扩展延伸。

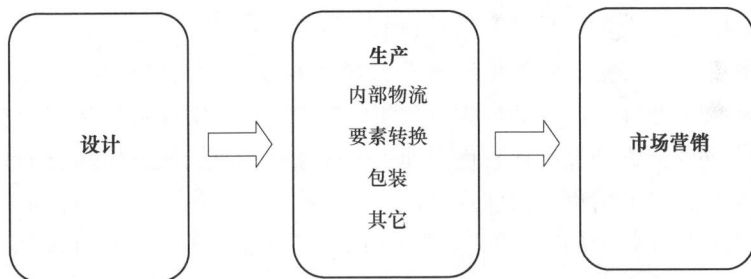

图 8-1　一个典型的价值链

从图 8-1 中可以看出，生产过程只是多个价值增加阶段之一。迈克尔·波特（Michael Porter）的有关价值链分析方法的工作使得价值链分析方法在全世界大为流行。迈克尔·波特最初提出的"价值链"是指生产过程中的不同阶段（包括内部物流、运营、外部物流、市场营销和售后服务），以及为了完成这些任务的支持性质的服务（比如战略计划、人力资源管理、技术研发和采购）这对应着图 8-1 中的不同阶段。价值链分析的新颖之处在于不仅关注生产活动本身，而且关注生产活动背后的支持性质的服务，并且将两者结合起来，形成一个"价值系统"的概念。"价值系统"的概念可以简单地理解为从价值链延伸到各个不同产业之间的连接。关于价值链分析的方法,有必要认识到以下三点:(1)价值链是一个经济租的仓库,而且这些租是动态的;(2)有效运转的价值链需要一定程度的治理;(3)有效的价值链需要系统性的有效,而不仅仅只是某一点、某一个环节的有效。

8.2.2　价值链分析的三要素

经济租是一项收入要素,正如约瑟夫·熊彼特(Joseph Schumpeter)所说的,稀缺性是可以被人为构建的。即不仅仅是一连串的自然事件,有目的的行为也可以形成稀缺性。如果一个企业家引入了一项"新的组合",则可能获得一项剩余,即生产者租。随着这项新组合被别人模仿,在社会中传播开来,生产者租逐渐降低至零,产品的价格也随之下降,同时形成消费者剩余。

经济租的形成可能不仅仅由于自然也可能来自于生产者剩。随着新技术的大量出和产品差异化的增强生产者剩余成为经济租的一个重要来源。随着越来越多的国家具备进行工业生产活动的能力生产领域的门槛近年来一直在降低,而竞争在逐渐增大。改革开放以来我国大量受教育的劳动力进入国际市场,使得生产领域的经济租变得更小。

8.2.2.1　系统效率

系统整合涉及相近企业价值链之间的关系价值链越来越突破国家的边界,因此低收入国家的企业的治理者必须学会如何升级生产。

8.2.2.2　价值链分析与传统的产业研究和经济学分析的比较

传统的经济学在对生产活动进行分析、解释时常常关注经济的部门和分支发展中国家在初级品方面拥有比较优势而工业国家在产品、服务贸易方面具有比较优势传统的经济学分析更加关注规模比,如产出、员工的增长。而价值链分析更加关注收入如何在各个国家之间、在一个国家之内、各个产业之间的分配。

8.2.2.3　全球化视角下的产业价值链

全球化并不是现代才出现的新事物,在地理大发现之后,逐渐形成了一个初步的经济全球化,美洲作为甘蔗、金银等矿物和农产品的原材料基地,非洲等作为劳动力的来源地,中东和亚洲作为奢侈品的来源地,西欧作为主要的市场和消费地也在这个基础上确定。

由于价值链分析关注经济租的动态性,使得其对经济的分析视角超越了经济部门和分支。正因如此,价值链分析可以更容易地发现富含经济租的经济活动,而传统的经济学研究和分析却不太容易发现这些富含经济租的经济活动。

8.2.3　产业价值链的运动

各条价值链并非同质的。企业的经济活动可以分解为设计、生产、运输等多个环节，而且企业处在一个动态竞争的环境中，企业为了面对竞争和适应环境的变化，会使得企业的产业价值链并非一成不变的，随着时间的不断向前推进，其价值链也处在运动变化过程中。其运动变化表现出来的规律可以简单地归纳为以下三点：（1）产业价值链的分解；（2）产业价值链的融合；（3）新业态的出现。

8.2.3.1 产业价值链的分解

产业价值链的分解并不是近现代才出现的新事物，随着专业的分工和细化，产业价值链的分解现象在人类社会历史中不断地发生。畜牧业、手工业最初是从原始农业当中分离出来的。这从产业价值链分析的角度也可以视为产业价值链分解的表现。从漫长的历史长河来看，如今经济活动中出现的成千上万种行业几乎都是从原有的行业分离独立出来的。比如工商业社会出现的商业、运输业到工业社会出现的器械制造、电器、石油化工，再到近现代社会的金融等高端服务业。许多服务业，比如设计、研究、开发，原本由工业制造企业内部完成，到近现代以来，逐渐出现了将这些服务业外包的趋势。这也使得第三产业占 GDP 的比例逐渐增大，又比如，汽车生产企业需要多种零部件，并由这些配件组装成为整车用于出售。为了生产这些零部件，汽车企业需要涵盖大量的生产活动，也常常表现为"巨无霸"体型的企业。在 20 世纪 70、80 年代，一些日本汽车企业探索出了汽车零部件的生产转为外包的新方式。这种零部件的外包提高了生产的效率，使得组装过程的成本占整车价格的比例下降整车的价格也随之下降最终提高了日本汽车企业在国际市场上的竞争力。

8.2.3.2 产业价值链的融合

产业价值链分解之后，由于各种各样的原因，倾向于原子化了的价值链增加阶段又被重新整合，形成新的产业价值链。最终的消费者的需求往往不是碎片化的服务或产品本身，而可能是整套的系统化的解决方案，面对这一需求，自然而然地会产生满足这一需求的企业，这些企业为最终消费者量身打造系统性的解决方案。如一站式网上购物，融合了物流仓储、零售、广告营销、消费金融等传统的零散服务（价值链环节）。

另一方面来说，产业价值链的融合也可能使得企业之间的交易成本下降，提供价值链融合产品或服务的企业可能会因为成本优势而具备竞争力。

8.2.3.3 新业态的出现

产业价值链的分解、融合，或者前两者的结合出现，都将必然导致新业态的出现。新业态的出现重新定义了企业原有的生产边界，呈现出不同产业形态，焕发出不同寻常的企业活力。近年来出现的新业态有 3D 打印、总包等。

8.3 业态创新与产业变革

业态创新往往离不开积极进取的企业家精神，"摸着石头过河"，在不断地尝试、遭遇错误的过程中发现可能的新的产业形态。结合前文中的产业价值链分析，通过几个案例来阐明业态创新与产业变革的关系。

8.3.1 鲜果和蔬菜产业的业态变化与创新

鲜果和蔬菜产业在发达国家是一个战略性的和逐渐增长的市场，既因为鲜果和蔬菜是消费者愿意在不同商店购买的少数几种商品之一，也因为鲜果和蔬菜是收入弹性小的商品，更重要的是，鲜果和蔬菜至少就目前来看大多数是没有品牌的。因此零售商店往往能够获取全部的市场租，而不需要与品牌权益人分享这些市场租。因此鲜果和蔬菜产业成为高收入国家的零售商的一个战略性部门。

由于这个部门的生产活动因为受到地域上的限制，而且在种植、分类和包装环节使用了大量相对低技能的劳动力，因此从发展中国家进口鲜果和蔬菜在快速增长，在主要零售商主导鲜果与蔬菜市场之前，鲜果和蔬菜的种植者和批发商倾向于在接近产地的市场进行营销价格是市场份额的主要决定因素，同时也受果蔬的季节时令影响。但是大型零售商一旦开始重视鲜果和蔬菜的市场营销时，这些大型零售商开始采取新的方法、关注新的要素来赢取市场，比如质量、产品的一致性、供应的稳定不断、价格、绿色有机无公害等环境健康标准，这对那些种植者，尤其是发展中国家的面向高收入市场的鲜果和蔬菜的种植者提出了挑战。这些新的关键要素，与远离最终市场地的生产这一发展趋势相结合，使得种植者原本有优势的接近产地的市场被主要零售商夺取了。

这一策略是如何做到的？分两步走，产地国家的出口代理商确保并监控供应，购买国的进口商与零售商和出口商联络。但是近年来的供应可靠度逐渐稳定化和产品的同质化，使得他们寻求发展新的产品和类型，在某些情况下，新的品种的研发工作已经与生产活动相分离了。发展中国家的一系列进口商、最终消费地国家的进口商共同对价值链行使了一定程度的治理，但是有效的执行需要在最终消费市场和果蔬种植地国家的包装和分类过程中积极地有所作为。因此增强在价值链的个个环节之间的联结成为一种趋势，许多发展中国家的生产者和出口代理商开始在消费地国家建立商业存在（比如与零售商合营、联营等）。尽管经济租来源于生产活动，但最终还要靠在价值链终点的市场营销上实现。也就是在零售环节的利润占据了最终产品价格的四分之一。

至此我们从头到尾观察了这条价值链，从生产到产品研发，再到市场营销。如果价值链的各个环节的市场准入门槛逐渐降低，那么鲜果和蔬菜将会变成和咖啡、茶叶一类的商品。准入门槛具体有多高还没有定数，但有一点可以确定，仅仅种植初级农作物无法提供可观的回报。发展中国家的生产者在试图提高其在价值链中的比重的过程中遇到的主要挑战是快速开发新品种以适应价值链中的生产和物流环节。

8.3.2 汽车产业的业态变化与创新

一辆汽车由超过 500 个零部件组装而成。过去由于对供应商的信任程度很低，汽车生产企业大多将零部件的生产内部化，这些零部件占据了最终产品总价值的 65%~70%。近年来，随着在日本发生的企业组织结构创新，促进了对供应链的信任，因此出现了将更大比例的配件外包生产的趋势，包括次级配件的组装。最终组装的工厂如今占据产品最终价值的 40% 再也寻常不过了。外包模式受到一系列不同变革的影响。首先，汽车在 19 世纪 50 年代、60 年代只不过是一堆沉重的金属物件的整合，如今变得越来越有科技含量了，比如集成了多种自动驾驶技术。因此更多的组装企业选择着重产品的整体设计和系统集成，依靠他们的核心部件来确保在生产和设计方面的优越技术。其次，是模块化设计的进展，一级供应商的零部件已经是由一系列的次级零部件组装而成。创新的进度也相当可观。这需要设计和工程活动保持平行，组装者和不同层级的供应商对产品及其配件在总体层次上保持同步，而不是像以前那样按顺序来生产、只顾自己这一阶段的生产活动。最后，新的内部生产流程和质量控制的模式需要组装者和其各层级的供应商就物流和质量控制程序的高度整合。

所有的这些发展对组装者的采购和生产有着重要的指导意义，一、二级供应商之间的关系也如此。一个关键的发展是全球采购的大幅发展。一个组装者会就它的新款汽车的设计与供应商密切协调工作。这些产品只需一些小小的改动，就可以投放到全球各个不同的市场。组装者和供应商一旦就部件的设计或者次级部件的设计达成一致，组装者预期将在全球使用这项设计。在某些情况下，可能会涉及到与两三个次级供应商达成一致，即便如此，这些设计也可以在全球使用。

组装者不仅需要确保设计，还需要确保它用于全球的部件的价格具有竞争力，质量达标，配置兼容。因此这些组装者需要专注于全球采购，并且知道供应商也需要向二级供应商采购。如果规模允许的话，它们会在大型的组装工厂附近建立工厂。如果它们不能建立并管理这样一组复杂的活动，就无法与各地的商业伙伴进行合作，无法将他们的技术许可给部件生产商使用。

从外包价值链中的治理活动来看，组装者对其一级供应商、一级供应商对其二级供应商设立关于成本、质量、运输电子商务系统等的标准。监管机构也可能设立关于循环利用和排放的标准。汽车行业期望一级购买者负责促进供应链的学习，以确保二级、三级、四级供应商能够符合行业的关键标准。如今，一些大型的国际会计师事务所也在为行业提供专业的咨询服务，以协助这些供应商达成这些目标。

希望整合组装全球的部件生产并且降低价值链中持有的存货的成本意味着去中心化的零部件生产还有很大的空间。组装产业的逐渐强化，试图将一些零部件的生产标准化，意味着关键购买者的全球标准变得越来越重要。因此部件生产商需要与最终购买者联系，以在一条价值链中整合。为了达到这个目标，就必须使用全球化的设计。全球化的采购、组装者与一级供应商、二级供应商的密切关系逐渐削薄了发展中国家的当地所有权和当地技术。在巴西，1995 年时 25 家最大的部件生产商中的 12 家由当地控制，到 1998 年时，前 13 家生产商中只有一家由当地控制。价值链中的设计活动所占比例逐渐增大，而且日渐由发达国家掌握，发展中国家从事的设计活动逐渐减少，收入分配的比例也有所下降。在这种情况下，贸易保护对本国产业的效果可能微乎其微，更好的做法也许是关注产业的提升、为当地有利于产业升级的企业提供融资支持。

8.3.3 案例对业态创新的启示

本章从价值链分析的角度考虑收入是如何在各个国家、各个行业、各个价值链环节分配的，以及我们如何采取适当的政策来提高产业的增加值、培育新产业。如今全球化的趋势仍在继续，而且变得更加复杂。就近贸易越来越局限于低收入的商品进入高收入的生产活动需要加入全球的价值链，故挑战在于如何让发展中国家的生产者更好地进入国际价值链并扮演其适当的角色。不同角色获取经济租的机会各不相同。面对竞争，有以下几种做法：（1）增强内部运行的效率，以试图超越对手；（2）研发新产品或者改进原有的产品；（3）增强与供应商、客户的联系；（4）改变原本由企业内部实行的生产活动的组合，或者改变其所从事的活动，比如从生产活动转为从事研发。

当企业进行以上一项或数项改革时，可能使得产业形态发生改变，形成一项业态创新。进入价值链的另一个环节也许很难，但有时是十分必要的，因为大多数价值链都已经处在一个相对最优的状态了。这也并不意味着企业必须升级内部的运营以提升企业与价值链上下游企业的联系。在许多情况下，企业可以追求多个目标。在某些情况下，产业的进入门槛十分低，其回报水平就不可能太高。比如在一个高度竞争的产业，产品的售价十分接近于边际成本，其利润率一般不会太高，生产者剩余几乎全都转化为消费者剩余。

政府在业态创新方面也可能大有作为。通过构建各类经济平台，利用平台经济在资源配置、价格发现、市场学习、减少信息不对称、降低成本等方面的功能与优势，合理解决平台经济成长过程中遇到的各类问题，帮助企业家和风险资本发现新的产业机会，进而采取措施帮助相关的企业进入高回报的全球价值链当中，比如制定适当的政策帮助支持产业的转型升级、提高设计研发能力。

8.4 云南产业发展的业态创新评价——以大健康产业为例

8.4.1 大健康产业背景

8.4.1.1 大健康产业概述

大健康是根据时代发展、社会需求与疾病谱的改变，提出的一种全局的理念。而大健康产业是指紧紧围绕与人体健康相关的，包括疾病预防、保健产品、养生保健、医疗用品、医疗器械、公共卫生服务信息平台建设、健康管理、旅游养生、健康建设、保健品研发销售等综合型服务的产业。

8.4.1.2 云南大健康产业背景

云南拥有青山绿水、蓝天白云，气候立体、生物多样性丰富，多彩的民族风情、多元包容的人文历史以及较好的旅游业发展基础，发展生物医药和大健康产业的条件十分优越。

2016 年，云南省省委、省政府把生物医药和大健康产业作为全省 8 个重点产业之一予以扶持，产业发展规划、思路和相关配套政策正在完善，一批重点项目正在有序推进，大健康产业发展的氛围正在形成。同年印发《云南省生物医药和大健康产业发展规划（2016~2020 年）》《云南省生物医药和大健康产业发展三年行动计划（2016~2018 年)》

云南省委书记陈豪强调，要提高认识，坚定云南省发展大健康产业的信心和决心。认清发展大健康产业的优势和不足，转变传统观念，突出创新驱动、企业培育、品牌打造和各地优势，走一条具有云南特色的大健康产业发展之路。要加强协作，努力形成大健康产业发展的强大合力。统筹各方力量，运用好国内外资源尤其是科技研发创新资源、完善推进机制、强化要素保障、营造良好环境，打造我国大健康产业发展的新高地，把云南建成服务全国、辐射南亚东南亚的生物医药和大健康产业中心。

8.4.2 云南大健康产业的业态创新分析

8.4.2.1 云南发展大健康产业的优势

面对大健康产业良好的发展前景，云南在未来全国、全世界的竞争中有何优势？首先，云南地处我国西南边陲，北依广袤的亚洲大陆，南面辽阔的印度洋和太平洋，处于东南季风和西南季风的控制下，又受到青藏高原的影响，形成了复杂多样的自然地理环境。整体的气候特点为冬天不冷、夏天不热，一年四季如春，适宜人的健康。

云南是动植物王国，云南是全国植物种类最多的省份，几乎集中了从热带、亚热带至温带甚至寒带的所有品种，在全国约 3 万种高等植物中，云南省有 274

科、2076 属、1.7 万多种，占全国高等植物总数的 62.9%。在这些野生植物中，具有开发利用价值的不在少数，云南有道地药材如三七、茯苓等，均具有纵深加工、提升产业品质和效益的潜力。

云南具有较为成熟的旅游服务业。依托独特的自然风貌、文化古迹、少数民族文化（如丽江、大理等）等旅游资源，经过省委省政府多年来持续不断打造，云南已经形成较为成熟的旅游服务业。就大健康产业发展雏形来看，目前，云南也出现了一些与旅游养生相关的地产，比如健康养生基地等，在这些项目中，主要是以休闲旅游、度假、餐饮等服务项目为主。

云南的交通基础设施水平已经迈上了新的台阶，适合大健康产业的发展需要。多年来省委省政府的持续重视和投入，特别是国家"一带一路"战略构想实施以来，云南也正在加快基础设施建设步伐，依托区位优势，已经形成了覆盖国内各省、东南亚、南亚的航空、铁路、公路等四通八达的交通网络。这些都为大健康产业的发展提供了有力保障。

近年来云南的生物医药产业也逐步迈入高质量发展的快车道。以云南白药为标志、三七深加工产业链为代表，引进国内或国际战略合作及高科技医药生产技术，云南的生物医药产业也在快速发展。可以说，云南初步具备了大健康产业发展的所需元素。与此同时，随着省委省政府"高原特色农业"战略的布局日渐完备，大健康产业一旦进入战略布局，将与高原特色农业形成横向协调发展，二者协同促进相互发展。

8.4.2.2 云南发展大健康产业的挑战

自然资源开发利用和环境保护相矛盾。目前云南省较其他发达省份来说，经济水平仍有一定差距，一些地方为了经济发展很难兼顾自然资源的保护和开发利用，一味追求经济增长的思想仍是部分官员的主导思维。如果云南得天独厚的自然、文化资源遭到破坏，从长远发展的角度来讲这是杀鸡取卵的做法，因此，对自然资源的合理开发利用并做好可持续发展显得至关重要。

据近期云南媒体报道，世界文化遗产——元阳梯田在梯田风貌保护中，面临着梯田风貌被破坏的危险。原因是梯田村寨中部分村民将作为梯田文化象征的茅草屋顶拆掉，换成钢筋混凝土屋顶。这一做法无疑将破坏梯田文化的原本风貌，这就是开发利用与环境保护的矛盾。云南的大健康产业所依托的主要特色是云南省的多元素的自然、人文风貌，因此，做好自然、人文风貌的保护、合理开发利用是大健康产业发展过程中值得深入研究的课题。

其次，云南省的信息化建设水平尚待提升。云南本身具有很多可供开发的保健品资源，大健康产业背景下，从基础研究入手，精选一些云南特有的植物资源，进行深入开发，政府应该加强监管和引导，着重培育具有品牌竞争力的企业，帮助企业实现品牌的形成和推广，从而走向品牌产业化的道路。

8.4.3 云南大健康产业的业态创新具体做法

8.4.3.1 建立候鸟型养老机构

云南可利用气候优势，建立候鸟型养老机构。所谓候鸟型养老机构，即吸引省外老年人到云南进行季节养生。可引入社会资本，创办包括日常养老、医疗服务、护理等内容在内的老年公寓，政府组织到省外进行宣传推广，逐步形成规模化。这样，一方面可解决一部分人的就业，同时也能增加经济效益和社会效益。

8.4.3.2 培育几个具有较高知名度的保健品品牌

利用政府搭台，企业唱戏，结合云南优势植物特色，着重培育形成几个有发展潜力的保健品品牌。

8.4.3.3 发挥中医药优势，大力开展中医药"治未病"健康服务

中医药具有"简、便（宜）、廉"的优势，其治病理念为"未病先防，既病防变"。中医药的投入成本较西医有一定优势，这符合新医改背景下国家卫生战略的要求。因此，中医药理应成为大健康产业发展的重要组成部分。大力开展中医药"治未病"健康服务，以城镇社区为落脚点，开展养生、体质保健等服务。大力弘扬中医药文化，形成具有云南省特色的中医药文化。

8.4.3.4 大力发展养生旅游服务

养生旅游服务，依托现有的旅游资源基础，在各景区开展特色养生旅游服务，例如，可在景区当地医疗卫生服务点配置中医师，开展当地特色饮食养生、环境养生等服务，刺激消费，拉动经济增长。

8.4.3.5 规范、引导云南大健康产业发展

政府可制定相应政策措施，鼓励社会资本、企业投资健康产业，规范企业在健康养生领域的经营活动，避免虚假宣传，避免恶性竞争，引导相关产业健康发展。

8.4.4 云南大健康产业的业态创新评价

近年来，云南生物医药和大健康产业规模稳步增长，创新能力显著增强，已基本形成以中药（民族药）、生物医药研发生产等构成的生物医药和大健康产业体系。

2016 年，全省生物医药和大健康产业可实现主营业务收入 2050 亿元左右。云南白药系列、生物疫苗等一批云药产品发展后劲十足。基因、干细胞诊疗服务快速发展，华大基因、舜喜干细胞等一批现代生物技术服务企业相继落地云南。

云南省 2016 年编制实施生物医药和大健康产业发展规划和三年行动计划。同时，省科技厅组织实施 100 项产业发展重点项目，新增投资 70 亿元以上。此

外，安排省科技经费 2.2 亿元，组织生物医药和大健康产业发展产品开发、成果转化和人才平台建设。设立规模 10 亿元的云南生物医药和大健康成果转化及产业化投资基金，支持企业开展科技创新。

截至目前，云南已基本形成以天然药物（中药民族药）为重点的生物医药大健康产业体系。建成了滇东南三七、滇东北天麻、滇西北高山药材、滇中民族药道地药材和滇西南南药特色药材 5 大中药材种植基地；全省种植面积超 600 万亩，其中，三七种植面积约 100 万亩，三七种植销售收入超百亿元。建设了 56 个"云药之乡"，重点种植（养殖）了 60 余个品种。

云南省具有发展大健康产业得天独厚的优势，生物医药和大健康产业正向传统药业、旅游合作、健康养老、健康食品、干细胞等高端医疗服务业、中医"治未病"养生保健服务、优化整合妇幼保健计划生育服务资源等领域延伸，特色鲜明的生物医药大健康产业正显露出强劲势头。

综合来看，大健康产业将会是未来我国经济增长中最为"绿色"、"可持续"的增长极。对于云南来说，烟草产业将面临更加严峻的挑战，房地产、化工等行业随着国家金融政策、环境政策等因素的影响，其后劲不足态势仍不足以支撑云南经济的进一步发展。综合诸多因素的考虑，云南在"十三五"期间，可考虑将大健康产业纳入拉动经济增长的重点支持范围。

8.5 以业态创新推动云南产业发展的重点领域与政策建议

8.5.1 以业态创新推动云南产业发展的重点领域

无论是杰里米·里夫金等未来学家所说的第三次工业革命，还是卡洛塔·佩雷斯等演化经济学家所说的新"技术—经济"范式，我们当前都处在新科技革命之中，我国为应对全球经济危机而培育战略性新兴产业的重大举措，已经开启了迎接新科技革命，把握全球产业变革的进程，而党的十八大确立的构建开放型经济新体制，更是从体制上保证"技术—经济"范式转换，推动全球新一轮经济增长的伟大历程。云南应该也必须在这个进程中实现赶超，要在这次新科技革命和全球产业变革中实现赶超，就必须跳出传统的产业发展路径依赖，将精力放在主动培育新业态新产业，通过新业态新产业培育来转变产业结构获得增长新动力。

（1）尽快研究制订云南省加快新业态发展行动计划和实施方案，确定培育重点，制定发展目标，形成新业态发展集聚区、新兴产业集成创新基地。

（2）把发展云计算作为一个抓手，带动建设、服务和发展模式的重大转变。积极支持云计算与物联网、移动互联网等融合发展，催生基于云计算的在线研发设计、教育医疗、智能制造等新业态在疾病防治、灾害预防、社会保障、电子政务等领域开展大数据应用示范。

（3）加快探索智能电网、物联网、移动互联网、路网的融合探索。

（4）加快推进太阳能发电、新能源汽车生产、配件、维修及配套产业发展和充电站充电桩等配套设施建设。

（5）加快推进智能建筑、太阳能发电建筑一体化的新发展。

（6）大力发展庄园农业、生态农业、定制农业、创意农业、观光农业等农业新业态。

（7）把握人们的旅游需求，创新旅游模式和方式，开拓旅游新业态。促使旅游业与多个产业融合发展，互相依托形成多业共生、混业发展的模式。

（8）利用沿边金融综合改革试验区的政策优势，跨越发展互联网金融、P2P借贷、垂直搜索、智能理财、众筹平台、直销银行、网络保险、网络券商、基金"触网"等新型金融业态。

（9）加快实施绿色产业园区创建活动，构建绿色产业园区指标体系，推进分布式能源供应、公共区域 LED 照明、既有建筑太阳能光热光伏技术应用，完善能源监控管理平台、节能环保产业融资平台、再制造产业平台，探索工业节能减排和产业发展新模式。

（10）着力推进文化产业创新，大力发展文化产业新业态。大力推进"文化+科技""文化+创意""文化+旅游""文化+金融"的新型业态模式。

（11）进入新常态后的云南资源型工业必须转换发展思路，以民生需求为导向，以产品差异化为路径，开展民生需求调查，主动适应城乡居民消费需求升级变化，大力推进民生产品的研发和生产，不断延伸产业链。

新业态新产业是"破坏性创新"，是对传统利益格局带来的巨大撼动，是第三次工业革命浪潮下互联网代表的信息生产力和经济社会走向智能化、走向共享经济的必然，是对传统业态的挑战，没有成熟的发展模式和监管准则可遵循，面对尚不熟悉的新产业、新业态、新模式，主管部门在密切防范风险的同时，可以设置一定的观察期，把选择权交给市场，但对市场垄断力量，一定要坚决清除，使新业态得到健康成长，让它们逐步成为经济增长的新动力。

8.5.2 以业态创新推动云南产业发展的政策建议

8.5.2.1 加强主体和载体培育

A 滇中新区先行，培育重点产业园区

2015 年 9 月 7 日，国务院正式批复同意设立云南滇中新区。滇中历来是云南经济发展相对发达、要素聚集力相对较强区域，滇中新区在建设之初就确立了现代产业体系导向。明确以产业功能区为载体，大力发展先进制造业、加快发展现代服务业、积极发展特色产业，着力培育战略性新兴产业和高新技术产业。积极引进国际、国内高端人才和研发机构，构建以干细胞应用为主的生命科学研发运用中心，以纳米技术为主的新材料研发运用中心，以 3D 打印为主的新型制造业研发运用中心。探索以商建园、以园招商、以商兴业的现代开放合作招商引资模式，引进大集团、大企业，发展现代生物、汽车及配套、高原特色农业与现代食品、航空配套、电子信息、新材料、节能环保、石油化工、家电轻纺、现代物流等产业功能区。打造服务云南的技术创新和成果转化基地、承接国际国内产业转移的示范基地、国家传统产业转型升级示范基地和面向东南亚、南亚的出口加工基地，形成特色鲜明、具有较强国际竞争力和影响力的现代产业体系。

B   支持现有企业做大做强

以昆明为中心的滇中城市群和以大理为中心的滇西城市群协调发展，推进优质资源向优势企业集中，着力在重点产业领域培育一批有规模有效益、创新能力强、带动作用大的企业集团。支持有条件的企业跨区域、跨所有制，围绕产业链上下游重组。支持企业结合境内外资源，开展国际产能合作。鼓励企业充分利用新一代信息技术等手段，实现内部管理升级，创新营销模式，提高效益水平。大力发展智能制造和智慧流通，提高产品的成品率、优质品率和精准营销匹配率。加快推进绿色制造，大幅降低资源能源消耗，实现降本增效。推进小批量、多批次、低库存、少环节的柔性化生产和作业成本法应用，提高企业供应链管理水平。

C   强化企业主体引进

按照"龙头与配套并重、制造与服务并举、研发与转化并列、空间与要素集中"的全产业链集群发展思路，加大招商引资力度。建立完善重点产业招商引资协同联动机制，围绕重点产业精准招商、集中招商、园区布局衔接、考核管理、招商专业队伍建设、项目落地推进等方面，制定重点产业招商引资对策措施。支持各州、市安排重点产业项目前期工作经费，委托专业机构按照打造产业链和产业集群要求，编制招商引资项目清单。每年统筹组织若干场次集中性招商活动，突出外资外企、民资民企、央企、科技创新型企业等重点招商方向，支持大企业、大项目落地。

8.5.2.2 提高创新驱动能力

A   加大科技创新支持力度

支持以科技创新为核心，带动发展理念、体制机制、商业模式等全方位、多层次、宽领域创新。深入贯彻省委、省政府关于实施创新驱动发展战略和深化科技体制改革各项决策部署，切实将企业研发费用加计扣除、重大装备首台（套）等国家支持科技创新的各项政策落实到位。健全科技成果转移转化工作机制，完善以增加知识价值为导向的收益分配政策。落实院校、科研机构科技成果自主处置权，按照不低于科技成果转让收益的60%奖励科研负责人、骨干技术人员等重要贡献人员和团队。

围绕"国内领先、国际先进"的目标，鼓励和支持重点产业领域创新主体加快技术创新，在落实《云南省研发经费投入补助实施办法（试行）》基础上，对全省年度研发经费投入前 100 名规模以上工业企业，省级财政资金研发投入后补助比例提高 1 个百分点。

B　加快推进体制机制创新

推进科技管理体制创新，建立科技部门、经济部门、行业部门、州市人民政府协同创新机制和重大问题会商沟通机制，建立创新政策协调审查机制。认真落实省级科技计划项目承担单位可在项目经费总额度内，预算不超过 20% 的经费比例，用于对项目实施作出突出贡献人员的奖励或人才和团队的后续培养。

完善科研人员收入分配政策，科研经费和科研成果转化收益中用于奖励参与研发的科研人员及其团队的资金纳入绩效工资总量管理，实行动态调整。高校、科研院所、医疗卫生机构担任领导职务的科研人员可按照规定获取现金及股权激励。鼓励各类成果持有人（单位）以科研成果作价入股，实施企业股权奖励、股权出售、股票期权、股权分红等激励试点。科研人员通过科技成果转化取得股权奖励收入时，原则上在 5 年内分期缴纳个人所得税。积极落实股权激励和技术入股等所得税优惠政策。

8.5.2.3　有效降低企业成本

A　降低企业用地成本

重点产业项目用地优先统筹纳入土地利用总体规划，优先保障用地指标。严格按照规定落实坝区耕地质量补偿费有关政策。积极推进工业用地长期租赁、先租后让、租让结合供应，工业用地的使用者可在规定期限内按照合同约定分期缴纳土地出让价款。

对于大规模工业用地、园区用地 3 年内可以申请暂缓缴纳失地农民保证金。对在国家级园区单位面积投入强度达到 300 万元/亩以上，产出率达到 600 万元/亩以上；省级园区单位面积投入强度达到 200 万元/亩以上；产出率达到 400 万元/亩以上，并且容积率和建筑系数超过《工业项目建设用地控制指标》40% 以上的重点产业重大工业项目实行差别化用地政策。其中，园区位于昆明市及滇中新区的，每亩不高于 15 万元；位于玉溪市、曲靖市、楚雄州的，每亩不高于 12 万元；位于其他州、市的，每亩不高于 10 万元。

保障物流业用地供应，科学合理确定物流用地容积率。用活用好省级每年 10000 亩旅游项目预留计划用地指标，对省级重大项目和新业态项目优先落实用地。

B　降低企业用电成本

对用电量进入全省前 100 名的企业，优先支持与发电质量高、电价相对低的发电企业签订中长期合约，确保长期、稳定、低价用电；扩大产业分享电力体制改革红利的范围,支持一般工商业企业积极参与电力市场化交易,降低电价落实售电侧改革方案,多途径培育面向8大重点产业的售电侧市场主体,协调省级政策性配售电公司为8大重点产业提供售电服务,支持和组建售电公司以规模化、专业化服务帮助小企业、园区分散企业参与电力交易。简化企业用户电力增容、减容、暂停、变更等办理手续,缩短办理时限。

C 降低企业税费负担

全面落实国家"营改增"政策,确保所有行业税负只减不增,落实小微企业、高新技术企业、西部大开发、企业兼并重组等国家税收优惠政策,落实符合条件的困难企业依法依规享受税收"减、免、缓"政策。全面落实国家和云南省关于取消或降低行政事业性收费的各项政策措施,按照国家部署扩大行政事业性收费免征范围。清理规范涉企收费,全面实施涉企收费目录清单管理。查处和清理各种与行政职能挂钩且无法定依据的中介服务收费。

D 降低企业物流成本

出台降低铁路、公路货物运输成本的政策措施。落实好对从事跨境物流业务的三类以上运输车辆通行费收费的优惠政策。探索高速公路分时段差异化收费政策和标准货运车型计重收费的ETC应用。规范公路收费管理和监督执法,规范车辆超限处罚标准,减少各类执法中的自由裁量权,坚决杜绝乱罚款、"以罚代管"等行为。规范机场、铁路等场所的收费行为,督促经营者严格执行收费公示、明码标价等制度,禁止强制服务、强行收费、只收费不服务以及在公示的收费标准以外加收其他费用等行为。

E 降低企业用工成本

降低"五险一金"缴费比例,降低住房公积金缴存比例,引导企业根据自身生产经营状况在5%~12%之间自行确定合适的住房公积金缴存比例,生产经营困难的企业,可经单位职工代表大会或工会讨论通过后,申请降低缴存比例至5%或者缓缴住房公积金。继续执行社会保险费缓缴政策,对符合产业导向、在生产经营中暂时遇到困难的企业,继续按照规定、经有关部门批准,可缓缴应由企业缴纳的社会保险费,缓缴期限不超过6个月。

8.5.2.4 加大财政金融支持

A 利用积极财政政策扶持产业

创新财政资金支持方式,吸引社会资金投入,设立云南省重点产业发展基金,分母基金和子基金两层结构。母基金逐年整合扶持产业发展50%左右的存量资金以及全部新增投入部分,加上子基金收益的滚动使用。鼓励基金与银行合作,形成投贷联动,有效缓解企业融资难、融资贵问题。有关部门要按照职能职责,加大力度对口向国家争取各类中央财政资金支持产业发展。

B 创新金融服务支持产业

建立银政企合作平台，定期向金融机构推荐重点产业骨干企业和重大项目。各银行业金融机构要主动对接重点产业发展的资金需求，确保重点产业新增贷款高于上一年。鼓励银行业金融机构加大对重点产业龙头企业和优势产业集群的信贷支持力度，鼓励银行业金融机构发放并购贷款。加强融资担保体系建设，完善风险分担机制。

积极运用保险工具和推进保险资金运用发展重点产业，继续推进小额贷款保证保险试点，建立政策性出口信用保险机构参与的产业与金融协作发展机制，支持云南省企业和重点产业"走出去"发展。支持各级政府在风险可控、监管到位的前提下设立有政府参股的平台公司，以股债结合方式支持企业发展。鼓励知识产权质押融资，大力发展融资租赁。

8.5.2.5 加强产业人才培养

A 强化高层次人才队伍建设

深入贯彻落实党中央、国务院和省委、省政府关于深化人才发展体制机制改革的有关要求。完善重点产业人才发展状况监测评估和人才资源统计调查制度，加强重点产业人才需求预测。聚焦8大重点产业高端人才的培养和引进，进一步完善政策保障措施。推动"云岭"系列和其他高层次人才培养工程、项目等向重点产业倾斜。着重解决高层次人才配偶安置、子女就学、医疗保险、出入境及项目申报、职称评定等问题，完善保障政策。

B 完善产业技能人才培养体系

分产业制定紧缺人才目录，鼓励和支持高等学校和职业院校加强学科专业结构调整，建设一批重点产业发展急需的学科专业。加快发展现代职业教育，支持以校企合作等模式培养面向产业发展急需的技能应用型人才。支持采用"互联网+"模式，推进重点产业从业人员知识更新和技能培训，支持重点职业学院建设远程教育设施。大力培养新型职业农民。

8.5.2.6 增强服务保障能力

A 优化政府服务

推进行政审批制度和监管制度改革，优化行政审批流程，重点围绕生产经营领域取消和下放行政审批事项，合并具有相同或相似管理对象、管理事项的证照资质，实行联合审批。加快项目立项、土地、规划、环评等审批事项办理进度，严禁增加行政许可条件和程序。对看得准的新业态量身定做监管制度，看不准的技术和业态实行更具弹性和包容性的监管模式，形成鼓励创新、宽容失败的新机制。

B 改善公共服务配套能力

加强政府公共服务平台建设，有针对性地为企业提供国家和地方的有关政策、金融、法律和风险预警等公共信息服务。通过"互联网+政务服务",实现部门间数据共享,提高服务效率,降低交易成本。加强标准体系建设,开展强制性标准整合精简,加快制定公益类推荐性标准和满足市场、创新需要的团体标准,推进企业产品和服务标准自我声明公开制度建设。推广政府购买服务方式,吸引社会资本参与提供公共服务,政府采购在同等条件下优先采购行政区域内产品和服务。

参 考 文 献

[1] 安同良，千慧雄. 中国居民收入差距变化对企业产品创新的影响机制研究 [J]. 经济研究，2014 (9)：62~76.

[2] 安土敏. 日本超市市场探源 [M]. 北京：中国人民大学出版社，1992.

[3] 陈章武，李朝晖. 范围经济：获得竞争优势的一种思路 [J]. 经济管理，2002 (12)：18~24.

[4] 窦璐. 我国旅游上市公司规模经济与范围经济研究 [J]. 旅游学刊，2015 (2)：13~23.

[5] 范德成，周豪. 区域技术创新能力评价的因子分析法研究 [J]. 工业技术经济，2006 (3)：61~63.

[6] 冯伟，徐康宁. 产业发展中的本地市场效应——基于我国 2004~2009 年面板数据的实证 [J]. 经济评论，2012 (2)：62~70.

[7] 贺京同，杨垚立. 素质提高、结构调整与产业升级——基于中、美两国三次产业的对比 [J]. 经济与管理研究，2016 (3)：54~61.

[8] 黄薇. 中国保险业范围经济的实证研究——基于广义超越对数成本函数的分析 [J]. 数量经济技术经济研究，2007 (11)：86~95.

[9] 黄玖立，黄俊立. 市场规模与中国省区的产业增长 [J]. 经济学（季刊），2008 (4)：1317~1334.

[10] 胡树华. 产品创新管理—产品开发设计的功能成本分析 [M]. 北京：科学出版社，2000.

[11] 姜海林，申登明. 制度变迁对云南经济增长影响的实证分析 [J]. 云南财经大学学报，2013 (4)：108~112.

[12] 姜涛. 产业发展的动力机制研究 [J]. 山西财经大学学报，2007 (12)：53~58.

[13] 兼村荣哲. 关于零售业的产生、发展理论假说的再思考.《早稻田大学大学院商学研究科纪要》第 36 号 [R]，1993：141~145.

[14] 金碚. 中国产业发展的道路和战略选择 [J]. 中国工业经济，2004 (7)：5~12.

[15] 金碚. 全球竞争新格局与中国产业发展趋势 [J]. 中国工业经济，2012 (5)：5~18.

[16] 李飞，王高. 中国零售类型研究：划分标准和定义 [J]. 北京工商大学学报（社会科学版），2006 (4)：1~7.

[17] 梁琦，钱学锋. 外部性与集聚：一个文献综述 [J]. 世界经济，2007 (2)：84~96.

[18] 铃木安昭. 零售形态的多样化 [J]. 消费与流通，1980，2 (1)：61~66.

[19] 蔺雷，吴贵生. 服务创新的四维度模型 [J]. 数量经济技术经济研究，2004 (3)：32~35.

[20] 刘志彪. 从全球价值链转向全球创新链：新常态下中国产业发展的新动力 [J]. 学术月刊，2015 (2)：5~14.

[21] 刘战豫. 区域产业发展的创新驱动关键影响因素及路径研究 [J]. 世界地理研究，2014 (4)：70~76.

[22] 刘宗华，邹新月. 中国银行业的规模经济和范围经济——基于广义超越对数成本函数的检验 [J]. 数量经济技术经济研究，2004 (10)：5~15.

[23] 马晓强. 产业发展动力论：基于虚拟资本与产业互动的视角 [M]，北京：中国经济出

版社，2008.

[24] 彼得·德鲁克. 创新与企业家精神 [M]. 北京：机械工业出版社，2007.

[25] 邵兵. 论产品创新的多层次性 [J]. 科技与管理，2002（3）：87~88.

[26] 苏小姗，祁春节. 国家现代农业产业技术体系制度创新与技术创新互动关系实证研究 [J]. 科技进步与对策，2013（2）：26~31.

[27] 孙蓉，韩文龙，王向楠. 中国农业保险公司的规模经济和范围经济研究 [J]. 保险研究，2013（12）：29~38.

[28] 唐未兵，傅元海，王展祥. 技术创新、技术引进与经济增长方式转变 [J]. 经济研究，2014（7）：31~43.

[29] 汪阳. 我国新兴产业培育的主要障碍及对策研究 [D]. 东南大学硕士学位论文，2013.

[30] 王聪，邹朋飞. 中国商业银行规模经济与范围经济的实证分析 [J]. 中国工业经济，2003（10）：21~28.

[31] 王清娥. 浅论大型零售企业效益滑坡的原因及对策 [J]. 商业经济文荟，1998（4）：50~51.

[32] 魏楚，沈满洪. 能源效率与能源生产率：基于 DEA 方法的省际数据比较 [J]. 数量经济技术经济研究，2007（9）：110~121.

[33] 文东伟. FDI、出口开放与中国省区产业增长 [J]. 金融研究，2013（6）：104~117.

[34] 吴敏. 结构性因素对中国区域产业增长影响研究 [D]. 暨南大学，2015.

[35] 向山雅夫. 零售商业形态发展的分析框架 [C]. 武藏大学论文集，1986（33）：19~127.

[36] 夏良科. 人力资本与 R&D 如何影响全要素生产率——基于中国大中型工业企业的经验分析 [J]. 数量经济技术经济研究，2010（4）：78~94.

[37] 谢雄标. 产业演化研究述评 [J]. 中国地质大学学报（社会科学版），2009（6）：97~103.

[38] 徐辉，刘俊. 广东省区域技术创新能力测度的灰色关联分析 [J]. 地理科学，2012（9）：1075~1080.

[39] 徐康宁，韩剑. 中国钢铁产业的集中度、布局与结构优化研究——兼评 2005 年钢铁产业发展政策 [J]. 中国工业经济，2006（2）：31~35.

[40] 杨贵中. 需求因素对中国三次产业增长的影响研究 [D]. 西南财经大学，2010.

[41] 杨智峰，陈霜华，汪伟. 中国产业结构变化的动因分析——基于投入产出模型的实证研究 [J]. 财经研究，2014（9）：38~49.

[42] 尹润锋. 我国新能源产业影响因素实证研究 [J]. 科技进步与对策，2012（20）：72~75.

[43] 于刃刚，李玉红. 产业融合对产业组织政策的影响 [J]. 财贸经济，2004（10）：18~22.

[44] 郑容，吴婷婷. 云南 30 年来经济增长因素分析 [J]. 经济问题探索，2010（2）：46~50.

[45] 张放军，刘蕴莹，等. 我国纺织产业经济增长影响因素的实证研究 [J]. 纺织学报，2011（11）：29~32.

[46] 张峰，邱玮. 探索式和开发式市场创新的作用机理及其平衡 [J]. 管理科学，2013（1）：1~13.

[47] 张辉. 全球价值链理论与我国产业发展研究 [J]. 中国工业经济，2004 (5)：19~23.

[48] 张辉. 全球价值链动力机制与产业发展策略 [J]. 中国工业经济，2006 (1)：11~13.

[49] 张振刚，张小娟. 智慧城市的五维度模型研究 [J]. 中国科技论坛，2014 (11)：41~45.

[50] 周振华. 产业融合：产业发展及经济增长的新动力 [J]. 中国工业经济，2003 (4)：46~52.

[51] Acemoglu D, Guerrieri V. Capital Deepening and Nonbalanced Economic Growth [J]. Journal of Political Economy, 2008, 116 (3)：467~498.

[52] Aghion P, Howitt P. A Model of Growth through Creative Destruction [J]. Econometrica, 1992, 60 (2)：323~351.

[53] Aw B Y, Roberts M J, Xu D Y. R&D Investment, Exporting, and Productivity Dynamics [J]. American Economic Review, 2011, 101 (4)：1312~1344.

[54] Azadegan A, Wagner S M. Industrial upgrading, exploitative innovations and explorative innovations [J]. International Journal of Production Economics, 2011, 130 (1)：54~65.

[55] Baumol W J. Macroeconomics of Unbalanced Growth：The Anatomy of Urban Crisis [J]. American Economic Review, 1967, 57 (3)：415~426.

[56] Benhabib J, Perla J, Tonetti C. Catch-up and fall-back through innovation and imitation [J]. Journal of Economic Growth, 2014, 19 (1)：1~35.

[57] Bernard A B, Redding S J, Schott P K. Comparative Advantage and Heterogeneous Firms [J]. Review of Economic Studies, 2007, 74 (1)：31~66.

[58] Bloom N, Draca M, Reenen J V. Trade Induced Technical Change? The Impact of Chinese Imports on Innovation, IT and Productivity [M]// Hospitality information technology：Kendall/Hunt Pub. Co. 2016：1~13.

[59] Bolt J, Zanden J L V. The Maddison Project：collaborative research on historical national accounts [J]. Economic History Review, 2014, 67 (3)：627~651.

[60] Edison H, Ali N B, Torkar R. Towards innovation measurement in the software industry [J]. Journal of Systems & Software, 2013, 86 (5)：1390~1407.

[61] Furman J L, Porter M E, Stern S. The determinants of national innovative capacity [J]. Research Policy, 2000, 31 (6)：899~933.

[62] Guilló M D, Papagcorgiou C, Perez-Sebastian F. A unified theory of structural change [J]. Journal of Economic Dynamics & Control, 2011, 35 (9)：1393~1404.

[63] Greenstein S, Khanna T (1997) what does industry convergence mean. Competing in the age of digital convergence：201~226.

[64] Helpman, Elhanan. Innovation and growth in the global economy [M]. MIT Press, 1991.

[65] Hsieh C T, Klenow P J. Misallocation and Manufacturing TFP in China and India [J]. Quarterly Journal of Economics, 2009, 124 (4)：1403~1448.

[66] Hagedoorn J, Cloodt M. Measuring innovative performance：is there an advantage in using multiple indicators? [J]. Research Policy, 2003, 32 (8)：1365~1379.

[67] James R. Tybout. Plant-and Firm-Level Evidence on "New" Trade Theories [J]. James R Ty-

bout, 2003.

[68] Kotler P. Principles of Marketing, Prentice-Hall, 1980.

[69] Kongsamut P, Rebelo S, Xie D. Beyond Balanced Growth [J]. Review of Economic Studies, 2001, 68 (4): 869~882.

[70] Krugman P. Scale Economies, Product Differentiation, and the Pattern of Trade [J]. American Economic Review, 1980, 70 (5): 950~959.

[71] Matsuyama K. The Rise of Mass Consumption Societies [J]. Journal of Political Economy, 2002, 110 (5): 1035~1070.

[72] Melitz M J. The Impact of Trade on Intra-Industry Reallocations and Aggregate Industry Productivity [J]. Econometrica, 2003, 71 (6): 1695~1725.

[73] Mokyr J. Why Was There More Work for Mother? Technological Change and the Household, 1880~1930 [J]. Journal of Economic History, 2000, 60 (1) .

[74] Mokyr J. Chapter 2-The Contribution of Economic History to the Study of Innovation and Technical Change: 1750~1914 [J]. Handbook of the Economics of Innovation, 2010, 1: 11~50.

[75] Murphy K M, Shleifer A, Vishny R. Income Distribution, Market Size, and Industrialization [J]. Quarterly Journal of Economics, 1989, 104 (3): 537~564.

[76] Ngai L R, Pissarides C. The role of regulation and welfare in the rise of the service economy. [J]. Klinische Anästhesiologie Und Intensivetherapie, 2006, 23 (8): 75~86.

[77] Pakarinen S, Mattila T, Melanen M, et al. Sustainability and industrial symbiosis——The evolution of a Finish forest industry complex [J]. Resources Conservation & Recycling, 2010, 54 (12): 1393~1404.

[78] Pavcnik N. Trade Liberalization, Exit, and Productivity Improvements: Evidence from Chilean Plants [J]. Review of Economic Studies, 2002, 69 (1): 245~276.

[79] Peretto P F. Industrial development, technological change, and long-run growth [J]. Working Papers, 1997, 59 (2): 389~417.

[80] Romer P M. Endogenous Technical Change [J]. Journal of Political Economy, 1990, 98 (5): 71~102.

[81] Smil V. Energy Myths and Realities [J]. 2010.

[82] Stanton W. J. Fundamentals of Marketing, 5th ed. , McGraw-Hill, 1978, 315.

[83] Schumpeter, Joseph A. 1926. The Theory of Economic Development [M]. Cambridge, MA: Harvard University Press.

[84] Solow R M. Technical Change and the Aggregate Production Function [J]. Review of Economics & Statistics, 1957, 39 (3): 554~562.

[85] Wang E C. A dynamic two-sector model for analyzing the interrelation between financial development and industrial growth [J]. International Review of Economics & Finance, 2000, 9 (3): 223~241.

[86] Wrigley E R. Energy and the English Industrial Revolution/[M] . Cambridge University Press, 2010.